"学过"职教系列

# Python 开发与财务应用基础


**主　审**　何万能

**主　编**　匡孟秋　黄小芬　贺旭红

**副主编**　张　稷　刘　洋　李增福　段辉军　全海燕

**参　编**　廖洪富　尹　魁　谢　超　周扬帆　邓　磊
陈泰峰　付　帆





中国财经出版传媒集团
中国财政经济出版社

**图书在版编目（CIP）数据**

Python 开发与财务应用基础 / 匡孟秋，黄小芬，贺旭红主编 . -- 北京：中国财政经济出版社，2023. 9

ISBN 978-7-5223-2507-1

Ⅰ . ① P… Ⅱ . ①匡… ②黄… ③贺… Ⅲ . ①软件工具—程序设计—应用—财务管理 Ⅳ . ① F275

中国国家版本馆 CIP 数据核字（2023）第 169343 号

责任编辑：钱红叶　　责任校对：张　凡

封面设计：卜建辰　　责任印制：张　健

Python 开发与财务应用基础

Python KAIFA YU CAIWU YINGYONG JICHU

中国财政经济出版社 出版

**URL**：http：// www. cfeph. cn

E- mail：cfeph@ cfeph. cn



社址：北京市海淀区阜成路甲 28 号　邮政编码：100142

营销中心电话：010 – 88191522

天猫网店：中国财政经济出版社旗舰店

网址：https：// zgczjjcbs. tmall. com

北京富生印刷厂印刷　各地新华书店经销

成品尺寸：185mm × 260mm　16 开　22.25 印张　378 000 字

2023 年 9 月第 1 版　2023 年 9 月北京第 1 次印制

定价：53.00 元

ISBN 978-7-5223-2507-1

（图书出现印装问题，本社负责调换，电话：010–88190548）

本社质量投诉电话：010–88190744

**打击盗版举报热线：010–88191661　QQ：2242791300**

# 前言

海量数据来袭，你的 Excel 还好吗？Excel——最常用的办公软件之一，可以说是无人不知、无人不晓。从简单的表格制作、数据透视表、函数公式，再到 VBA 语言，Excel 都能搞定，可以称得上是全能型选手。在财务工作中，Excel 更是我们不可或缺的一部分，作为一个合格的财务人员，我们被要求熟练运用 Excel 进行各种数据处理及会计表格制作，从会计核算、会计账簿、会计报表到各项资产管理、财务分析，Excel 已经渗透到财务工作的方方面面。Excel 本身是一款非常成熟的软件，对于一些数据量不大、简单的数据处理，Excel 是完全够用的。但随着大数据时代的到来，数据量的暴涨成为许多行业面临的严峻挑战，企业之间的竞争日趋激烈，企业经营决策也不再局限于内部财务及业务信息，越来越多的企业经营者期望通过大数据来帮助企业做出更加明智的决策，企业对数据的要求越来越高，Excel 的功能就显得捉襟见肘了。大数据时代 Excel 的诸多瓶颈愈发凸显，对于财务人员而言，最突出的问题可以概括为以下几点：

1. 数据量大，Excel 运行缓慢。在大数据时代，财务人员要处理的 Excel 数据表格存储量越来越大，超过 50MB 运行速度就变得非常缓慢，这时表格里要是再多个 IF、VLOOKUP 函数，电脑可能就直接罢工了，更别谈进行数据处理和数据分析了。

2. 不同来源数据无法快速兼容。财务分析数据不仅包括财务报表，还来源于其他经营数据，Excel 难以快速接入不同来源的数据。

3. 财务分析效率低。在进行多个维度组合分析时，用 Excel 做财务分析报表则需要花费大量时间，报表制作周期长，工作量大，导致财务分析跟不上企业经营管理速度，最终拖累企业的经营管理工作。

4. 数据可视化难。在大数据及信息化的推动下，各大企业纷纷加入数据可视化浪潮。在数据可视化发展过程中，财务的可视化发展至关重要。相较于传统的财务报表，可视化大屏展现的财务信息更加清晰直观，能够更快速地为管理层提供决策依据；然而，使用 Excel 进行可视化呈现，费时费力不说，还很难达到管理层要求的效果。随着大数据时代的发展，海量数据来袭，在财务工作中仅靠 Excel 已经远远不够，财务人要想从海量的数据和复杂的计算逻辑中解脱出来，必须思考是否有更加行之有效的解决方案。

Python 是近两年来比较热门的词汇，我们可以看到各行各业都在谈论 Python，甚至在微信朋友圈也能看到 Python 的身影，那么到底什么是 Python？财务人员为什么要学习 Python？

Python 是一门动态的、面向对象的脚本语言，同时也是一门简约、通俗易懂的编程语言。大家听到编程可能会觉得太难了，财务又不是程序员，为什么还要学习编程？随着财务 RPA 的兴起，简单、重复的初级财务工作将被逐渐取代，财务会计转型势在必行，在信息科技高速发展的今天，大数据成为当今最具价值的商品。那么什么是大数据呢？大数据其实就是海量资料，这些海量资料来源于世界各地随时产生的数据。在大数据时代，任何微小的数据都可能产生不可思议的价值。在大数据时代，企业需要关联和分析大量数据，传统的财务信息已经不能完全准确地反映企业的财务状况，财务指标反映的情况也具有相对性，单从账面信息分析意义不大。例如，资产负债率、流动比率、速动比率这些常见的财务分析指标究竟越高越好还是越低越好，不能一概而论，财务人员必须结合业务数据及行业的整体状况进行分析。在这样的背景之下，传统的 Excel 已经无法满足财务人员对大数据分析的需求。这时候，Python 出现在了财务人的视野之中，Python 与其他编程语言不同，学习 Python 入门简单、代码可读性强。另外，Python 是开源的，它拥有非常多优秀的库，具有强大的数据分析及数据可视化能力，简直就是财务人前往大数据分析时代的通行证。

那么，使用 Python 进行大数据财务分析具体有什么优势呢？

1. Python 代码可读性强，易于学习。Python 是一种面向对象的、解释型的、通用的、开源的脚本编程语言，可以写一句就运行一句，直接查看运行结果和状态，适合初学者逐步尝试。另外，Python 语法简单，接近自然语言，代码可读性高，易于学习。

2. Python 数据分析库全面。Python 拥有数百个不同的库和框架，许多 Python 库对于数据分析和机器学习特别有用，这些库为处理大数据提供了大量支持，这是选择 Python 进行大数据财务分析的原因之一，在大数据财务分析中使用比较多的库，包括科学计算基础包 NumPy、数据处理分析利器 Pandas、数据可视化呈现 Matplotlib，当掌握并熟悉这些数据分析库的使用方法后，Python 将成为大数据分析的最优选择。

3. 处理数据高效快捷。Python 具有较高的数据处理速度，这使它很适合与大数据一起使用，尤其是 Python 中 Pandas 库内置了大量库和一些标准的数据模型，提供了快速便捷地处理结构化数据的大量数据结构和函数，对大型数据处理更加高效快捷，使用 Pandas 仅需几行代码就可轻松处理一个几千万行的 Excel 数据。

4. 可视化功能强大、灵活、便捷。数据可视化是理解数据中隐藏模式和层的一个非常重要的部分，对于财务分析来说，可视化呈现自然是必不可少的，Python 可视化功能强大、灵活，并且适合各种特殊需求，能够非常方便地创建海量类型的 2D 图表和一些基本的 3D 图表，借助 Matplotlib 专属库，只需编写简单的 Python 代码就可以输出可视化结果。其实，对于我们财务人来说，Python 和 Excel 是一样的，只是一个非常有用的工具软件，与 Excel 不同的是，Python 的功能更加强大，在大数据处理、分析以及可视化呈现等方面性能更优越，可以帮助我们更轻松地完成各种常见的财务数据分析任务，等到学习 Python 时，大家就可以感受到它的魅力和特点了。

近年来，Python 以其独有的优越性逐渐成为最受欢迎的数据分析工具之一，也是最适合我们财务人使用的大数据分析工具。

为了不被淘汰，财务人要怎么办？

财务的未来是信息化、自动化、数字化和智能化，“大智移云”——大数据、人工智能、移动互联网、云计算和物联网等技术的快速发展，促使未来成为一个“万物互联、无处不在、虚实结合、智能计算、开放共享”的智能时代，在这样的时代背景之下，财务技术工具逐步革新，财务工作模式也悄然改变，传统财务将逐步向自动化、数字化和智能化转型。

未来需要更多精通数据分析和预测、具备跨职能部门知识，且善于与业务部门构建合作的各类复合型管理人才。所以，为应对“大智移云”时代的发展，财务会计人员应积极向管理会计转型，通过深入分析财务数据改进企业的经营决策，在投资评估与决策、预算制定与分析、成本核算与控制、绩效管理与提升等方面发挥更大的价值。

在财经大数据时代，我们财务人也应积极尝试新兴技术，促进财务数字化转型，帮助企业提升经营能力、洞察商机并预测未来。在“大智移云”时代，财务人面临着越来越严峻的考验，只有不断谋求转型与突破，才能立于不败之地，而 Python 就是我们财务人在财经大数据时代的通行证，是一项必备技能，让我们手握 Python 这张通行证，在大数据时代乘风破浪吧！

编者

2023 年 6 月

# 目录

## 基础篇

# 应用篇

# 基础篇

# 项目一

# 认识Python

## 项目导读

数字经济时代，以大数据、人工智能、云计算、区块链等为代表的新技术，驱动财务产业链数字化升级。财务工作从电算化、信息化向智能化演进，逐步构建以“大智移云物区”为特征的数字“新基建”。财务工作也是数据工作，包括数据的采集、处理、分析、呈现和应用。本项目基于财务数字化转型背景，带领读者了解 Python 的发展历史、语言特点和主要开发环境，并结合 Python 语言的优势，介绍其在财务中的主要应用。

★ **教学目标**

1. 认识 Python

2. 掌握 Python 环境搭建

★ **教学内容**

1.Python 的发展史及特点

2.Python 下载、安装、运行等方法

★ **素养目标**

1. 具有良好的思考和分析问题的能力

2. 具有良好的信息检索能力

# 任务一　初识 Python

## 1.1　Python 程序风格

Python 是一种解释型、面向对象、动态数据类型的高级程序设计语言。

Python 由 Guido van Rossum 于 1989 年底发明，第一个公开发行版发行于 1991 年。

像 Perl 语言一样，Python 源代码同样遵循 GPL（GNU General Public License）协议。

执行 Python 程序对于大多数程序语言，第一个入门编程代码便是 "Hello World！ "，以下代码为使用 Python 输出 "Hello World！ "：

【例 1-1】实例

```
#!/usr/bin/Python
print（"Hello，World!"）
```

运行结果：

```
Hello，World!
```

## 1.2　Python 简介

### 1.2.1　了解 Python

Python 是一个高层次的结合了解释性、编译性、互动性和面向对象的脚本语言。

Python 的设计具有很强的可读性，相比其他语言经常使用英文关键字，其他语言的一些标点符号，它具有比其他语言更有特色的语法结构。

1. Python 是一种解释型语言：这意味着开发过程中没有了编译这个环节。类似于 PHP 和 Perl 语言。

2. Python 是交互式语言：这意味着，您可以在一个 Python 提示符 >>> 后直接执行代码。

3. Python 是面向对象语言：这意味着 Python 支持面向对象的风格或代码封装在对象的编程技术。

4. Python 是初学者的语言：Python 对初级程序员而言，是一种伟大的语言，它支持广泛的应用程序开发，从简单的文字处理到 WWW 浏览器再到游戏。

### 1.2.2 Python 发展历史

Python 是由 Guido van Rossum 在 20 世纪 80 年代末和 90 年代初，在荷兰国家数学和计算机科学研究所设计出来的。

Python 本身也是由诸多其他语言发展而来的，这包括 ABC、Modula-3、C、C++、Algol-68、SmallTalk、Unix shell 和其他的脚本语言等等。像 Perl 语言一样，Python 源代码同样遵循 GPL（GNU General Public License）协议。

现在 Python 是由一个核心开发团队在维护，Guido van Rossum 仍然占据着至关重要的作用，指导其进展。

Python 2.7 被确定为最后一个 Python 2.x 版本，它除了支持 Python 2.x 语法外，还支持部分 Python 3.x 语法。

### 1.2.3 Python 特点

1. 易于学习：Python 有相对较少的关键字，结构简单，和一个明确定义的语法，学习起来更加简单。

2. 易于阅读：Python 代码定义的更清晰。

3. 易于维护：Python 的成功在于它的源代码是相当容易维护的。

4. 一个广泛的标准库：Python 的优势之一是丰富的库，跨平台的，在 UNIX，Windows 和 Macintosh 兼容很好。

5. 互动模式：互动模式的支持，您可以从终端输入执行代码并获得结果，支持测试和调试代码片断。

6. 可移植：基于其开放源代码的特性，Python 已经被移植（也就是使其工作）到许多平台。

7. 可扩展：如果你需要一段运行很快的关键代码，或者是想要编写一些不愿开放的算法，你可以使用 C 或 C++ 完成那部分程序，然后从你的 Python 程序中调用。

8. 数据库：Python 提供所有主要的商业数据库的接口。

9. GUI 编程：Python 支持 GUI 可以创建和移植到许多系统调用。

10. 可嵌入：你可以将 Python 嵌入 C/C++ 程序，让用户获得“脚本化”的能力。

### 1.2.4 一个 Python 程序案例

一个典型的程序往往有输入输出语句，还带有逻辑判断等。下面以判断是否缴纳个人所得税为例来写一个 Python 程序，从中可以看到 Python 程序的风格。

【例 1–2】输入你本月的收入，判断是否需要缴纳个人所得税。

```
s = input（"输入你本月收入："）
s = float（s）
if s > 5000：
   print（"您本月需要缴纳个人所得税"）
else：
   print（"您本月不需要缴纳个人所得税"）
print（"The End"）
```

这个程序首先要使用输入语句输入一个数。Python 的输入语句如下：

```
s = input（"输入你本月收入："）
```

其中 input 是输入语句，语句中的字符串是提示信息。该语句执行时等待用户输入，输入完成后返回输入的字符串赋值给 s 变量。变量就是能存储数据的内存单元，Python 变量是没有类型的，无须为变量声明类型。输入完成后，s 变成存储了输入的字符串，这个字符串还不是数值，不能进行平方计算，因此，还要进行转换：

```
s=float（s）
```

这条语句把字符串变量转换为 float 的实数，然后再赋值给 s。此时，看到 Python 的变量是无类型的，原先 s 是字符串，现在变成实数了。

但个人所得税的起征点为 5000，必须判断 s 的范围，于是有了 f 判断语句。

```
if  s > 5000：
   print（"您本月需要缴纳个人所得税"）
else：
   print（"您本月不需要缴纳个人所得税"）
print（"The End"）
```

从程序的字面上可以看到，如果 s > 5 000，就需要缴纳个人所得税，并显示结果；否则，就显示“您本月不需要缴纳个人所得税”。Python 的 if 语句很特别，它没有像 C 语言那样把 if 条件要执行的语句用花括号（ ）包起来，而是把语句向右边缩进了，这就是 Python 的风格，它靠缩进语句来表示要执行的语句，在 Spyder 等 IDE（Integrated Development Environment，集成开发环境）中会自动把要缩进的语句进行缩进，用户也可以按 Tab 键或者空格键进行缩进。

**知识点拨**

在 Python 中输入的符号必须使用英文符号，否则程序运行时会提示出错。

**职业素养**

一个国家的繁荣昌盛离不开税收，强有力的税收会让国家变得更强大。纳税人应当牢固树立纳税意识，做一名诚信的纳税公民。

# 任务二　Python 环境搭建

本任务我们将向大家介绍如何在本地搭建 Python 开发环境。

Python 可应用于多平台包括 Linux 和 Mac OS X。

你可以通过终端窗口输入 "Python" 命令来查看本地是否已经安装 Python 以及 Python 的安装版本。

## 2.1　Python 下载

Python 最新源码，二进制文档，新闻资讯等可以在 Python 的官网查看到：

Python 官网：https：//www.Python.org/

你可以在以下链接中下载 Python 的文档，你可以下载 HTML、PDF 和 PostScript 等格式的文档。

Python 文档下载地址：https：//www.Python.org/doc/

## 2.2　Python 安装

Python 已经被移植在许多平台上（经过改动使它能够工作在不同平台上）。您需要下载适用于您使用平台的安装包然后安装。如果没有适用于您平台的安装包，您需要使用 C 编译器手动编译源代码。编译的源代码，功能上有更多的选择性，为 Python 安装提供了更多的灵活性。

以下是各个平台安装包的下载地址：

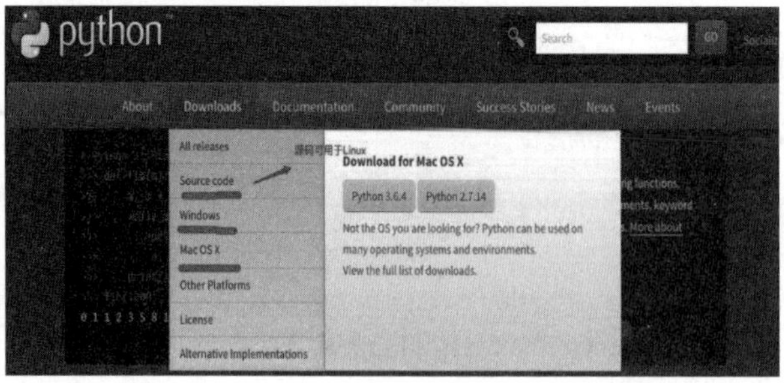

以下为不同平台上安装 Python 的方法：

### 2.2.1 Unix & Linux 平台安装 Python：

以下为在 Unix & Linux 平台上安装 Python 的简单步骤：

1. 打开 WEB 浏览器访问 https：//www.Python.org/downloads/source/。

2. 选择适用于 Unix/Linux 的源码压缩包。

3. 下载及解压压缩包。

4. 如果你需要自定义一些选项修改 Modules/Setup。

5. 执行 ./configure 脚本。

6.make。

7.make install。

执行以上操作后，Python 会安装在 /usr/local/bin 目录中，Python 库安装在 /usr/local/lib/PythonXX，XX 为你使用的 Python 的版本号。

### 2.2.2 Window 平台安装 Python：

以下为在 Window 平台上安装 Python 的简单步骤：

1. 打开 WEB 浏览器访问 https：//www.Python.org/downloads/windows/。

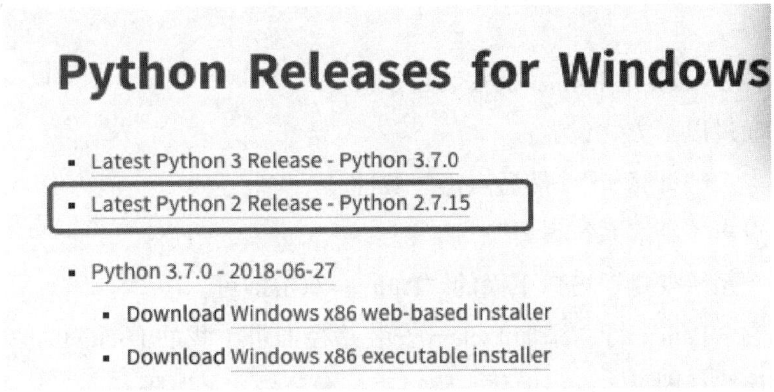


2. 在下载列表中选择 Window 平台安装包，包格式为：Python-XYZ.msi 文件，XYZ 为你要安装的版本号。

3. 要使用安装程序 Python-XYZ.msi，Windows 系统必须支持 Microsoft Installer 2.0 搭配使用。只要保存安装文件到本地计算机，然后运行它，看看您的机器是否支持 MSI。Windows XP 和更高版本已经有 MSI，很多老机器也可以安装 MSI。

**Files**

| Version | Operating System | Description | MD5 Sum | File Size | GPG |
|---|---|---|---|---|---|
| Gzipped source tarball | Source release | | 045fb3440219a1f6923fefdabde63342 | 17496336 | SIG |
| XZ compressed source tarball | Source release | | a80ae3cc478460b922242f43a1b4094d | 12642436 | SIG |
| macOS 64-bit/32-bit installer | Mac OS X | for Mac OS X 10.6 and later | 9ac8c85150147f679f213addd1e7d96e | 25193631 | SIG |
| macOS 64-bit installer | Mac OS X | for OS X 10.9 and later | 223b71346316c3ec7a8dc8bff5476d84 | 23768240 | SIG |
| Windows debug information files | Windows | | 4c61ef61d4c51d615cbe751480be01f8 | 25079974 | SIG |
| Windows debug information files for 64-bit binaries | Windows | | 680bf74bad3700e6b756a84a56720949 | 25858214 | SIG |
| Windows help file | Windows | | 297315472777f28368b052be734ba2ee | 6252777 | SIG |
| Windows x86-64 MSI installer | Windows | for AMD64/EM64T/x64 | 0ffa44a86522f9a37b916b361eebc552 | 20246528 | SIG |
| Windows x86 MSI installer | Windows | | 023e49c9fba54914ebc05c4662a93ffe | 19304448 | SIG |

4. 下载后，双击下载包，进入 Python 安装向导，安装非常简单，你只需要使用默认的设置一直点击 " 下一步 " 直到安装完成即可。

### 2.2.3　在 Windows 设置环境变量

在环境变量中添加 Python 目录：

在命令提示框中（cmd）：输入

```
path=%path%; C: \Python
```

按下 Enter。

注意：C：\Python 是 Python 的安装目录。

也可以通过以下方式设置：

1. 右键点击“计算机”，然后点击“属性”。

2. 然后点击“高级系统设置”。

3. 选择“系统变量”窗口下面的“Path”，双击即可。

4. 然后在“Path”行，添加 Python 安装路径即可（我的 D：\Python32），所以在后面，添加该路径即可。ps：记住，路径直接用分号“；”隔开。

5. 最后设置成功以后，在 cmd 命令行，输入命令“Python”，就可以有相关显示。

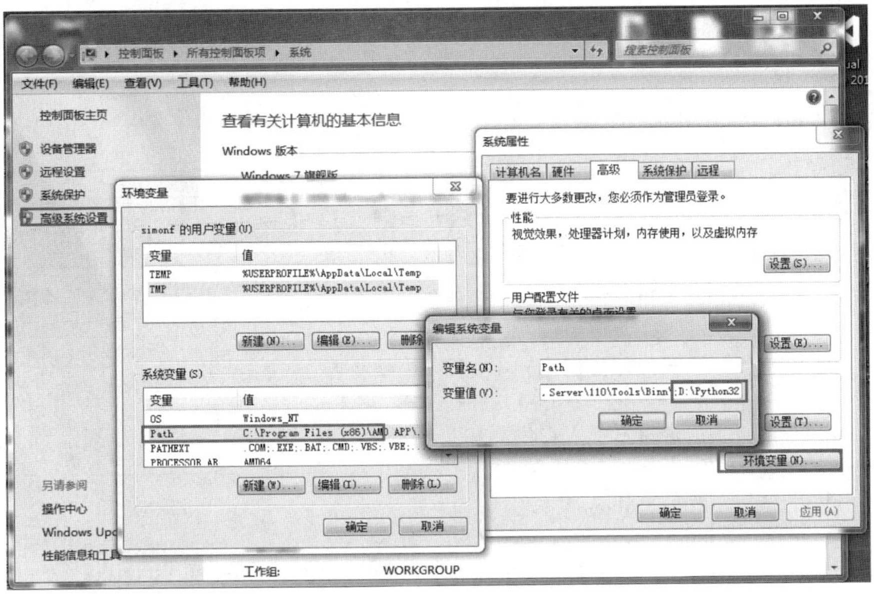


Python 环境变量

下面几个重要的环境变量，它应用于 Python：

| 变量名 | 描述 |
| --- | --- |
| PYTHONPATH | PYTHONPATH 是 Python 搜索路径，默认我们 import 的模块都会从 PYTHONPATH 里面寻找 |
| PYTHONSTARTUP | Python 启动后，先寻找 PYTHONSTARTUP 环境变量，然后执行此变量指定的文件中的代码 |
| PYTHONCASEOK | 加入 PYTHONCASEOK 的环境变量，就会使 Python 导入模块的时候不区分大小写 |
| PYTHONHOME | 另一种模块搜索路径。它通常内嵌于的 PYTHONSTARTUP 或 PYTHONPATH 目录中，使得两个模块库更容易切换 |

### 2.2.4 运行 Python

有三种方式可以运行 Python：

（1）交互式解释器

你可以通过命令行窗口进入 Python，并在交互式解释器中开始编写 Python 代码。

你可以在 Unix、DOS 或任何其他提供了命令行或者 shell 的系统进行 Python 编码工作。

$ Python # Unix/Linux

或者

C: >Python # Windows/DOS

以下为 Python 命令行参数:

| 选项 | 描述 |
| --- | --- |
| -d | 在解析时显示调试信息 |
| -O | 生成优化代码(.pyo 文件) |
| -S | 启动时不引入查找 Python 路径的位置 |
| -V | 输出 Python 版本号 |
| -X | 从 1.6 版本之后基于内建的异常(仅仅用于字符串)已过时 |
| -c cmd | 执行 Python 脚本,并将运行结果作为 cmd 字符串 |
| file | 在给定的 Python 文件执行 Python 脚本 |

(2)命令行脚本

在你的应用程序中通过引入解释器可以在命令行中执行 Python 脚本,如下所示:

$ Python script.py # Unix/Linux

或者

C: >Python script.py # Windows/DOS

注意:在执行脚本时,请检查脚本是否有可执行权限。

(3)集成开发环境(IDE: Integrated Development Environment): PyCharm

PyCharm 是由 JetBrains 打造的一款 Python IDE,支持 macOS、Windows、Linux 系统。

PyCharm 功能:调试、语法高亮、Project 管理、代码跳转、智能提示、自动完成、单元测试、版本控制……

PyCharm 下载地址: https: //www.jetbrains.com/pycharm/download/

PyCharm 安装地址: http: //www.runoob.com/w3cnote/pycharm-windows-install.html

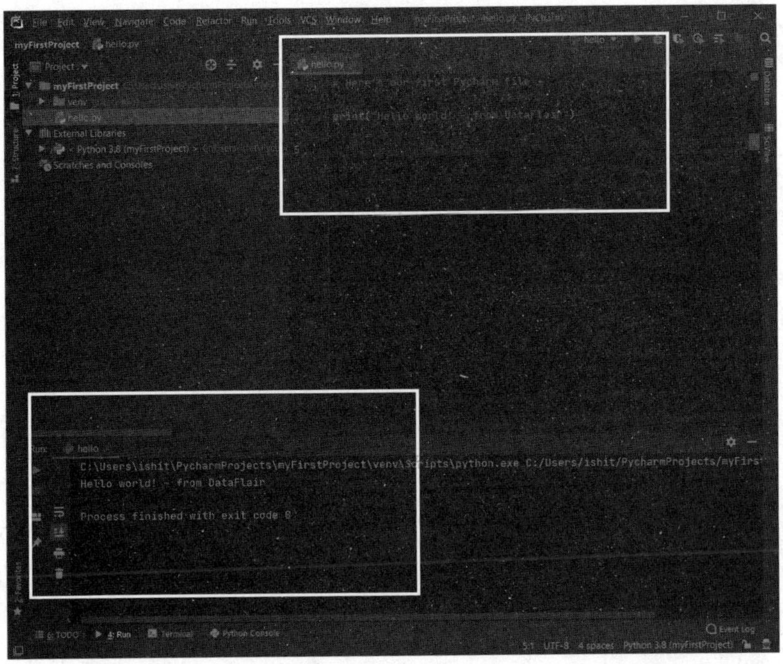


安装 PyCharm 中文插件，打开菜单栏 File，选择 Settings，然后选 Plugins，点 Marketplace，搜索 chinese，然后点击 install 安装：

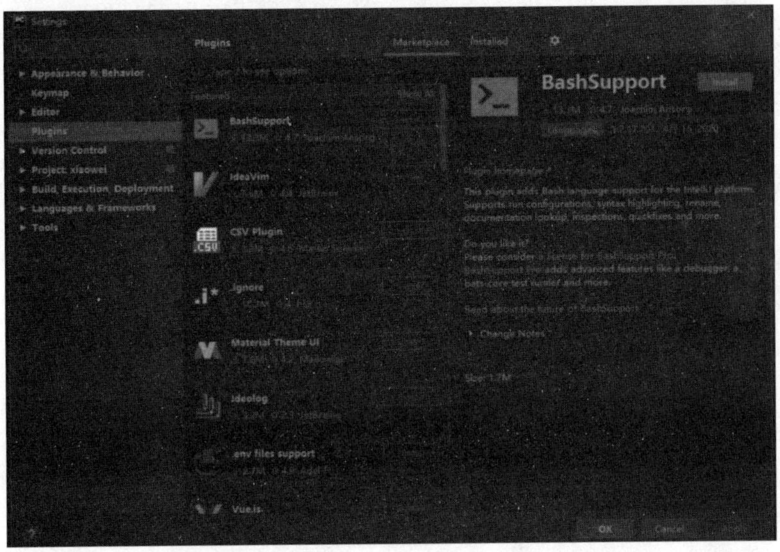


在接下来的学习中请确保您的环境已搭建成功。

在以后的章节中给出的例子已在 Python2.7.6 版本测试通过。

## 拓展阅读

### 大数据技术在疫情防控中的作用

通信大数据、健康码等大数据技术手段，为疫情传播分析、实时动态传递以及精准施策提供了强有力的支持。流调人员通过实时大数据分析，可以快速实现人员分布、流动轨迹摸底调查，加强区域管控，并有效预警，及时将疫情动态可视化呈现，为疫情防控争取宝贵的时间。

此外，民众如实填报健康指标，有关机构据此建立全民健康指标大数据，可以协助疾控人员更加科学地研判疫情走势、控制风险传播，为医护人员制订诊疗方案提供强有力的数据支持。科研人员也可以依托各类有效数据攻坚克难研发疫苗，有效实现事前防范。决策层根据大数据分析结果精准施策，科学防疫，保证广大民众的安全健康。

资料来源：学习强国

项目二

# 了解Python基础语法

★ **教学目标**

1. 掌握 Python 基本语法及其运用方法
2. 掌握 Python 变量类型基本使用方法
3. 掌握 Python 基本运算符及其运用方法

★ **教学内容**

1. Python 标识符、保留字、行和缩进、多行语句、引号、注释、空行
2. Python 输出语句 print
3. Python 多个语句构成代码组、命令行参数
4. Python 变量赋值、标准数据类型
5. Python 数字、字符串、列表、元组、字典、数据类型转换
6. Python 算术运算符、比较运算符、赋值运算符、位运算符、逻辑运算符、成员运算符、身份运算符、运算符优先级

★ **素养目标**

1. 具有基本的编程语法基础和动手操作的能力
2. 具有良好的 Python 的财务应用开发能力

# 任务一　Python 基础语法

Python 语言与 Perl，C 和 Java 等语言有许多相似之处。但是，也存在一些差异。在本任务中我们将来学习 Python 的基础语法，让你快速学会 Python 编程。

## 1.1　Python 中的输出函数 print（ ）

### 1.1.1　输出单个文本

如果想让计算机输出一句话“这是我的第一个 Python 程序”，该如何实现呢？

Python 中的 print ）函数用于打印输出，是 Python 中最常见的一个函数，用 print（ ）函数在括号中加上字符串即可输出指定文字。

**知识点拨**

1. 字符串是 Python 数据类型之一，属于文本数据，使用引号标识（单引号、双引号均可），需要输出文本信息时使用。

2. Python 中的符号需要在英文状态下输入。

【例 2–1】

```
print（'这是我的第一个 Python 程序'）
```

运行结果如下：

```
这是我的第一个 Python 程序
```

### 1.1.2　输出多个文本

print（ ）函数可以接受多个文本输出，文本之间用逗号“,”隔开，print 会依次打印每个文本，遇到逗号“,”输出一个空格。

【例 2-2】

```
print（'年初货币资金为'，'5000'，'元'）
```

运行结果如下：

```
年初货币资金为 5000 元
```

### 1.1.3 输出数字及计算结果

print（ ）函数也可以输出数字或计算结果。

【例 2-3】

```
print（80）
print（80+20）
print（'80+20='，80+20）
```

运行结果如下：

```
80
100
80+20=100
```

对于 80+20，Python 解释器会自动计算出结果，而用 '80+20= ' 则是字符串，也就是文本数据，通过字符串与计算式组合输出的方式，可以输出一个完整的等式。

**★随堂练习**

执行如下语句后输出的结果是什么？

```
amount =' 数量 '
print（'这季度销售多少'，amount）
```

### 1.1.4 print 输出变量值

print 默认输出是换行的，如果要实现不换行需要在变量末尾加上逗号。

【例 2-4】

```
#!/usr/bin/Python
# -*- coding: UTF-8-*-
```

```
x="a"
y="b"
# 换行输出
print（x）
print（y）
print（'----------'）
# 不换行输出
print（x），
print（y），
# 不换行输出
print（x，y）
```

以上实例执行结果为：

```
a
b
----------
a b a b
```

## 1.2 Python 标识符

在 Python 里，标识符由字母、数字、下划线组成。

在 Python 中，所有标识符可以包括英文、数字以及下划线（_），但不能以数字开头。

Python 中的标识符是区分大小写的。

以下划线开头的标识符是有特殊意义的。以单下划线开头 _foo 的代表不能直接访问的类属性，需通过类提供的接口进行访问，不能用 from xxx import* 而导入。

以双下划线开头的 __foo 代表类的私有成员，以双下划线开头和结尾的 __foo__ 代表 Python 里特殊方法专用的标识，如 __init__（）代表类的构造函数。

Python 可以同一行显示多条语句，方法是用分号；分开，如：

```
>>> print（'hello'）; print（'runoob'）;
hello
runoob
```

## 1.3 Python 保留字符

下面的列表显示了在 Python 中的保留字。这些保留字不能用作常数或变数，或任何其他标识符名称。

所有 Python 的关键字只包含小写字母。

| and | exec | not |
| --- | --- | --- |
| assert | finally | or |
| break | for | pass |
| class | from | print |
| continue | global | raise |
| def | if | return |
| del | import | try |
| elif | in | while |
| else | is | with |
| except | lambda | yield |

## 1.4 行和缩进

学习 Python 与其他语言最大的区别就是，Python 的代码块不使用大括号｛ ｝来控制类，函数以及其他逻辑判断。Python 最具特色的就是用缩进来写模块。

缩进的空白数量是可变的，但是所有代码块语句必须包含相同的缩进空白数量，这个必须严格执行。

以下实例缩进为四个空格：

【例 2–5】实例

```
if True:
    print ("True")
else:
    print ("False")
```

以下代码将会执行错误：

【例 2-6】实例

```
#!/usr/bin/Python
# - * - coding: UTF-8- * -
# 文件名: test.py


if True:
print ( "Answer" )
print ( "True" )
else:
print ( "Answer" )
# 没有严格缩进，在执行时会报错
print ( "False" )
```

执行以上代码，会出现如下错误提醒：

```
File "test.py", line 11
print ( "False" )
              ^

IndentationError: unindent does not match any outer indentation level
```

IndentationError: unindent does not match any outer indentation level 错误表明，你使用的缩进方式不一致，有的是 tab 键缩进，有的是空格缩进，改为一致即可。

如果是 IndentationError: unexpected indent 错误，则 Python 编译器是在告诉你 "Hi，老兄，你的文件里格式不对了，可能是 tab 和空格没对齐的问题 "，所有 Python 对格式要求非常严格。

因此，在 Python 的代码块中必须使用相同数目的行首缩进空格数。

建议你在每个缩进层次使用单个制表符或两个空格或四个空格，切记不能混用。

## 1.5 多行语句

Python 语句中一般以新行作为语句的结束符。

但是我们可以使用斜杠（\）将一行的语句分为多行显示，如下所示：

```
total = item_one + \
        item_two + \
        item_three
```

语句中包含 [ ], { } 或 ( ) 括号就不需要使用多行连接符。如下实例：

```
days = [ 'Monday', 'Tuesday', 'Wednesday',
        'Thursday', 'Friday' ]
```

## 1.6 Python 引号

Python 可以使用引号（'）、双引号（"）、三引号（''' 或 """）来表示字符串，引号的开始与结束必须是相同类型的。

其中三引号可以由多行组成，编写多行文本的快捷语法，常用于文档字符串，在文件的特定地点，被当做注释。

```
word = 'word'
sentence = " 这是一个句子。"
paragraph = """ 这是一个段落。
包含了多个语句 """
```

## 1.7 Python 注释

Python 中单行注释采用 # 开头。

注释简单来说就是批注，用来向用户提示或解释某些代码的作用或功能，它可以出现在代码中的任何位置，Python 解释器在执行代码时会忽略注释，不做任何处理。

注释的最大作用是提高程序的可读性，以便后续使用时，我们能够快速理解代码，提高工作效率。此外，在代码调试过程中，当有些代码本次不需执行，又不能直接删除时，最好的选择就是将这段代码注释。

在 Python 中注释以 # 开头，注释快捷键：ctrl+/。

**【例 2–7】**

```
# 这是我的第一个 Python 程序一单行注释
print（' 本年净利润为 100000 元 '）
```

运行结果如下：

```
本年净利润为 100000 元
```

## 1.8 多行注释

当需要写多行注释时，可以使用三个单引号（'''）或三个双引号（"""）

【例 2-8】

```
'''
这是我的第一个 Python 程序
这是一个多行注释
这是一个多行注释
'''
print（'本年净利润为 100000 元'）
```

运行结果如下：

```
本年净利润为 100000 元
```

在三个引号内，可以进行多次换行。

【例 2-9】

```
#!/usr/bin/Python
# -*- coding: UTF-8 -*-
# 文件名: test.py

# 第一个注释
print（"Hello，Python!"） # 第二个注释
```

输出结果：

```
Hello，Python!
```

注释可以在语句或表达式行末：

```
name = "Madisetti" # 这是一个注释
```

Python 中多行注释使用三个单引号（'''）或三个双引号（"""）。

【例 2–10】

```
#!/usr/bin/Python
# -*- coding: UTF-8 -*-
# 文件名：test.py

'''
这是多行注释，使用单引号。
这是多行注释，使用单引号。
这是多行注释，使用单引号。
'''
"""
这是多行注释，使用双引号。
这是多行注释，使用双引号。
这是多行注释，使用双引号。
"""
```

## 1.9 Python 空行

函数之间或类的方法之间用空行分隔，表示一段新的代码的开始。类和函数入口之间也用一行空行分隔，以突出函数入口的开始。

空行与代码缩进不同，空行并不是 Python 语法的一部分。书写时不插入空行，Python 解释器运行也不会出错。但是空行的作用在于分隔两段不同功能或含义的代码，便于日后代码的维护或重构。

记住：空行也是程序代码的一部分。

等待用户输入下面的程序执行后就会等待用户输入，按回车键后就会退出：

```
#!/usr/bin/Python
# -*- coding: UTF-8 -*-

raw_input("按下 enter 键退出，其他任意键显示……\n")
```

以上代码中，\n 实现换行。一旦用户按下 enter（回车）键退出，其他键显示。

## 1.10 同一行显示多条语句

Python 可以在同一行中使用多条语句，语句之间使用分号（ ; ）分割，以下是一个简单的实例：

```
#!/usr/bin/Python

import sys; x = 'runoob'; sys.stdout.write（x + '\n'）
```

执行以上代码，输入结果为：

```
$ Python test.py
runoob
```

**职业素养**

国家从社会整体利益出发，对经济活动实行干预、管理和调控，而会计工作是单位、公司和企业的经济命脉：

（1）通过其反映职能提供有关财务状况、经营成果和现金流方面的信息，是包括投资人和债权人在内的各方面进行决策的依据。

（2）会计工作通过反映企业的财务信息参与企业管理提高经济效益，促进经济可持续发展。国家通过法的手段干预经济市场，支持会计工作的良序进行，是社会稳定的需要。

# 任务二 Python 变量类型

变量存储在内存中的值，这就意味着在创建变量时会在内存中开辟一个空间。基于变量的数据类型，解释器会分配指定内存，并决定什么数据可以被存储在内存中。因此，变量可以指定不同的数据类型，这些变量可以存储整数、小数或字符。

## 2.1 变量赋值

Python 中的变量赋值不需要类型声明。每个变量在内存中创建，都包括变量的标识、名称和数据这些信息。每个变量在使用前都必须赋值，变量赋值以后该变量才会被创建。

等号 = 用来给变量赋值。等号 = 运算符左边是一个变量名，等号 = 运算符右边是存储在变量中的值。在 Python 中变量不仅可以代表数字，还可以代表任意数据类型，每个变量在使用前都必须赋值，变量赋值以后该变量才被创建，变量赋值使用等号“=”。

【例 2-11】

```
#!/usr/bin/Python
# – * – coding: UTF–8 – * –
counter = 100 # 赋值整型变量
miles = 1000.0 # 浮点型
name = "John" # 字符串
print（counter）
print（miles）
print（name）
```

以上实例中，100，1000.0 和 "John" 分别赋值给 counter，miles，name 变量。其中字符串就是一串文字，用单引号或者双引号引起来。注意，"　"或者 "是空字符串，它不包括任何字符，而"　"与'　'是包含一个空格的字符串。

执行以上程序会输出如下结果：

```
100
1000.0
John
```

在 Python 中，变量就相当于一个名字，也可以理解为标签，给变量赋值就相当于将标签贴在一个数据对象上；变量本身是没有任何含义，它会根据赋值的数据表示不同的意义，重新赋值后，含义就改变了。

**▲知识点拨**

1. Python 中的“=”不是传统意义下的等号，它的作用是为变量赋值，初学者要注意，例如 a=b+c，它表示的意义是将 b+c 的结果赋值给变量 a。

2. 在 Python 中无须声明变量的类型，Python 是一种解释型语言，当定义一个变量时，解释器自动完成对变量内存的分配，不需要定义类型，这个与 C 语言、JAVA 是有所区别的。

**★随堂练习**

执行以下语句，输出的结果是：

```
a=1
b=a
a=2
print（b）
```

## 2.2　多个变量赋值

Python 允许你同时为多个变量赋值。例如：

```
a = b = c = 1
print（a）
print（b）
print（c）
```

以上实例，创建一个整型对象，值为 1，三个变量被分配到相同的内存空间上。

运行结果：

```
1
1
1
```

您也可以为多个对象指定多个变量。例如：

```
a, b, c = 1, 2, "john"
print (a)
print (b)
print (c)
```

以上实例，两个整型对象 1 和 2 分别分配给变量 a 和 b，字符串对象 "john" 分配给变量 c。

运行结果：

```
1
2
john
```

## 2.3 标准数据类型

在内存中存储的数据可以有多种类型。

例如，一个人的年龄可以用数字来存储，他的名字可以用字符来存储。

Python 定义了一些标准类型，用于存储各种类型的数据。

Python 有五个标准的数据类型：

- Numbers（数字）
- String（字符串）
- List（列表）
- Tuple（元组）
- Dictionary（字典）

## 2.4 Python 数字

数字数据类型用于存储数值。

他们是不可改变的数据类型，这意味着改变数字数据类型会分配一个新的对象。

当你指定一个值时，Number 对象就会被创建：

```
var1 = 1
var2 = 10
```

您也可以使用 del 语句删除一些对象的引用。

del 语句的语法是：

```
del var1 [ , var2 [ , var3 [ ……., varN ]]]
```

您可以通过使用 del 语句删除单个或多个对象的引用。例如：

```
del var
del var_a, var_b
```

Python 支持四种不同的数字类型：

- int（有符号整型）
- long（长整型，也可以代表八进制和十六进制）
- float（浮点型）
- complex（复数）

一些数值类型的实例：

| int | long | float | complex |
|---|---|---|---|
| 10 | 51924361L | 0.0 | 3.14j |
| 100 | -0x19323L | 15.20 | 45.j |
| -786 | 0122L | -21.9 | 9.322e-36j |
| 080 | 0xDEFABCECBDAECBFBAEl | 32.3e+18 | .876j |
| -0490 | 535633629843L | -90. | -.6545+0J |
| -0x260 | -052318172735L | -32.54e100 | 3e+26J |
| 0x69 | -4721885298529L | 70.2E-12 | 4.53e-7j |

- 长整型也可以使用小写 l，但是还是建议您使用大写 L，避免与数字 1 混淆。Python 使用 L 来显示长整型

- Python 还支持复数，复数由实数部分和虚数部分构成，可以用 a + bj，或者 complex（a，b）表示，复数的实部 a 和虚部 b 都是浮点型

注意：long 类型只存在于 Python2.X 版本中，在 2.2 以后的版本中，int 类型数据溢出后会自动转为 long 类型。在 Python3.X 版本中 long 类型被移除，使用 int 替代。

## 2.5 Python 字符串

字符串或串（String）是由数字、字母、下划线组成的一串字符。

实例：

```
s = "a1a2・・・an"   # n>=0
print（s）
```

运行结果：

```
a1a2・・・an
```

它是编程语言中表示文本的数据类型。

### 2.5.1 字符串的定义

字符串（string）：即“一串字符”，属于文本型数据，是 Python 中最常用的数据类型，字符串是以单引号‘或双引号”引起来的任意文本，如：‘这是我的第一个 Python 程序’“abcd”。

请注意：

1. 单引号和双引号只是一种表示方式，不是字符串的一部分。

2. 一个字符串使用哪种引号开头就必须以哪种引号结束。

3. 即使是数字，只要用引号引起来，就是字符串，如“1234”是字符串，而 1234 是整型。

### 2.5.2 转义字符

如果一个字符串内部存在单引号或双引号该如何处理？

简单的处理方法是：当字符串中存在单引号时，可以使用双引号标识字符串，当字符串中存在双引号时，可以使用单引号标识字符串。

【例 2-12】

```
print("打印'1 月份利润表'")
```

运行结果如下：

```
打印'1 月利润表'
```

但是如果字符串内部同时包含单引号和双引号，以上方式就不可行了，这时就可以使用转义字符。

转义字符：用“\”标识，通过在某些字符前加上转义字符即可以表示特别的含义，常用的转义字符有：

\'　　表示单引号'

\"　　表示双引号"

\t　　表示制表符

\n　　表示换行符

\r　　表示回车符，光标移至本行最前

\\　　表示反斜杠

【例 2-13】使用转义字符打印输出的字符串。

```
print('打印\"1 月份利润表\"')
```

运行结果如下：

```
打印"1 月份利润表"
```

但是，如果字符串中出现了跟转义字符一样的文本内容，若不加处理的话，计算机会把它当成转义字符去理解。

【例 2-14】打印文件路径。

```
print('D:\\teacher\note\data')
```

运行结果如下：

```
D:eacher
ote\data
```

那么如何才能输出一个完整的文件路径呢？

答案就是在字符串前面加 t，告诉 Python 程序，r 后面的字符串是纯字符串，不要转义。

```
print（r'D：\teacher\note（data'）
```

运行结果如下：

```
D：\teacher\note data
```

### 2.5.3 换行符

通过对转义字符的学习，如果需要在字符串中换行，可以使用换行符（\n）。

【例 2–15】

```
print（'利润表\n资产负债表\n现金流量表'）
```

运行结果如下：

```
利润表
资产负债表
现金流量表
```

Python 的字串列表有 2 种取值顺序：

- 从左到右索引默认 0 开始的，最大范围是字符串长度少 1
- 从右到左索引默认 –1 开始的，最大范围是字符串开头

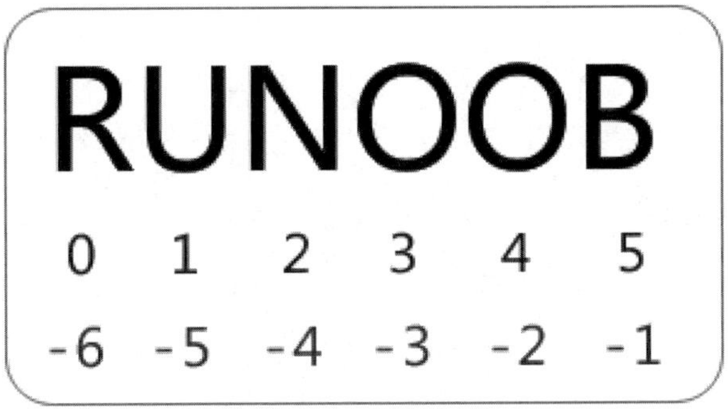


如果你要实现从字符串中获取一段子字符串的话，可以使用［头下标：尾下标］来截取相应的字符串，其中下标是从 0 开始算起，可以是正数或负数，下标可以为空表示取到头或尾。

［头下标：尾下标］获取的子字符串包含头下标的字符，但不包含尾下标的字符。比如：

```
>>> s = 'abcdef'
>>> s[1:5]
'bcde'
```

运行结果：

```
'bcde'
```

当使用以冒号分隔的字符串，Python 返回一个新的对象，结果包含了以这对偏移标识的连续的内容，左边的开始是包含了下边界。

上面的结果包含了 s［1］的值 b，而取到的最大范围不包括尾下标，就是 s［5］的值 f。

```
从后面索引：    -6  -5  -4  -3  -2  -1
从前面索引：     0   1   2   3   4   5
               +---+---+---+---+---+---+
               | a | b | c | d | e | f |
               +---+---+---+---+---+---+
从前面截取：   :   1   2   3   4   5   :
从后面截取：   :  -5  -4  -3  -2  -1   :
```

加号（+）是字符串连接运算符，星号（*）是重复操作。如下实例：

**【例 2-16】**

```
#!/usr/bin/Python
# -*- coding: UTF-8 -*-
str = 'Hello World!'
print(str)              # 输出完整字符串
print(str[0])           # 输出字符串中的第一个字符
print(str[2:5])         # 输出字符串中第三个至第六个之间的字符串
print(str[2:])          # 输出从第三个字符开始的字符串
print(str * 2)          # 输出字符串两次
print(str + "TEST")     # 输出连接的字符串
```

以上实例输出结果：

```
Hello World!
H
llo
llo World!
Hello World!Hello World!
Hello World!TEST
```

Python 列表截取可以接收第三个参数，参数作用是截取的步长，以下实例在索引 1 到索引 4 的位置并设置为步长为 2（间隔一个位置）来截取字符串：

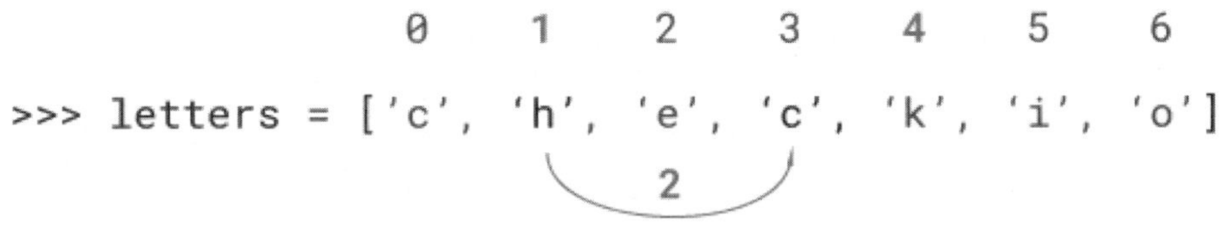


```
>>> letters[1:4:2]
['h', 'c']
```

## 2.6 字符串的格式化

格式化字符串：是指在创建字符串时使用占位符，然后再对占位符进行赋值。格式化字符串的作用：随着赋值内容的变化，能够重复输出固定格式但内容不同的文本。

Python 中格式化字符串的方法有两种：一种是使用 % 进行占位；另一种是使用占位符进行占位。

### 2.6.1 使用 % 占位

常用的字符串格式化符号有：

%s：在字符串中表示任意字符。

%f：浮点数占位符。

%d：整数占位符。

【例 2–17】

```
str=" 你好，%s，欢迎来到湖南财经工业职业技术学院会计系！ "
print（str%（" 张鹏 "））
print（str%（" 李玲 "））
```

运行结果如下：

```
你好，张鹏，欢迎来到湖南财经工业职业技术学院会计系！
你好，李玲，欢迎来到湖南财经工业职业技术学院会计系！
```

格式化字符串还可以搭配 input（ ）函数。

【例 2–18】

```
name = input（" 请输入您的名字：")
course = input（" 请输入您选修的课程：")
print（"%s 您好，您已成功选修了 %s，请准时参加！ "%（name，course））
```

运行结果如下：

```
请输入您的名字：张鹏
请输入您选修的课程：Python 开发与财务应用
张鹏您好，您已成功选修了 Python 开发与财务应用，请准时参加！
```

也可以将会计信息格式化输出。

【例 2–19】

```
print（'本年 %d 月份 %s 科目发生额是 %d 元'%（2，'销售业务收入'，600000））
```

运行结果如下：

```
本年 2 月份销售业务收入科目发生额是 600000 元
```

在会计核算中，金额一般要保留两位小数，该如何实现呢？

%.xf：表示精确至小数点后 x 位。

【例 2–20】

```
print（'本年 %d 月份 %s 科目发生额是 %.2f 元'%（2，'销售业务收入'，600000.456））
```

运行结果如下：

```
本年 2 月份销售业务收入科目发生额是 600000.46 元
```

### 2.6.2 使用占位符

使用 {} 进行占位；在格式化时，可以指定参数名、索引。

【例 2-21】

```
# 并不指定位置，按默认顺序
print（'{ } 科目发生额是 { } 元 '.format（' 主营业务收入 '，20000））
# 指定位置，从 0 开始
print（'{1} 科目发生额是 {0} 元 '.format（20000，' 主营业务收入 '））
# 数字格式化，金额保留 2 位小数
print（'{ } 科目发生额是 {：.2f} 元 '.format（' 主营业务收入 '，20000，123））
# 设置关键字参数
print（'{account} 科目发生额是 {amount} 元 '.format（account=' 主营业务收入 '，
amount = 20000））
# 关键字参数数字格式化
print（'{account} 科目发生额是 {amount：.2f} 元 '.format（account=' 主营业务
收入 '，amount = 20000.123））
```

运行结果如下：

```
主营业务收入科目发生额是 20000 元
主营业务收入科目发生额是 20000 元
主营业务收入科目发生额是 20000.12 元
主营业务收入科目发生额是 20000 元
主营业务收入科目发生额是 20000.12 元
```

## 2.7 Python 列表

List（列表）是 Python 中使用最频繁的数据类型。

列表可以完成大多数集合类的数据结构实现。它支持字符、数字、字符串，甚至可以包含列表（即嵌套）。

列表用［ ］标识，是 Python 最通用的复合数据类型。

列表中值的切割也可以用到变量［头下标：尾下标］，就可以截取相应的列表，从左到右索引默认 0 开始，从右到左索引默认 -1 开始，下标可以为空表示取到头或尾。

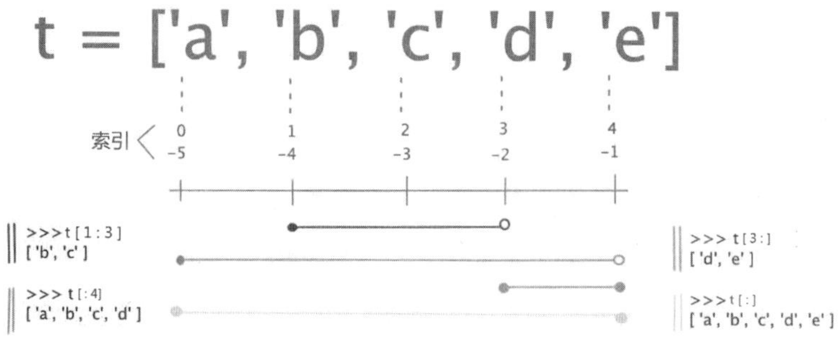


加号 + 是列表连接运算符，星号 * 是重复操作。如下实例：

**【例 2-22】**

```
#!/usr/bin/Python
# -*- coding: UTF-8 -*-
list =［ 'runoob', 786, 2.23, 'john', 70.2 ］
tinylist =［ 123, 'john' ］
print list                  # 输出完整列表
print list［0］               # 输出列表的第一个元素
print list［1: 3］            # 输出第二个至第三个元素
print list［2: ］             # 输出从第三个开始至列表末尾的所有元素
print tinylist * 2          # 输出列表两次
print list + tinylist       # 打印组合的列表
```

以上实例输出结果：

```
［'runoob', 786, 2.23, 'john', 70.2］
runoob
［786, 2.23］
［2.23, 'john', 70.2］
［123, 'john', 123, 'john'］
［'runoob', 786, 2.23, 'john', 70.2, 123, 'john' ］
```

## 2.8 Python 元组

元组是另一个数据类型，类似于 List（列表）。

元组用（）标识。内部元素用逗号隔开。但是元组不能二次赋值，相当于只读列表。

【例 2-23】

```
#!/usr/bin/Python
# -*- coding: UTF-8 -*-
list =[ 'runoob', 786, 2.23, 'john', 70.2 ]
tinylist =[ 123, 'john' ]
print（list）                # 输出完整列表
print（list[0]）              # 输出列表的第一个元素
print（list[1:3]）            # 输出第二个至第三个元素
print（list[2:]）             # 输出从第三个开始至列表末尾的所有元素
print（tinylist * 2）         # 输出列表两次
print（list + tinylist）      # 打印组合的列表
```

以上实例输出结果：

```
['runoob', 786, 2.23, 'john', 70.2]
runoob
[786, 2.23]
[2.23, 'john', 70.2]
[123, 'john', 123, 'john']
['runoob', 786, 2.23, 'john', 70.2, 123, 'john']
```

## 2.9 Python 字典

字典（dictionary）是除列表以外 Python 之中最灵活的内置数据结构类型。列表是有序的对象集合，字典是无序的对象集合。

两者之间的区别在于：字典当中的元素是通过键来存取的，而不是通过偏移存取。

字典用 "{ }" 标识。字典由索引（key）和它对应的值 value 组成。

【例 2-24】

```
#!/usr/bin/Python
# -*- coding: UTF-8 -*-
dict = {}
dict['one'] = "This is one"
dict[2] = "This is two"
tinydict = {'name': 'runoob', 'code': 6734, 'dept': 'sales'}
print(dict['one'])          # 输出键为 'one' 的值
print(dict[2])              # 输出键为 2 的值
print(tinydict)             # 输出完整的字典
print(tinydict.keys())      # 输出所有键
print(tinydict.values())    # 输出所有值
```

输出结果为：

```
This is one
This is two
{'name': 'runoob', 'code': 6734, 'dept': 'sales'}
dict_keys(['name', 'code', 'dept'])
dict_values(['runoob', 6734, 'sales'])
```

## 2.10 Python 数据类型转换

有时候，我们需要对数据内置的类型进行转换，数据类型的转换，只需要将数据类型作为函数名即可。

以下几个内置的函数可以执行数据类型之间的转换。这些函数返回一个新的对象，表示转换的值。

| 函数 | 描述 |
| --- | --- |
| int（x［，base］） | 将 x 转换为一个整数 |
| long（x［，base］） | 将 x 转换为一个长整数 |
| float（x） | 将 x 转换到一个浮点数 |
| complex（real［，imag］） | 创建一个复数 |
| str（x） | 将对象 x 转换为字符串 |
| repr（x） | 将对象 x 转换为表达式字符串 |
| eval（str） | 用来计算在字符串中的有效 Python 表达式，并返回一个对象 |
| tuple（s） | 将序列 s 转换为一个元组 |
| list（s） | 将序列 s 转换为一个列表 |
| set（s） | 转换为可变集合 |
| dict（d） | 创建一个字典，d 必须是一个序列（key，value）元组 |
| frozenset（s） | 转换为不可变集合 |
| chr（x） | 将一个整数转换为一个字符 |
| unichr（x） | 将一个整数转换为 Unicode 字符 |
| ord（x） | 将一个字符转换为它的整数值 |
| hex（x） | 将一个整数转换为一个十六进制字符串 |
| oct（x） | 将一个整数转换为一个八进制字符串 |

# 任务三　Python 运算符

## 3.1　什么是运算符？

本章节主要说明 Python 的运算符。举个简单的例子 4+5=9。例子中，4 和 5 被称为操作数，"+" 称为运算符。

Python 语言支持以下类型的运算符：

- 算术运算符
- 比较（关系）运算符
- 赋值运算符
- 逻辑运算符
- 位运算符
- 成员运算符
- 身份运算符
- 运算符优先级

接下来让我们一个个来学习 Python 的运算符。

## 3.2　Python 算术运算符

以下假设变量：a=10，b=20：

| 运算符 | 描述 | 实例 |
| --- | --- | --- |
| + | 加 – 两个对象相加 | a + b 输出结果 30 |
| – | 减 – 得到负数或是一个数减去另一个数 | a – b 输出结果 –10 |
| * | 乘 – 两个数相乘或是返回一个被重复若干次的字符串 | a * b 输出结果 200 |
| / | 除 –x 除以 y | b / a 输出结果 2 |
| % | 取模 – 返回除法的余数 | b % a 输出结果 0 |
| ** | 幂 – 返回 x 的 y 次幂 | a**b 为 10 的 20 次方，输出结果 100000000000000000000 |
| // | 取整除 – 返回商的整数部分（向下取整） | >>> 9//2<br>4<br>>>> –9//2<br>–5 |

以下实例演示了 Python 所有算术运算符的操作：

**【例 2–25】**本月销售收入为 260000 元，销售成本为 120000 元。

要求：计算并打印本月毛利润，通过变量赋值接收销售收入、销售成本金额。

```
xssr = 260000
xscb = 120000
# 计算毛利 mlr 并输出计算结果
mlr = xssr - xscb
print（'本月毛利润 =', mlr）
```

运行结果如下：

```
本月毛利润 =140000
```

**【例 2–26】**

```
#!/usr/bin/Python
a = 21
b = 10
c = 0
c = a + b
print（"1 - c 的值为：", c）
c = a - b
print（"2 - c 的值为：", c）
c = a * b
print（"3 - c 的值为：", c）
c = a / b
print（"4 - c 的值为：", c）
c = a % b
print（"5 - c 的值为：", c）# 修改变量 a、b、c
a = 2
b = 3
c = a ** b
print（"6 - c 的值为：", c）
```

```
a = 10
b = 5
c = a//b
print ("7 - c 的值为：", c)
```

以上实例输出结果：

```
1 - c 的值为：31
2 - c 的值为：11
3 - c 的值为：210
4 - c 的值为：2.1
5 - c 的值为：1
6 - c 的值为：8
7 - c 的值为：2
```

注意：Python2.x 里，整数除整数，只能得出整数。如果要得到小数部分，把其中一个数改成浮点数即可。

```
>>> 1/2
0
>>> 1.0/2
0.5
>>> 1/float (2)
0.5
```

## 3.3 Python 比较运算符

| 运算符 | 描述 | 实例 |
|---|---|---|
| == | 等于 – 比较对象是否相等 | (a == b) 返回 False |
| != | 不等于 – 比较两个对象是否不相等 | (a != b) 返回 true |
| <> | 不等于 – 比较两个对象是否不相等。Python3 已废弃 | (a <> b) 返回 true。这个运算符类似 != |
| > | 大于 – 返回 x 是否大于 y | (a > b) 返回 False |
| < | 小于 – 返回 x 是否小于 y。所有比较运算符返回 1 表示真，返回 0 表示假。这分别与特殊的变量 True 和 False 等价 | (a < b) 返回 true |
| >= | 大于等于 – 返回 x 是否大于等于 y | (a >= b) 返回 False |
| <= | 小于等于 – 返回 x 是否小于等于 y | (a <= b) 返回 true |

以下假设变量 a 为 10，变量 b 为 20：

以下实例演示了 Python 所有比较运算符的操作：

**【例 2-27】**第一季度营业收入为 450000 元、毛利率为 20%，第二季度营业收入为 500000 元、毛利率为 18%。

要求：采用比较运算符“>”判断第一季度毛利是否大于第二季度毛利。

```
# 创建一个变量 grossProflt1 接收第一季度毛利值
grossProfit1 = 450000 × 0.2
# 创建一个交量 grossProflt2 接收第二季度毛利值
grossProfit2 = 500000 * 0.18
# 比较 grossProfit1 是否大于 grossProfit2，并输出比较结果
print（grossProfit1>grossProfit2）
```

运行结果如下：

```
False
```

**【例 2-28】**

```
#!/usr/bin/Python
# -*- coding: UTF-8 - * -
a = 21
b = 10
c = 0
if a == b:
   print（"1 - a 等于 b"）
else:
   print（"1 - a 不等于 b"）
if a != b:
   print（"2 - a 不等于 b"）
else:
   print（"2 - a 等于 b"）
if a < b:
   print（"4 - a 小于 b"）
```

```
else：
    print（"4 - a 大于等于 b"）
if a > b：
    print（"5 - a 大于 b"）
else：
    print（"5 - a 小于等于 b"）
# 修改变量 a 和 b 的值
a = 5
b = 20
if a <= b：
    print（"6 - a 小于等于 b"）
else：
    print（"6 - a 大于 b"）
if b >= a：
    print（"7 - b 大于等于 a"）
else：
    print（"7 - b 小于 a"）
```

以上实例输出结果：

```
1 - c 的值为：31
2 - c 的值为：11
3 - c 的值为：210
4 - c 的值为：2.1
5 - c 的值为：1
6 - c 的值为：8
7 - c 的值为：2
```

## 3.4 Python 赋值运算符

以下假设变量 a 为 10，变量 b 为 20：

| 运算符 | 描述 | 实例 |
| --- | --- | --- |
| = | 简单的赋值运算符 | c = a + b 将 a + b 的运算结果赋值为 c |
| += | 加法赋值运算符 | c += a 等效于 c = c + a |
| -= | 减法赋值运算符 | c -= a 等效于 c = c - a |
| *= | 乘法赋值运算符 | c *= a 等效于 c = c * a |
| /= | 除法赋值运算符 | c /= a 等效于 c = c / a |
| %= | 取模赋值运算符 | c %= a 等效于 c = c % a |
| **= | 幂赋值运算符 | c **= a 等效于 c = c ** a |
| //= | 取整除赋值运算符 | c //= a 等效于 c = c // a |

以下实例演示了 Python 所有赋值运算符的操作：

【例 2-29】截至本年 11 月，公司累计营业收入为 880000 元，12 月营业收入发生额为 80000 元。

要求：使用赋值运算符计算累计营业收入，并打印本年累计营业收入值。# 创建一个变量 Income 接收 12 月营业收入值。

```
income = 80000
# 创建一个变量 accumulatedIncome 接收截至 11 月累计营业收入值（第一次赋值）
accumulatedIncome = 880000
# 计算累计营业收入（accumulatedIncome 第二次赋值）
accumulatedIncome += income
# 打印本年累计营业收入值
print（accumulatedIncome）
```

运行结果如下：

```
960000
```

【例 2-30】

```
#!/usr/bin/Python
a = 21
```

```
b = 10
c = 0
c = a + b
print ("1 - c 的值为：", c)
c += a
print ("2 - c 的值为：", c)
c *= a
print ("3 - c 的值为：", c)
c /= a
print ("4 - c 的值为：", c)
c = 2
c %= a
print ("5 - c 的值为：", c)
c **= a
print ("6 - c 的值为：", c)
c //= a
print ("7 - c 的值为：", c)
```

以上实例输出结果：

```
1 - c 的值为：31
2 - c 的值为：52
3 - c 的值为：1092
4 - c 的值为：52.0
5 - c 的值为：2
6 - c 的值为：2097152
7 - c 的值为：99864
```

## 3.5 Python 位运算符

按位运算符是把数字看作二进制来进行计算的。Python 中的按位运算法则如下：下表中变量 a 为 60，b 为 13，二进制格式如下：

```
a = 0011 1100
b = 0000 1101
-------------
a&b = 0000 1100
a|b = 0011 1101
a^b = 0011 0001
~a = 1100 0011
```

| 运算符 | 描述 | 实例 |
| --- | --- | --- |
| & | 按位与运算符：参与运算的两个值，如果两个相应位都为 1，则该位的结果为 1，否则为 0 | （a & b）输出结果 12，二进制解释：0000 1100 |
| \| | 按位或运算符：只要对应的两个二进位有一个为 1 时，结果位就为 1 | （a \| b）输出结果 61，二进制解释：0011 1101 |
| ^ | 按位异或运算符：当两对应的二进位相异时，结果为 1 | （a ^ b）输出结果 49，二进制解释：0011 0001 |
| ~ | 按位取反运算符：对数据的每个二进制位取反，即把 1 变为 0，把 0 变为 1。~x 类似于 -x-1 | （~a）输出结果 -61，二进制解释：1100 0011，在一个有符号二进制数的补码形式 |
| << | 左移动运算符：运算数的各二进位全部左移若干位，由 << 右边的数字指定了移动的位数，高位丢弃，低位补 0 | a << 2 输出结果 240，二进制解释：1111 0000 |
| >> | 右移动运算符：把 ">>" 左边的运算数的各二进位全部右移若干位，>> 右边的数字指定了移动的位数 | a >> 2 输出结果 15，二进制解释：0000 1111 |

以下实例演示了 Python 所有位运算符的操作：

【例 2-31】

```
#!/usr/bin/Python
a = 60
# 60 = 0011 1100
b = 13
# 13 = 0000 1101
c = 0
```

```
c = a & b;
# 12 = 0000 1100
print ("1 - c 的值为：", c)
c = a | b;
# 61 = 0011 1101
print ("2 - c 的值为：", c)
c = a ^ b;
# 49 = 0011 0001
print ("3 - c 的值为：", c)
c = ~ a;
# -61 = 1100 0011
print ("4 - c 的值为：", c)
c = a << 2;
# 240 = 1111 0000
print ("5 - c 的值为：", c)
c = a >> 2;
# 15 = 0000 1111
print ("6 - c 的值为：", c)
```

以上实例输出结果：

```
1 - c 的值为：12
2 - c 的值为：61
3 - c 的值为：49
4 - c 的值为：-61
5 - c 的值为：240
6 - c 的值为：15
```

## 3.6 Python 逻辑运算符

Python 语言支持逻辑运算符，以下假设变量 a 为 10，b 为 20：

| 运算符 | 逻辑表达式 | 描述 | 实例 |
|---|---|---|---|
| and | x and y | 布尔 " 与 "——如果 x 为 False，x and y 返回 False，否则它返回 y 的计算值 | （a and b）返回 20 |
| or | x or y | 布尔 " 或 "——如果 x 是非 0，它返回 x 的计算值，否则它返回 y 的计算值 | （a or b）返回 10 |
| not | not x | 布尔 " 非 "——如果 x 为 True，返回 False。如果 x 为 False，它返回 True | not（a and b）返回 False |

以上实例输出结果：

**【例 2–32】**甲公司绩效考核指标有：权益净利率、收入额；

公司年度经营目标：权益净利率超过 18%，并且收入超过 20000000 元；本年度各指标实际执行情况：权益净利率 =20%，收入 =18000000（元）。要求：采用逻辑运算符“and”判断甲公司是否完成经营目标。

```
# 创建一个变量 ROE 接收本年实际权益净利率
ROE = 0.2
# 创建一个变量 income 接收本年实际收入额
Income = 18000000
# 判断甲公司是否实现年度经营目标，并输出结果
print（ROE>0.18 and Income>20000000）
```

运行结果如下：

```
False
```

**【例 2–33】**

```
#!/usr/bin/Python
a = 10
b = 20
if a and b:
   print（"1 – 变量 a 和 b 都为 true"）
```

```
else:
    print ("1 - 变量 a 和 b 有一个不为 true")
if a or b:
    print ("2 - 变量 a 和 b 都为 true，或其中一个变量为 true")
else:
    print ("2 - 变量 a 和 b 都不为 true")
# 修改变量 a 的值
a = 0
if a and b :
    print ("3 - 变量 a 和 b 都为 true")
else:
    print ("3 - 变量 a 和 b 有一个不为 true")
if a or b:
    print ("4 - 变量 a 和 b 都为 true，或其中一个变量为 true")
else:
    print ("4 - 变量 a 和 b 都不为 true")
if not (a and b):
    print ("5 - 变量 a 和 b 都为 false，或其中一个变量为 false")
else:
    print ("5 - 变量 a 和 b 都为 true")
```

以上实例输出结果：

```
1 - 变量 a 和 b 都为 true
2 - 变量 a 和 b 都为 true，或其中一个变量为 true
3 - 变量 a 和 b 都为 true
4 - 变量 a 和 b 都为 true，或其中一个变量为 true
5 - 变量 a 和 b 都为 true
```

## 3.7 Python 成员运算符

除了以上运算符之外，Python 还支持成员运算符，测试实例中包含了一系列的成员，包括字符串、列表或元组。

| 运算符 | 描述 | 实例 |
| --- | --- | --- |
| in | 如果在指定的序列中找到值返回 True，否则返回 False | x 在 y 序列中，如果 x 在 y 序列中返回 True |
| not in | 如果在指定的序列中没有找到值返回 True，否则返回 False | x 不在 y 序列中，如果 x 不在 y 序列中返回 True |

以下实例演示了 Python 所有成员运算符的操作：

【例 2–34】

```
#!/usr/bin/Python
a = 10
b = 20
list =[ 1, 2, 3, 4, 5 ];
if ( a in list ):
   print ("1 - 变量 a 在给定的列表中 list 中 ")
else:
   print ("1 - 变量 a 不在给定的列表中 list 中 ")
if ( b not in list ):
   print ("2 - 变量 b 不在给定的列表中 list 中 ")
else:
   print ("2 - 变量 b 在给定的列表中 list 中 ")
# 修改变量 a 的值
a = 2
if ( a in list ):
   print ("3 - 变量 a 在给定的列表中 list 中 ")
else:
   print ("3 - 变量 a 不在给定的列表中 list 中 ")
```

以上实例输出结果：

```
1 - 变量 a 不在给定的列表中 list 中
2 - 变量 b 不在给定的列表中 list 中
3 - 变量 a 在给定的列表中 list 中
```

## 3.8 Python 身份运算符

身份运算符用于比较两个对象的存储单元：

| 运算符 | 描述 | 实例 |
|---|---|---|
| is | is 是判断两个标识符是不是引用自一个对象 | x is y，类似 id（x）== id（y），如果引用的是同一个对象则返回 True，否则返回 False |
| is not | is not 是判断两个标识符是不是引用自不同对象 | x is not y，类似 id（a）! = id（b）。如果引用的不是同一个对象则返回结果 True，否则返回 False |

注：id（ ）函数用于获取对象内存地址。

以下实例演示了 Python 所有身份运算符的操作：

【例 2–35】

```
#!/usr/bin/Python
a = 20
b = 20
if ( a is b ):
    print ("1 - a 和 b 有相同的标识 ")
else:
    print ("1 - a 和 b 没有相同的标识 ")
if ( a is not b ):
    print ("2 - a 和 b 没有相同的标识 ")
else:
    print ("2 - a 和 b 有相同的标识 ")
# 修改变量 b 的值
b = 30
if ( a is b ):
    print ("3 - a 和 b 有相同的标识 ")
else:
    print ("3 - a 和 b 没有相同的标识 ")
if ( a is not b ):
    print ("4 - a 和 b 没有相同的标识 ")
else:
    print ("4 - a 和 b 有相同的标识 ")
```

以上实例输出结果：

```
1 - a 和 b 有相同的标识
2 - a 和 b 有相同的标识
3 - a 和 b 没有相同的标识
4 - a 和 b 没有相同的标识
```

is 与 == 区别：

is 用于判断两个变量引用对象是否为同一个（同一块内存空间），== 用于判断引用变量的值是否相等。

```
>>> a =[1, 2, 3]
>>> b = a
>>> b is a
True
>>> b == a
True
>>> b = a[:]
>>> b is a
False
>>> b == a
True
```

## 3.9 Python 运算符优先级

以下表格列出了从最高到最低优先级的所有运算符：

| 运算符 | 描述 |
| --- | --- |
| ** | 指数（最高优先级） |
| ~ + - | 按位翻转，一元加号和减号（最后两个的方法名为 +@ 和 -@） |
| * / % // | 乘，除，取模和取整除 |
| + - | 加法减法 |
| >> << | 右移，左移运算符 |
| & | 位 'AND' |
| ^ \| | 位运算符 |
| <= < > >= | 比较运算符 |

续表

| 运算符 | 描述 |
|---|---|
| <> == != | 等于运算符 |
| = %= /= //= -= += *= **= | 赋值运算符 |
| is is not | 身份运算符 |
| in not in | 成员运算符 |
| not and or | 逻辑运算符 |

在 Python 中只有小括号用于运算。根据运算优先级，可以简化成一句记忆口读，“从左往右看，括号优先算，先乘除后加减，再比较，再逻辑。”

以下实例演示了 Python 所有运算符优先级的操作：

【例 2-36】

```
#!/usr/bin/Python
# -*- coding: UTF-8 - * -
a = 20
b = 10
c = 15
d = 5
e = 0
e = (a + b) * c / d          # (30 * 15) / 5
print " (a + b) * c / d 运算结果为：", e
e = ((a + b)* c) / d         # (30 * 15) / 5
print " ((a + b) * c) / d 运算结果为：", e
e = (a + b) * (c / d);       # (30) * (15/5)
print " (a + b) * (c / d)运算结果为：", e
e = a + (b * c) / d;         #20 + (150/5)
print "a + (b * c) / d 运算结果为：", e
```

以上实例输出结果：

```
(a + b)* c / d 运算结果为：90
((a + b)* c) / d 运算结果为：90
(a + b) * (c / d) 运算结果为：90
a + (b * c) / d 运算结果为：50
```

自上而下，优先级逐步提高。

| 运算符 | 描述 |
| --- | --- |
| | Lambda 表达式（优先级最低） |
| or | 布尔“或” |
| and | 布尔“与” |
| not x | lambda |
| in，not in | 成员测试 |
| is，is not | 同一性测试 |
| <，<=，>，>=，!=，== | 比较 |
| \| | 按位或 |
| ^ | 按位异或 |
| & | 按位与 |
| <<，>> | 移位 |
| +，- | 加法与减法 |
| *，/，% | 乘法、除法与取余 |
| +x，-x | 正负号 |
| ~x | 按位翻转 |
| ** | 指数 |
| x.attribute | 属性参考 |
| x［index］ | 下标 |
| x［index：index］ | 寻址段 |
| f（arguments……） | 函数调用 |
| （experession，……） | 绑定或元组显示 |
| ［expression，……］ | 列表显示 |
| {key：datum，……} | 字典显示 |
| 'expression，……'（优先级最高） | 字符串转换 |

is 与 == 区别：

is 用于判断两个变量引用对象是否为同一个，== 用于判断引用变量的值是否相等。

a is b 相当于 id（a）==id（b），id（）能够获取对象的内存地址。

如果 a=10；b=a；则此时 a 和 b 的内存地址一样的；但当 a=［1,2,3］；另 b=a［:］时，虽然 a 和 b 的值一样，但内存地址不一样。

如果此时定义 a=10、b=10，然后再对比 a is b 会发现返回的结果是 True，这是因为在 Python 中会实现创建一个小型的整形池，范围为［-5，256］，为这些整形开辟好内存空间，当代码中定义该范围内的整形时，不会再重新分配内存地址；而在 Pycharm 中进行测试：

```
#coding=utf-8
a=100000000000;
b=100000000000;
print a is b
```

结果：

```
True
```

分析：Python 出于对性能的考虑，但凡是不可变对象，在同一个代码块中的对象，只有是值相同的对象，就不会重复创建，而是直接引用已经存在的对象。

Python 中用 is 关键字判断两个小一点数，的确和 == 运算符一样，结果同为 true，但是这个小一点数取值到底小到多少，上限多少，经过测试，当数小于等于 256 时，两者结果相同，大于 256 后，is 判断结果就为 false 了。

256 刚好为 8，为二进制数，是一个字节，所以可以归纳为当数可以用一个字节来表示时，is 和 == 结果相同，当数超过一个字节时，按不同对象来对待，Python 为不同数分配了不同内存，不同数为不同的对象，只是值相同而已，is 结果为 false，== 依然为 true。

Python 创建了一个小型整型池来存放这些可以用一个字节表示的数，这样做避免了为小点数值重复分配内存，也即重复创建对象，提高了语言运行性能。

**★随堂练习**

1. 已知 x = 5，那么执行语句 x + = 6 之后，输出的结果是多少？

2. 已知 x = 50 * 2，y = 50 ** 2，那么执行语句 x != y，返回的结果为（ ）。

3. 执行以下语句，输出结果为（ ）。

```
y = 5
x = y ** 2
y * = 2
x == y
```

**知识点拨**

由于非运算作用在 and、or 及 not 运算中有如下规则：

（1）not（a and b）等价于 not a or not b。

（2）not（a or b）等价于 not a and not b。

（3）not（not a）等价于 a。

## 职业素养

财政部要求建立与我国社会主义市场经济体制相适应的管理会计体系，争取3~5年内，在全国培养出一批管理会计人才；力争通过5~10年的努力，中国特色的管理会计理论体系基本形成，管理会计指引体系基本建成，管理会计人才队伍显著加强，管理会计信息化水平显著提高，管理会计咨询服务市场显著繁荣，使我国管理会计接近或达到世界先进水平。

# 项目三

# Python进阶语法

★ **教学目标**

1. 掌握 Python 条件语句基本语法及其灵活运用
2. 掌握 Python 循环语句基本语法及其灵活运用
3. 了解 Python 条件语句和嵌套循环语句基本运用
4. 掌握 Python break 语句和 continue 语句基本语法及其灵活运用

★ **教学内容**

1. Python 条件语句
2. Python while 循环语句、for 循环语句、循环嵌套语句
3. Python beak 语句和 continue 语句

# 任务一 Python 条件语句

## 1.1 单分支结构 if

在 Python 中，通过 if 条件语句来控制分支流程，如果是单分支流程，则只需要使用 if 语句即可，其语法格式如下：

```
if 条件：
   代码块 1（满足条件时要做的事情）
```

该语法表示如果条件为真，则执行代码块 1。

**【例 3-1】**如果分数达到 60 分则及格，下面，将这个评分规则转换为计算机能理解的语言。

```
score = 60
if score > = 60：
   print（" 恭喜您，及格啦！"）
```

运行结果如下：

```
恭喜您，及格啦！
```

在以上代码中，若 if 语句后的条件判断为 True，则执行 if 语句下缩进的代码块，在 Python 中用缩进的方式来设置代码的层次结构，所以，在写 if 语句时，必须对齐缩进，一般缩进 4 个空格或者一个 Tab 键，如果 if 语句判断为 True，则会执行缩进的代码块。

注意：条件语句后必须加上冒号，否则程序会报错。

**【例 3-2】**在［例 3-1］中，定义了一个变量来接收分数，除了这种方式，还可以结合 input（）函数，来对输入的分数进行判断。

```
score = float（input（"请输入您的分数："））
if score > = 60：
   print（"恭喜您，及格啦！"）
```

运行结果如下：

```
请输入您的分数：72
恭喜您，及格啦！
```

企业中的业绩评价，往往会以收入、利润等指标作为考核标准，如果相关指标达到某一金额则业绩达标。

**【例 3-3】**当收入超过 1000 万元时输出 " 业绩达标 "。

```
income = float ( Input ( " 请输入收入值：" ))
if income > 10000000：
    print ( " 业绩达标 " )
```

运行结果如下：

```
请输入收入值：12000000
业绩达标
```

## 1.2　双分支结构 if……else

上述案例均是单分支流程，只有当条件满足时，才执行相应代码，当条件不满足时结束流程，但在实际生活、工作中，往往不止一个选择，比如［例 3-1］，如果希望在分数到达 60 分时输出及格，不足 60 分时输出不及格，该如何操作呢？

这就是一个典型的双分支流程，双分支流程使用的是 if……else 语句。

Python 条件语句是通过一条或多条语句的执行结果（True 或者 False）来决定执行的代码块。

可以通过下图来简单了解条件语句的执行过程：

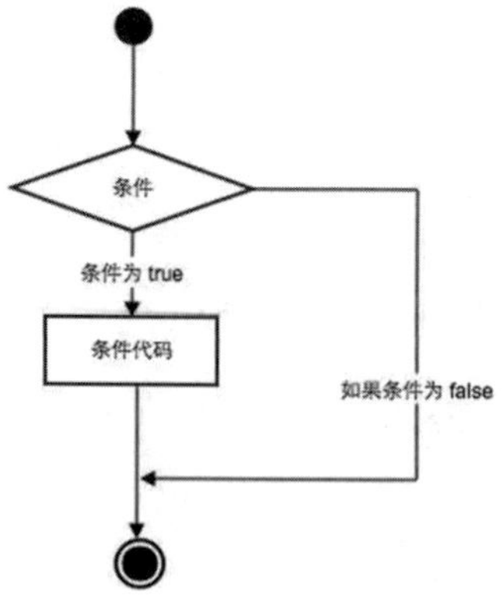

Python 程序语言指定任何非 0 和非空（null）值为 true，0 或者 null 为 false。

Python 编程中 if 语句用于控制程序的执行，基本形式为：

```
if 判断条件：
  执行语句……
else：
  执行语句……
```

其中 " 判断条件 " 成立时（非零），则执行后面的语句，而执行内容可以多行，以缩进来区分表示同一范围。

else 为可选语句，当需要在条件不成立时执行内容则可以执行相关语句。

具体例子如下：

**【例 3–4】** 对［例 3–2］进行改造。

```
score = float（input（" 请输入您的分数：" ））
If score > = 60：
  print（" 恭喜您，及格啦！ " ）
else：
  print（" 很遗憾，您未及格，请继续努力！ " ）
```

运行结果如下：

```
请输入您的分数：55
很遗憾，您未及格，请继续努力！
```

从运行结果可知，输入的分数不满足条件（条件判断为 False），直接执行 else 语句后缩进的代码块。

**【例 3–5】** 对于［例 3–3］，如果收入超过 1000 万元，则输出业绩达标，收入未超过 1000 万元，则输出业绩不达标。

```
income = float（Input（" 请输入收入值：" ））
if income10000000；
  print（" 业绩达标 " ）
else：
  print（" 业绩不达标 " ）
```

运行结果如下：

```
请输入收入值：8000000
业绩不达标
```

【例 3–6】公司采用经济增加值（EVA）进行绩效评价，若本年经济增加值大于 150 万元，则本年奖金为本年经济增加值的 10%，否则，本年无奖金。

要求：本年经济增加值为 180 万元，使用条件语句计算本年奖金。

```
# 创建一个变量 EVA 接收本年经济增加值
EVA = 1800000
starry 13:30:31
# if 条件判断
If EVA>1500000：
   bonus = EVA×0.1
else；
   bonus = 0
# 打印计算结果
print（bonus）
```

运行结果如下：

```
180000.0
```

【例 3–7】

```
#!/usr/bin/Python
# -*- coding：UTF-8 -*-
# 例 1：if基本用法
flag = False
name = 'luren'
if name == 'Python'：          # 判断变量是否为 Python
   flag = True                 # 条件成立时设置标志为真
   print 'welcome boss'        # 并输出欢迎信息
else：
   print name                  # 条件不成立时输出变量名称
```

输出结果为：

```
luren              # 输出结果
```

## 1.3 多分支结构 if……elif……else

if 语句的判断条件可以用 >（大于）、<（小于）、==（等于）、>=（大于等于）、<=（小于等于）来表示其关系。

当判断条件为多个值时，可以使用以下形式：

```
if 判断条件 1：
    执行语句 1……
elif 判断条件 2：
    执行语句 2……
elif 判断条件 3：
    执行语句 3……
else：
    执行语句 4……
```

**【例 3-8】**在［例 3-4］的基础上确定评级。

```
score = float（input（"请输入您的分数："））
if score > = 80：
    print（"恭喜您，优秀！"）
ellf score > = 70：
    print（"恭喜您，良好！"）
elif score = 60：
    print（"恭喜您，及格！"）
else：
    print（"很遗憾，您未及格，请继续努力！"）
```

运行结果如下：

```
请输入您的分数：88
恭喜您，优秀！
```

从运行结果可知，第一个条件判断为 True，则忽略剩下的 elif 和 else。

**【例 3–9】**公司采用经济增加值（EVA）进行绩效评价，若本年经济增加值＞200 万元，则奖励金额为本年经济增加值的 20%；若 100 万元＜本年经济增加值＜200 万元，则奖励金额为本年经济增加值的 10%；本年经济增加值 <100 万元，则无奖金。

要求：本年经济增加值为 120 万元，使用条件语句计算本年奖金。

```
EVA = 1200000
if EVA ＞ 2000000
   bonus = EVA * 0.2
elif EVA ＞ 1000000
   bonus = EVA * 0.1
else：
   bonus = 0
print（bonus）
```

运行结果如下：

```
120000.0
```

# 任务二　Python 循环语句

本节将向大家介绍 Python 的循环语句，程序在一般情况下是按顺序执行的。

编程语言提供了各种控制结构，允许更复杂的执行路径。

循环语句允许我们执行一个语句或语句组多次，下面是在大多数编程语言中的循环语句的一般形式：

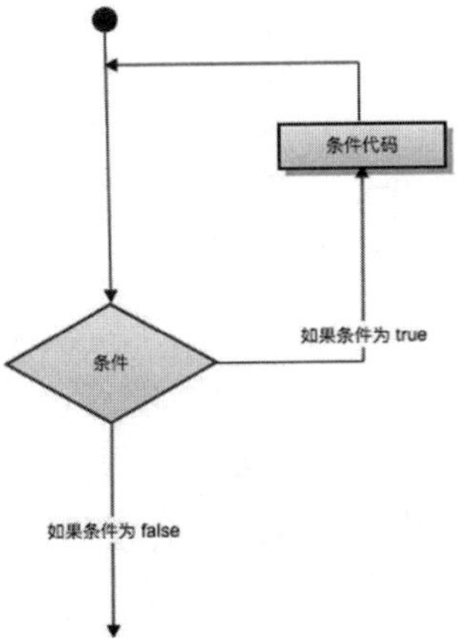


Python 提供了 for 循环和 while 循环（在 Python 中没有 do……while 循环）：

| 循环类型 | 描述 |
|---|---|
| while 循环 | 在给定的判断条件为 true 时执行循环体，否则退出循环体 |
| for 循环 | 重复执行语句 |
| 嵌套循环 | 你可以在 while 循环体中嵌套 for 循环 |

## 2.1　循环控制语句

循环控制语句可以更改语句执行的顺序。Python 支持以下循环控制语句：

| 控制语句 | 描述 |
|---|---|
| break 语句 | 在语句块执行过程中终止循环，并且跳出整个循环 |
| continue 语句 | 在语句块执行过程中终止当前循环，跳出该次循环，执行下一次循环 |
| pass 语句 | pass 是空语句，是为了保持程序结构的完整性 |

## 2.2 Python While 循环语句

### 2.2.1 While 循环语句

Python 编程中 while 语句用于循环执行程序，即在某条件下，循环执行某段程序，以处理需要重复处理的相同任务。其基本形式为：

```
while 判断条件（condition）：
   执行语句（statements）……
```

执行语句可以是单个语句或语句块。判断条件可以是任何表达式，任何非零或非空（null）的值均为 true。

当判断条件假 false 时，循环结束。

```
i=0 # 初始化表达式：通过初始化表达式初始化一个变量
whlle i < 5：# 条件表达式：用来设置循环执行的条件
   print（1）
   i+=1 # 更新表达式：修改初始化变量的值
```

上述代码表示的含义：初始变量 i=0，调用 while 语句进行条件判断（i < 5），满足条件时，执行缩进的代码块，完成一次执行后，通过更新表达式 i+=1 更新初始化量的值，然后继续返回 while 条件判断，如此循环，直到变量 i 增加到 5 时，不再满足 while 条件，则退出循环。

执行流程图如下：

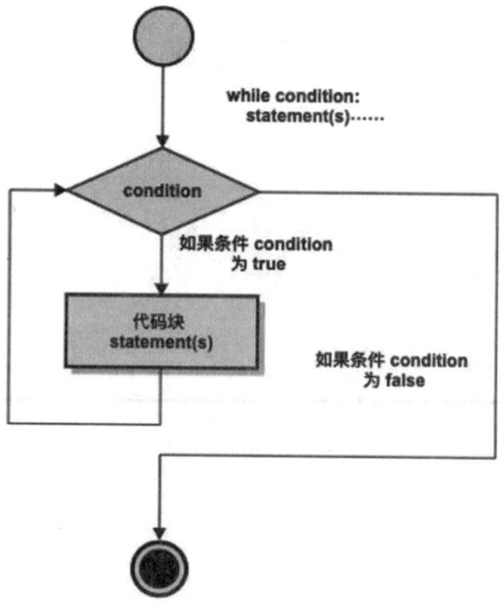

**知识点拨**

使用 while 循环时需要注意三个要件，当缺少更新表达式或条件表达式永远满足时（如 while i=1）会引起死循环，也就是 print（i）会一直执行下去，最终可能导致系统资源被耗尽。

**【例 3–10】**

```
#!/usr/bin/Python
count = 0
while（count < 9）:
   print 'The count is: ', count
   count = count + 1
print "Good bye!"
```

以上代码执行输出结果：

```
The count is: 0
The count is: 1
The count is: 2
The count is: 3
The count is: 4
The count is: 5
The count is: 6
The count is: 7
The count is: 8
Good bye!
```

while 语句时还有另外两个重要的命令 continue，break 来跳过循环，continue 用于跳过该次循环，break 则是用于退出循环，此外 " 判断条件 " 还可以是个常值，表示循环必定成立，具体用法如下：

```
# continue 和 break 用法
i = 1
while i < 10:
   i + = 1
```

```
    if i%2 > 0:                # 非双数时跳过输出
        continue
    print i                    # 输出双数 2、4、6、8、10
i = 1
while 1:                       # 循环条件为 1 必定成立
    print i                    # 输出 1~10
    i + = 1
    if i > 10:                 # 当 i 大于 10 时跳出循环
        break
```

### 2.2.2 无限循环

如果条件判断语句永远为 true，循环将会无限的执行下去，如下实例：

【例 3-11】

```
#!/usr/bin/Python
# -*- coding: UTF-8 -*-
var = 1
while var == 1: # 该条件永远为 true，循环将无限执行下去
    num = raw_input ( "Enter a number: " )
    print "You entered: ", num
print "Good bye!"
```

以上实例输出结果：

```
Enter a number: 20
You entered: 20
Enter a number: 29
You entered: 29
Enter a number: 3
You entered: 3
Enter a number between: Traceback ( most recent call last ):
File "test.py", line 5, in <module>
```

```
num = raw_input ( "Enter a number: " )
KeyboardInterrupt
```

注意：以上的无限循环你可以使用 CTRL+C 来中断循环。

## 2.3 Python for 循环语句

在 Python 中循环流程除了使用 while 语句之外，还可以使用 for 语句，for 循环是通过遍历可迭代对象的每一个元素来实现循环的，标准写法如下：

```
for 临时变量 in 可迭代对象:
```

满足条件时执行的代码。

这里提到了可迭代对象，那么，什么叫作可迭代对象呢?

可迭代对象可以简单地理解为只要能够通过 for 循环遍历的对象都是可迭代对象，包括字符串、列表、元组、字典等。除了这些基本数据类型外，for 循环通常与 range ( ) 函数联合使用。

range ( ) 函数：表示范围，返回 range 对象（不可变数字序列），一般用于 for 循环中指定循环的次数。其函数语法如下：

range ( start, end, step )

start：起始值，默认为 0。

end：终止值，计数不包括终止值。

step：步长值，默认为 1。

range ( ) 函数返回的不可变数字序列也是可迭代对象。

遍历：所谓遍历就是沿着某一路线进行搜索，对路线中的每一个节点都进行一次访问，for 循环遍历就是依次把一个可迭代对象中的每个元素遍历出来，分别进行操作。

Python for 循环可以遍历任何序列的项目，如一个列表或者一个字符串。

**语法：**

for 循环的语法格式如下：

```
for iterating_var in sequence:
    statements ( s )
```

流程图：

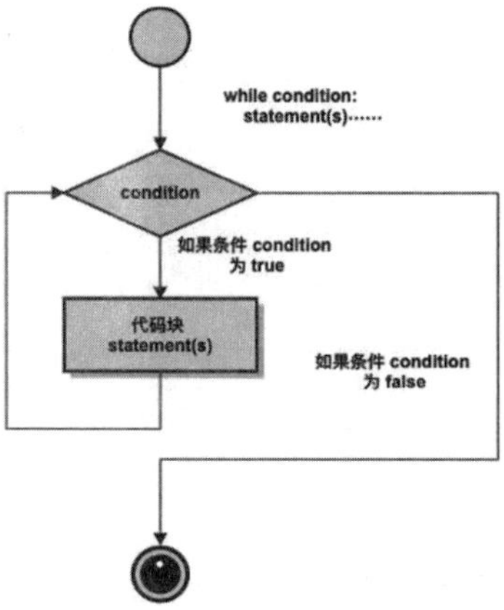


【例 3–12】遍历列表并打印输出所有元素。

```
account =['主营业务收入','主营业务成本','税金及附加']
for i in account:
   print（1）
```

运行结果如下：

```
主营业务收入
主营业务成本
税金及附加
```

从以上案例可知，通过 for 循环遍历，依次取出了列表中的每个元素进行打印输出，遍历完所有元素后结束循环。

【例 3–13】

```
#!/usr/bin/Python
# -*- coding: UTF-8 -*-
for letter in 'Python':          # 第一个实例
   print（"当前字母：%s" % letter）
fruits =['banana', 'apple', 'mango']
for fruit in fruits:             # 第二个实例
   print（'当前水果：%s '% fruit）
print（"Good bye!"）
```

以上实例输出结果：

```
当前字母：P
当前字母：y
当前字母：t
当前字母：h
当前字母：o
当前字母：n
当前水果：banana
当前水果：apple
当前水果：mango
Good bye!
```

【例 3–14】计算 1~100 的整数之和。

```
a = 0  # 累加值
for I in range（1，101）：
    a = a+1
    print（a）
```

range（1，101）生成的不可变数字序列的起始值是 1，终止值是 101，但计数不包括终止值，所以最终返回的是 1 ~ 100 的不可变数字序列，使用 for 循环就可以依次取出数字进行累加。

【例 3–15】使用 for 循环完成任务。

```
amortisedCost = 10432700
amortisedCostLIst =[ ]
for i in range（4）：
    amortisedCost = round（amortisedCost + amortisedCost * 0.05 – 10000000 * 0.06，2）
    amortisedCostLIst. append（amortisedCost）
print（'应付债券 20×2 年至 20×6 年的年末摊余成本依次为：'，amertlsacostList）
```

通过以上两个例子可以看出，相对 while 循环而言，for 循环不需要再定义初始表达式、更新表达式，代码会更简洁一些。那么，在工作中，应该选择哪种方式呢？

如何进行选择，需要考虑具体使用的场景，while 循环满足条件就会一直工作，它的工作量可能是不确定的，而 for 循环的循环次数是确定的，必须遍历可迭代对象的所有元素才能结束循环。简单来说，while 循环是基于条件判断循环，for 循环是基于数据容器循环，所以在实际应用时可以根据工作量是否确定来选择不同的方法。

**通过序列索引迭代**

另外一种执行循环的遍历方式是通过索引，如下实例：

**【例 3-16】**

```
#!/usr/bin/Python
# -*- coding: UTF-8 -*-
fruits = [ 'banana', 'apple', 'mango' ]
for index in range ( len ( fruits )) :
    print ( ' 当前水果 : % s' % fruits [ index ])
print ( "Good bye!" )
```

以上实例输出结果：

```
当前水果 : banana
当前水果 : apple
当前水果 : mango
Good bye!
```

以上实例我们使用了内置函数 len( ) 和 range( )，函数 len( ) 返回列表的长度，即元素的个数。range 返回一个序列的数。

## 2.4 Python 循环嵌套

Python 语言允许在一个循环体里面嵌入另一个循环。

Python for 循环嵌套语法：

```
for iterating_var in sequence: for iterating_var in sequence: statements ( s ) statements ( s )
```

Python while 循环嵌套语法：

```
while expression：while expression：statement（s）statement（s）
```

你可以在循环体内嵌入其他的循环体，如在 while 循环中可以嵌入 for 循环，反之，你可以在 for 循环中嵌入 while 循环。

以下实例使用了嵌套循环输出 2~100 的素数：

【例 3–17】

```
#!/usr/bin/Python
# -*- coding: UTF-8 -*-
i = 2
while（i < 100）:
   j = 2
   while（j <=（i/j））:
      if not（i % j）: break
      j = j + 1
      if（j > i/j）: print i，"是素数"
   i = i + 1
print "Good bye!"
```

以上实例输出结果：

```
2 是素数
3 是素数
5 是素数
7 是素数
11 是素数
13 是素数
17 是素数
19 是素数
23 是素数
29 是素数
31 是素数
37 是素数
41 是素数
```

```
43 是素数
47 是素数
53 是素数
59 是素数
61 是素数
67 是素数
71 是素数
73 是素数
79 是素数
83 是素数
89 是素数
97 是素数
Good bye!
```

## 2.5 Python break 语句

Python break 语句，就像在 C 语言中，打破了最小封闭 for 或 while 循环。

break 语句用来终止循环语句，即循环条件没有 False 条件或者序列还没被完全递归完，也会停止执行循环语句。

break 语句用在 while 和 for 循环中。

如果您使用嵌套循环，break 语句将停止执行最深层的循环，并开始执行下一行代码。

Python 语言 break 语句语法：

```
break
```

流程图：

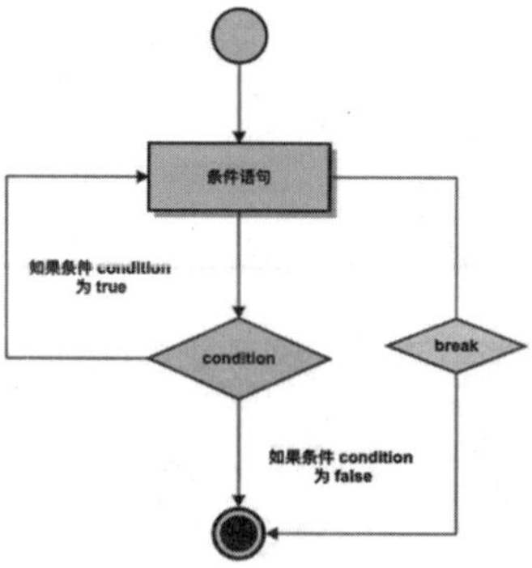

【例 3–18】

```
#!/usr/bin/Python
# -*- coding: UTF-8 -*-
for letter in 'Python':                  # 第一个实例
    if letter == 'h':
        break
    print '当前字母：', letter
var = 10                                  # 第二个实例
while var > 0:
    print '当前变量值：', var
    var = var -1
    if var == 5:                          # 当变量 var 等于 5 时退出循环
        break
print "Good bye!"
```

以上实例执行结果：

```
当前字母：P
当前字母：y
当前字母：t
当前变量值：10
当前变量值：9
当前变量值：8
当前变量值：7
当前变量值：6
Good bye!
```

## 2.6 Python continue 语句

Python continue 语句跳出本次循环，而 break 跳出整个循环。

continue 语句用来告诉 Python 跳过当前循环的剩余语句，然后继续进行下一轮循环。

continue 语句用在 while 和 for 循环中。

Python 语言 continue 语句语法格式如下：

```
continue
```

流程图：

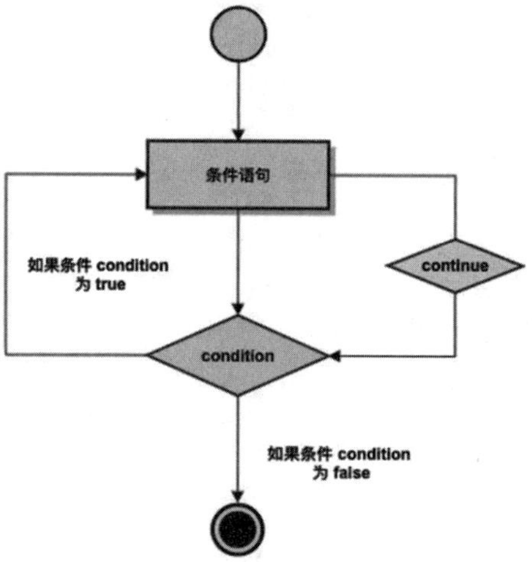


【例 3-19】

```
#!/usr/bin/Python
# -*- coding: UTF-8 -*-
for letter in 'Python':          # 第一个实例
if letter == 'h':
   continue print ' 当前字母：', letter
var = 10                         # 第二个实例
while var > 0:
   var = var -1
   if var == 5:
      continue print ' 当前变量值：', var
print "Good bye!"
```

以上实例执行结果：

```
当前字母：P
当前字母：y
```

```
当前字母：t
当前字母：o
当前字母：n
当前变量值：9
当前变量值：8
当前变量值：7
当前变量值：6
当前变量值：4
当前变量值：3
当前变量值：2
当前变量值：1
当前变量值：0
Good bye!
```

# 项目四

# Python pass语句

★ **教学目标**

1. 掌握 Python pass 语句基本语法格式及其运用

2. 掌握 Python Number（数字）、Python math 模块、cmath 模块、Python 数学函数、Python 随机函数、Python 三角函数、Python 数字常量的基本语句及其运用

3. 掌握 Python 字符串、Python 访问字符串中的值、Python 字符串运算符、Python 的字符串内建函数的基本语法及其运用

★ **教学内容**

1. Python pass 语句

2. Python Number（数字）、Python math 模块、cmath 模块、Python 数学函数、Python 随机函数、Python 三角函数、Python 数字常量

3. Python 字符串、Python 访问字符串中的值、Python 字符串运算符、Python 的字符串内建函数

# 任务一　Python pass 语句

Python pass 是空语句，是为了保持程序结构的完整性。

pass 不做任何事情，一般用做占位语句。

Python 语言 pass 语句语法格式如下：

```
pass
```

【例 4-1】

```
#!/usr/bin/Python
# -*- coding: UTF-8 -*-
# 输出 Python 的每个字母
for letter in 'Python':
   if letter == 'h':
      pass
      print '这是 pass 块'
   print '当前字母：', letter
print "Good bye!"
```

以上实例执行结果：

```
当前字母：P
当前字母：y
当前字母：t
这是 pass 块
当前字母：h
当前字母：o
当前字母：n
Good bye!
```

# 任务二　Python Number（数字）

Python Number 数据类型用于存储数值。

数据类型是不允许改变的，这就意味着如果改变 Number 数据类型的值，将重新分配内存空间。

以下实例在变量赋值时 Number 对象将被创建：

```
var1 = 1
var2 = 10
```

您也可以使用 del 语句删除一些 Number 对象引用。

del 语句的语法是：

```
del var1 [ , var2 [ , var3 [ ……., varN ]]]]
```

您可以通过使用 del 语句删除单个或多个对象，例如：

```
del var
del var_a，var_b
```

## 2.1　Python 支持四种不同的数值类型

- 整型（Int）– 通常被称为是整型或整数，是正或负整数，不带小数点
- 长整型（long integers）– 无限大小的整数，整数最后是一个大写或小写的 L
- 浮点型（floating point real values）– 浮点型由整数部分与小数部分组成，浮点型也可以使用科学计数法表示（2.5e2 = 2.5 × 102 = 250）
- 复数（complex numbers）– 复数由实数部分和虚数部分构成，可以用 a + bj，或者 complex（a，b）表示，复数的实部 a 和虚部 b 都是浮点型

| int | long | float | complex |
| --- | --- | --- | --- |
| 10 | 51924361L | 0.0 | 3.14j |
| 100 | -0x19323L | 15.20 | 45.j |
| -786 | 0122L | -21.9 | 9.322e-36j |
| 080 | 0xDEFABCECBDAECBFBAEl | 32.3+e18 | .876j |
| -0490 | 535633629843L | -90. | -.6545+0J |
| -0x260 | -052318172735L | -32.54e100 | 3e+26J |
| 0x69 | -4721885298529L | 70.2-E12 | 4.53e-7j |

- 长整型也可以使用小写 "L"，但是还是建议您使用大写 "L"，避免与数字 "1" 混淆。Python 使用 "L" 来显示长整型
- Python 还支持复数，复数由实数部分和虚数部分构成，可以用 a + bj，或者 complex（a，b）表示，复数的实部 a 和虚部 b 都是浮点型

## 2.2 Python Number 类型转换

| | |
| --- | --- |
| int（x [，base]） | 将 x 转换为一个整数 |
| long（x [，base]） | 将 x 转换为一个长整数 |
| float（x） | 将 x 转换到一个浮点数 |
| complex（real [，imag]） | 创建一个复数 |
| str（x） | 将对象 x 转换为字符串 |
| repr（x） | 将对象 x 转换为表达式字符串 |
| eval（str） | 用来计算在字符串中的有效 Python 表达式，并返回一个对象 |
| tuple（s） | 将序列 s 转换为一个元组 |
| list（s） | 将序列 s 转换为一个列表 |
| chr（x） | 将一个整数转换为一个字符 |
| unichr（x） | 将一个整数转换为 Unicode 字符 |
| ord（x） | 将一个字符转换为它的整数值 |
| hex（x） | 将一个整数转换为一个十六进制字符串 |
| oct（x） | 将一个整数转换为一个八进制字符串 |

## 2.3 Python math 模块、cmath 模块

Python 中数学运算常用的函数基本都在 math 模块、cmath 模块中。

Python math 模块提供了许多对浮点数的数学运算函数。

Python cmath 模块包含了一些用于复数运算的函数。

cmath 模块的函数跟 math 模块函数基本一致，区别是 cmath 模块运算的是复数，math 模块运算的是数学运算。

要使用 math 或 cmath 函数必须先导入：

```
import math
```

查看 math 查看包中的内容：

```
>>> import math
>>> dir（math）
['__doc__', '__file__', '__loader__', '__name__', '__package__', '__spec__', 'acos', 'acosh', 'asin', 'asinh', 'atan', 'atan2', 'atanh', 'ceil', 'copysign', 'cos', 'cosh', 'degrees', 'e', 'erf', 'erfc', 'exp', 'expm1', 'fabs', 'factorial', 'floor', 'fmod', 'frexp', 'fsum', 'gamma', 'gcd', 'hypot', 'inf', 'isclose', 'isfinite', 'isinf', 'isnan', 'ldexp', 'lgamma', 'log', 'log10', 'log1p', 'log2', 'modf', 'nan', 'pi', 'pow', 'radians', 'sin', 'sinh', 'sqrt', 'tan', 'tanh', 'tau', 'trunc']
>>>
```

下文会介绍各个函数的具体应用。

查看 cmath 查看包中的内容：

```
>>> import cmath
>>> dir（cmath）
['__doc__', '__file__', '__loader__', '__name__', '__package__', '__spec__', 'acos', 'acosh', 'asin', 'asinh', 'atan', 'atanh', 'cos', 'cosh', 'e', 'exp', 'inf', 'infj', 'isclose', 'isfinite', 'isinf', 'isnan', 'log', 'log10', 'nan', 'nanj', 'phase', 'pi', 'polar', 'rect', 'sin', 'sinh', 'sqrt', 'tan', 'tanh', 'tau']
>>>
```

【例 4-2】

```
>>> import cmath
>>> cmath.sqrt（-1）
1j
>>> cmath.sqrt（9）
（3+0j）
>>> cmath.sin（1）
（0.8414709848078965+0j）
>>> cmath.log10（100）
（2+0j）
>>>
```

## 2.4 Python 数学函数

| 函数 | 返回值（描述） |
|---|---|
| abs（x） | 返回数字的绝对值，如 abs（-10）返回 10 |
| ceil（x） | 返回数字的上入整数，如 math. ceil（4.1）返回 5 |
| cmp（x，y） | 如果 x < y 返回 -1，如果 x == y 返回 0，如果 x > y 返回 1 |
| exp（x） | 返回 e 的 x 次幂（ex），如 math. exp（1）返回 2.718281828459045 |
| fabs（x） | 返回数字的绝对值，如 math. fabs（-10）返回 10.0 |
| floor（x） | 返回数字的下舍整数，如 math. floor（4.9）返回 4 |
| log（x） | 如 math.log（math.e）返回 1.0，math. log（100，10）返回 2.0 |
| log10（x） | 返回以 10 为基数的 x 的对数，如 math. log10（100）返回 2.0 |
| max（x1，x2，……） | 返回给定参数的最大值，参数可以为序列 |
| min（x1，x2，……） | 返回给定参数的最小值，参数可以为序列 |
| modf（x） | 返回 x 的整数部分与小数部分，两部分的数值符号与 x 相同，整数部分以浮点型表示 |
| pow（x，y） | x**y 运算后的值 |
| round（x［，n］） | 返回浮点数 x 的四舍五入值，如给出 n 值，则代表舍入到小数点后的位数 |
| sqrt（x） | 返回数字 x 的平方根 |

## 2.5 Python 随机数函数

随机数可以用于数学、游戏、安全等领域中，还经常被嵌入算法中，用以提高算法效率，并提高程序的安全性。

Python 包含以下常用随机数函数：

| 函数 | 描述 |
|---|---|
| choice（seq） | 从序列的元素中随机挑选一个元素，比如 random.choice( range( 10 ) )，从 0 到 9 中随机挑选一个整数 |
| randrange（［start，］stop［，step］） | 从指定范围内，按指定基数递增的集合中获取一个随机数，基数默认值为 1 |
| random（） | 随机生成下一个实数，它在［0，1）范围内 |
| seed（［x］） | 改变随机数生成器的种子 seed。如果你不了解其原理，你不必特别去设定 seed，Python 会帮你选择 seed |
| shuffle（lst） | 将序列的所有元素随机排序 |
| uniform（x，y） | 随机生成下一个实数，它在［x，y］范围内 |

## 2.6 Python 三角函数

Python 包括以下三角函数：

| 函数 | 描述 |
|---|---|
| acos（x） | 返回 x 的反余弦弧度值 |
| asin（x） | 返回 x 的反正弦弧度值 |
| atan（x） | 返回 x 的反正切弧度值 |
| atan2（y，x） | 返回给定的 X 及 Y 坐标值的反正切值 |
| cos（x） | 返回 x 的弧度的余弦值 |
| hypot（x，y） | 返回欧几里德范数 sqrt（x*x + y*y） |
| sin（x） | 返回的 x 弧度的正弦值 |
| tan（x） | 返回 x 弧度的正切值 |
| degrees（x） | 将弧度转换为角度，如 degrees（math.pi/2），返回 90.0 |
| radians（x） | 将角度转换为弧度 |

## 2.7 Python 数学常量

| 常量 | 描述 |
|---|---|
| pi | 数学常量 pi（圆周率，一般以 π 来表示） |
| e | 数学常量 e，e 即自然常数（自然常数） |

# 任务三 Python 字符串

字符串是 Python 中最常用的数据类型。我们可以使用引号（' 或 "）来创建字符串。

创建字符串很简单，只要为变量分配一个值即可。例如：

```
var1 = 'Hello World!'
var2 = "Python Runoob"
```

## 3.1 Python 访问字符串中的值

Python 不支持单字符类型，单字符在 Python 中也是作为一个字符串使用。

Python 访问子字符串，可以使用方括号来截取字符串，如下实例：

**【例 4-3】**

```
#!/usr/bin/Python
var1 = 'Hello World!'
var2 = "Python Runoob"
print "var1 [0]: ", var1 [0]
print "var2 [1:5]: ", var2 [1:5]
```

以上实例执行结果：

```
var1 [0]: H
var2 [1:5]: ytho
```

## 3.2 Python 字符串连接

我们可以对字符串进行截取并与其他字符串进行连接，如下实例：

【例 4-4】

```
#!/usr/bin/Python
# -*- coding: UTF-8 -*-
var1 = 'Hello World!'
print " 输出：- ", var1 [ : 6 ]+ 'Runoob!'
```

以上实例执行结果

```
输出：- Hello Runoob!
```

## 3.3 Python 转义字符

在需要在字符中使用特殊字符时，Python 用反斜杠 \ 转义字符。如下表：

| 转义字符 | 描述 |
| --- | --- |
| \（在行尾时） | 续行符 |
| \\ | 反斜杠符号 |
| \' | 单引号 |
| \" | 双引号 |
| \a | 响铃 |
| \b | 退格（Backspace） |
| \e | 转义 |
| \000 | 空 |
| \n | 换行 |
| \v | 纵向制表符 |
| \t | 横向制表符 |
| \r | 回车 |
| \f | 换页 |
| \oyy | 八进制数，y 代表 0~7 的字符，例如：\012 代表换行 |
| \xyy | 十六进制数，以 \x 开头，yy 代表的字符，例如：\x0a 代表换行 |
| \other | 其他的字符以普通格式输出 |

## 3.4 Python 字符串运算符

下表实例变量 a 值为字符串 "Hello"，b 变量值为 "Python"：

| 操作符 | 描述 | 实例 |
|---|---|---|
| + | 字符串连接 | >>>a + b<br>'HelloPython' |
| * | 重复输出字符串 | >>>a * 2<br>'HelloHello' |
| [ ] | 通过索引获取字符串中字符 | >>>a [ 1 ]<br>'e' |
| [ : ] | 截取字符串中的一部分 | >>>a [ 1：4 ]<br>'ell' |
| in | 成员运算符——如果字符串中包含给定的字符返回 True | >>>"H" in a<br>True |
| not in | 成员运算符——如果字符串中不包含给定的字符返回 True | >>>"M" not in a<br>True |
| r/R | 原始字符串——原始字符串：所有的字符串都是直接按照字面的意思来使用，没有转义特殊或不能打印的字符。原始字符串除在字符串的第一个引号前加上字母 "r"（可以大小写）以外，与普通字符串有着几乎完全相同的语法 | >>>print r' \n' \n<br>>>> print R' \n' \n |
| % | 格式字符串 | 请看下一章节 |

【例 4–5】

```
#!/usr/bin/Python
# -*- coding: UTF-8 -*-
a = "Hello"
b = "Python"
print "a + b 输出结果：", a + b
print "a * 2 输出结果：", a * 2
print "a [ 1 ] 输出结果：", a [ 1 ]
print "a [ 1: 4 ] 输出结果：", a [ 1: 4 ]
if ( "H" in a ):
   print "H 在变量 a 中 "
```

```
else:
    print "H 不在变量 a 中 "
if ( "M" not in a ):
    print "M 不在变量 a 中 "
else :
    print "M 在变量 a 中 "
print r'\n'
print R'\n'
```

以上程序执行结果为：

```
a + b 输出结果：HelloPython
a * 2 输出结果：HelloHello
a [ 1 ] 输出结果：e
a [ 1:4 ] 输出结果：ell
H 在变量 a 中
M 不在变量 a 中
\n
\n
```

## 3.5 Python 字符串格式化

Python 支持格式化字符串的输出。尽管这样可能会用到非常复杂的表达式，但最基本的用法是将一个值插入一个有字符串格式符 %s 的字符串中。

在 Python 中，字符串格式化使用与 C 中 sprintf 函数一样的语法。

如下实例：

```
#!/usr/bin/Python
print "My name is %s and weight is %d kg!" % ( 'Zara', 21 )
```

以上实例输出结果：

```
My name is Zara and weight is 21 kg!
```

Python 字符串格式化符号：

< tbody < /tbody

| 符号 | 描述 |
|---|---|
| %c | 格式化字符及其 ASCII 码 |
| %s | 格式化字符串 |
| %d | 格式化整数 |
| %u | 格式化无符号整型 |
| %o | 格式化无符号八进制数 |
| %x | 格式化无符号十六进制数 |
| %X | 格式化无符号十六进制数（大写） |
| %f | 格式化浮点数字，可指定小数点后的精度 |
| %e | 用科学计数法格式化浮点数 |
| %E | 作用同 %e，用科学计数法格式化浮点数 |
| %g | %f 和 %e 的简写 |
| %G | %F 和 %E 的简写 |
| %p | 用十六进制数格式化变量的地址 |

格式化操作符辅助指令：

| 符号 | 功能 |
|---|---|
| * | 定义宽度或者小数点精度 |
| - | 用做左对齐 |
| + | 在正数前面显示加号（+） |
| <sp> | 在正数前面显示空格 |
| # | 在八进制数前面显示零（'0'），在十六进制前面显示 '0x' 或者 '0X'（取决于用的是 'x' 还是 'X'） |
| 0 | 显示的数字前面填充 '0' 而不是默认的空格 |
| % | '%%' 输出一个单一的 '%' |
| ( var ) | 映射变量（字典参数） |
| m.n. | m 是显示的最小总宽度，n 是小数点后的位数（如果可用的话） |

Python2.6 开始，新增了一种格式化字符串的函数 str.format（ ），它增强了字符串格式化的功能。

## 3.6 Python 三引号

Python 中三引号可以将复杂的字符串进行赋值。

Python 三引号允许一个字符串跨多行，字符串中可以包含换行符、制表符以及其他特殊字符。

三引号的语法是一对连续的单引号或者双引号（通常都是成对的用）。

```
>>> hi = '''hi
there'''
>>> hi            # repr ( )
'hi\nthere'
>>> print hi      # str ( )
hi
there
```

三引号让程序员从引号和特殊字符串的泥潭里面解脱出来，自始至终保持一小块字符串的格式是所谓的 WYSIWYG（所见即所得）格式的。

一个典型的用例是，当你需要一块 HTML 或者 SQL 时，这时当用三引号标记，使用传统的转义字符体系将十分费神。

```
errHTML = '''
<HTML><HEAD><TITLE>
Friends CGI Demo</TITLE></HEAD>
<BODY><H3>ERROR</H3>
<B>%s</B><P>
<FORM><INPUT TYPE=button VALUE=Back
ONCLICK="window.history.back ( ) "></FORM>
</BODY></HTML>
'''
cursor.execute ( '''
CREATE TABLE users (
login VARCHAR ( 8 ),
uid INTEGER,
prid INTEGER )
''' )
```

## 3.7 Unicode 字符串

Python 中定义一个 Unicode 字符串和定义一个普通字符串一样简单：

```
>>> u'Hello World !'
u'Hello World !'
```

引号前小写的 "u" 表示这里创建的是一个 Unicode 字符串。如果你想加入一个特殊字符，可以使用 Python 的 Unicode-Escape 编码。如下例所示：

```
>>> u'Hello\u0020World !'
u'Hello World !'
```

被替换的 \u0020 标识表示在给定位置插入编码值为 0x0020 的 Unicode 字符（空格符）。

## 3.8 Python 的字符串内建函数

字符串方法是从 Python1.6 到 2.0 慢慢加进来的——它们也被加到了 Jython 中。

这些方法实现了 string 模块的大部分方法，如下表所示列出了目前字符串内建支持的方法，所有的方法都包含了对 Unicode 的支持，有一些甚至是专门用于 Unicode 的。

| 方法 | 描述 |
|---|---|
| string.capitalize（ ） | 把字符串的第一个字符大写 |
| string.center（width） | 返回一个原字符串居中，并使用空格填充至长度 width 的新字符串 |
| string.count（str，beg=0，end=len（string）） | 返回 str 在 string 里面出现的次数，如果 beg 或者 end 指定则返回指定范围内 str 出现的次数 |
| string.decode( encoding='UTF-8'，errors='strict' ) | 以 encoding 指定的编码格式解码 string，如果出错默认报一个 ValueError 的异常，除非 errors 指定的是 'ignore' 或者 'replace' |
| string.encode( encoding='UTF-8'，errors='strict' ) | 以 encoding 指定的编码格式编码 string，如果出错默认报一个 ValueError 的异常，除非 errors 指定的是 'ignore' 或者 'replace' |
| string.endswith（obj，beg=0，end=len（string）） | 检查字符串是否以 obj 结束，如果 beg 或者 end 指定则检查指定的范围内是否以 obj 结束，如果是，返回 True，否则返回 False |

续表

| 方法 | 描述 |
|---|---|
| string.expandtabs（tabsize=8） | 把字符串 string 中的 tab 符号转为空格，tab 符号默认的空格数是 8 |
| string.find（str，beg=0，end=len（string）） | 检测 str 是否包含在 string 中，如果 beg 和 end 指定范围，则检查是否包含在指定范围内，如果是返回开始的索引值，否则返回 -1 |
| string.format（） | 格式化字符串 |
| string.index（str，beg=0，end=len（string）） | 跟 find（）方法一样，只不过如果 str 不在 string 中会报一个异常 |
| string. isalnum（） | 如果 string 至少有一个字符并且所有字符都是字母或数字，则返回 True，否则返回 False |
| string.isalpha（） | 如果 string 至少有一个字符并且所有字符都是字母，则返回 True，否则返回 False |
| string.isdecimal（） | 如果 string 只包含十进制数字，则返回 True，否则返回 False |
| string.isdigit（） | 如果 string 只包含数字，则返回 True，否则返回 False |
| string.islower（） | 如果 string 中包含至少一个区分大小写的字符，并且所有这些（区分大小写的）字符都是小写，则返回 True，否则返回 False |
| string.isnumeric（） | 如果 string 中只包含数字字符，则返回 True，否则返回 False |
| string.isspace（） | 如果 string 中只包含空格，则返回 True，否则返回 False |
| string.istitle（） | 如果 string 是标题化的（见 title（）），则返回 True，否则返回 False |
| string.isupper（） | 如果 string 中包含至少一个区分大小写的字符，并且所有这些（区分大小写的）字符都是大写，则返回 True，否则返回 False |
| string.join（seq） | 以 string 作为分隔符，将 seq 中所有的元素（的字符串表示）合并为一个新的字符串 |
| string.ljust（width） | 返回一个原字符串左对齐，并使用空格填充至长度 width 的新字符串 |
| string.lower（） | 转换 string 中所有大写字符为小写 |
| string.lstrip（） | 截掉 string 左边的空格 |
| string.maketrans（intab，outtab］） | maketrans（）方法用于创建字符映射的转换表，对于接受两个参数的最简单的调用方式，第一个参数是字符串，表示需要转换的字符，第二个参数也是字符串表示转换的目标 |
| max（str） | 返回字符串 str 中最大的字母 |
| min（str） | 返回字符串 str 中最小的字母 |

续表

| 方法 | 描述 |
| --- | --- |
| string.partition（str） | 有点像 find( ) 和 split( ) 的结合体，从 str 出现的第一个位置起，把字符串 string 分成一个 3 元素的元组（string_pre_str，str，string_post_str），如果 string 中不包含 str 则 string_pre_str == string |
| string.replace（str1，str2，num=string.count（str1）） | 把 string 中的 str1 替换成 str2，如果 num 指定，则替换不超过 num 次 |
| string.rfind（str，beg=0，end=len（string）） | 类似于 find（）函数，返回字符串最后一次出现的位置，如果没有匹配项则返回 -1 |
| string.rindex（str，beg=0，end=len（string）） | 类似于 index（），不过是返回最后一个匹配到的子字符串的索引号 |
| string.rjust（width） | 返回一个原字符串右对齐，并使用空格填充至长度 width 的新字符串 |
| string.rpartition（str） | 类似于 partition（）函数，不过是从右边开始查找 |
| string.rstrip（） | 删除 string 字符串末尾的空格 |
| string.split（str=""，num=string.count（str）） | 以 str 为分隔符切片 string，如果 num 有指定值，则仅分隔 num+1 个子字符串 |
| string.splitlines（［keepends］） | 按照行( '\r', '\r\n', \n' )分隔，返回一个包含各行作为元素的列表，如果参数 keepends 为 False，不包含换行符，如果为 True，则保留换行符 |
| string.startswith（obj，beg=0，end=len（string）） | 检查字符串是否是以 obj 开头，是则返回 True，否则返回 False。如果 beg 和 end 指定值，则在指定范围内检查 |
| string.strip（［obj］） | 在 string 上执行 lstrip（）和 rstrip（） |
| string.swapcase（） | 翻转 string 中的大小写 |
| string.title（） | 返回 " 标题化 " 的 string，就是说所有单词都是以大写开始，其余字母均为小写（见 istitle（）） |
| string.translate（str，del=""） | 根据 str 给出的表（包含 256 个字符）转换 string 的字符，要过滤掉的字符放到 del 参数中 |
| string.upper（） | 转换 string 中的小写字母为大写 |
| string.zfill（width） | 返回长度为 width 的字符串，原字符串 string 右对齐，前面填充 0 |

# 任务四　Python 列表（List）

序列是 Python 中最基本的数据结构。序列中的每个元素都分配一个数字——它的位置，或索引，第一个索引是 0，第二个索引是 1，依此类推。

Python 有 6 个序列的内置类型，但最常见的是列表和元组。

序列都可以进行的操作包括索引、切片、加、乘、检查成员。

此外，Python 已经内置确定序列的长度以及确定最大和最小的元素的方法。

列表是最常用的 Python 数据类型，它可以作为一个方括号内的逗号分隔值出现。

列表的数据项不需要具有相同的类型。

创建一个列表，只要把逗号分隔的不同的数据项使用方括号括起来即可。如下所示：

```
list1 = ['physics', 'chemistry', 1997, 2000]
list2 = [1, 2, 3, 4, 5 ]
list3 = ["a", "b", "c", "d"]
```

与字符串的索引一样，列表索引从 0 开始。列表可以进行截取、组合等。

## 4.1　访问列表中的值

使用下标索引来访问列表中的值，同样你也可以使用方括号的形式截取字符，如下所示：

【例 4-6】

```
#!/usr/bin/Python
list1 = ['physics', 'chemistry', 1997, 2000]
list2 = [1, 2, 3, 4, 5, 6, 7]
print "list1[0]: ", list1[0]
print "list2[1:5]: ", list2[1:5]
```

以上实例输出结果：

```
list1 [ 0 ]: physics
list2 [ 1:5 ]:[ 2, 3, 4, 5 ]
```

## 4.2 更新列表

你可以对列表的数据项进行修改或更新，你也可以使用 append ( ) 方法来添加列表项，如下所示：

【例 4-7】

```
#!/usr/bin/Python
# -*- coding: UTF-8 -*-
list = [ ]                    ## 空列表
list.append ( 'Google' )      ## 使用 append ( ) 添加元素
list. append ( 'Runoob' )
print list
```

注意：我们会在接下来的章节讨论 append ( ) 方法的使用。

以上实例输出结果：

```
[ 'Google', 'Runoob' ]
```

## 4.3 删除列表元素

可以使用 del 语句来删除列表的元素，如下实例：

【例 4-8】

```
#!/usr/bin/Python
list1 = [ 'physics', 'chemistry', 1997, 2000 ]
print list1
del list1 [ 2 ]
print "After deleting value at index 2: "
print list1
```

以上实例输出结果：

```
['physics', 'chemistry', 1997, 2000]
After deleting value at index 2 :
['physics', 'chemistry', 2000]
```

注意：我们会在接下来的章节讨论 remove（）方法的使用。

## 4.4 Python 列表脚本操作符

列表对 + 和 * 的操作符与字符串相似。+ 号用于组合列表，* 号用于重复列表。如下所示：

| Python 表达式 | 结果 | 描述 |
|---|---|---|
| len（[1, 2, 3]） | 3 | 长度 |
| [1, 2, 3] + [4, 5, 6] | [1, 2, 3, 4, 5, 6] | 组合 |
| ['Hi!'] * 4 | ['Hi!', 'Hi!', 'Hi!', 'Hi!'] | 重复 |
| 3 in [1, 2, 3] | True | 元素是否存在于列表中 |
| for x in [1, 2, 3]: print x, | 1 2 3 | 迭代 |

## 4.5 Python 列表截取

Python 的列表截取实例如下：

```
>>>L = ['Google', 'Runoob', 'Taobao'] >>> L[2] 'Taobao' >>>L[-2] 'Runoob' >>> L[1:] ['Runoob', 'Taobao'] >>>
```

描述：

| Python 表达式 | 结果 | 描述 |
|---|---|---|
| L[2] | 'Taobao' | 读取列表中第三个元素 |
| L[-2] | 'Runoob' | 读取列表中倒数第二个元素 |
| L[1:] | ['Runoob', 'Taobao'] | 从第二个元素开始截取列表 |

## 4.6 Python 列表函数 & 方法

Python 包含以下函数：

| 序号 | 函数 |
|---|---|
| 1 | cmp（list1，list2）<br>比较两个列表的元素 |
| 2 | len（list）<br>列表元素个数 |
| 3 | max（list）<br>返回列表元素最大值 |
| 4 | min（list）<br>返回列表元素最小值 |
| 5 | list（seq）<br>将元组转换为列表 |

Python 包含以下方法：

| 序号 | 方法 |
|---|---|
| 1 | list. append（obj）<br>在列表末尾添加新的对象 |
| 2 | list. count（obj）<br>统计某个元素在列表中出现的次数 |
| 3 | list. extend（seq）<br>在列表末尾一次性追加另一个序列中的多个值（用新列表扩展原来的列表） |
| 4 | list. index（obj）<br>从列表中找出某个值第一个匹配项的索引位置 |
| 5 | list.insert（index，obj）<br>将对象插入列表 |
| 6 | list. pop（［index=-1］）<br>移除列表中的一个元素（默认最后一个元素），并且返回该元素的值 |
| 7 | list. remove（obj）<br>移除列表中某个值的第一个匹配项 |
| 8 | list. reverse（）<br>反向列表中元素 |
| 9 | list. sort（cmp=None，key=None，reverse=False）<br>对原列表进行排序 |

# 任务五 Python 元组

Python 的元组与列表类似，不同之处在于元组的元素不能修改。

元组使用小括号，列表使用方括号。

元组创建很简单，只需要在括号中添加元素，并使用逗号隔开即可。

如下实例：

【例 4–9】

```
tup1 = ('physics', 'chemistry', 1997, 2000)
tup2 = (1, 2, 3, 4, 5)
tup3 = "a", "b", "c", "d"
```

创建空元组

```
tup1 = ( )
```

元组中只包含一个元素时，需要在元素后面添加逗号

```
tup1 = (50, )
```

元组与字符串类似，下标索引从 0 开始，可以进行截取，组合等

## 5.1 访问元组

元组可以使用下标索引来访问元组中的值，如下实例：

【例 4–10】

```
#!/usr/bin/Python
tup1 = ('physics', 'chemistry', 1997, 2000)
tup2 = (1, 2, 3, 4, 5, 6, 7)
print "tup1[0]: ", tup1[0]
print "tup2[1:5]: ", tup2[1:5]
```

以上实例输出结果：

```
tup1 [ 0 ]: physics
tup2 [ 1:5 ]:(2, 3, 4, 5)
```

## 5.2 修改元组

元组中的元素值是不允许修改的，但我们可以对元组进行连接组合，如下实例：

【例 4-11】

```
#!/usr/bin/Python
# -*- coding: UTF-8 -*-
tup1 = ( 12, 34.56 )
tup2 = ( 'abc', 'xyz' )
# 以下修改元组元素操作是非法的
# tup1 [ 0 ] = 100
# 创建一个新的元组
tup3 = tup1 + tup2
print tup3
```

以上实例输出结果：

```
( 12, 34.56, 'abc', 'xyz' )
```

## 5.3 删除元组

元组中的元素值是不允许删除的，但我们可以使用 del 语句来删除整个元组，如下实例：

【例 4-12】

```
#!/usr/bin/Python
tup = ( 'physics', 'chemistry', 1997, 2000 )
print tup
del tup
print "After deleting tup: "
print tup
```

以上实例元组被删除后，输出变量会有异常信息，输出如下所示：

```
('physics', 'chemistry', 1997, 2000)
After deleting tup:
Traceback (most recent call last):
File "test.py", line 9, in <module>
print tup
NameError: name 'tup' is not defined
```

## 5.4 元组运算符

与字符串一样，元组之间可以使用 + 号和 * 号进行运算。这就意味着他们可以组合和复制，运算后会生成一个新的元组。

| Python 表达式 | 结果 | 描述 |
|---|---|---|
| len（（1，2，3）） | 3 | 计算元素个数 |
| （1，2，3）+（4，5，6） | （1，2，3，4，5，6） | 连接 |
| （'Hi!'，）*4 | （'Hi!'，'Hi!'，'Hi!'，'Hi!'） | 复制 |
| 3 in（1，2，3） | True | 元素是否存在 |
| for x in（1，2，3）：print x， | 1 2 3 | 迭代 |

## 5.5 元组索引，截取

因为元组也是一个序列，所以我们可以访问元组中的指定位置的元素，也可以截取索引中的一段元素，如下所示：

元组：

```
L = ('spam', 'Spam', 'SPAM!')
```

| Python 表达式 | 结果 | 描述 |
|---|---|---|
| L［2］ | 'SPAM!' | 读取第三个元素 |
| L［-2］ | 'Spam' | 反向读取，读取倒数第二个元素 |
| L［1：］ | （'Spam'，'SPAM!'） | 截取元素 |

## 5.6 无关闭分隔符

任意无符号的对象，以逗号隔开，默认为元组，如下实例：

【例 4-13】

```
#!/usr/bin/Python
print 'abc'，-4.24e93，18+6.6j，'xyz'
x，y = 1，2
print "Value of x，y："，x，y
```

以上实例运行结果：

```
abc -4.24e+93（18+6.6j）xyz
Value of x，y：1 2
```

## 5.7 元组内置函数

Python 元组包含了以下内置函数

| 序号 | 方法及描述 |
|---|---|
| 1 | cmp（tuple1，tuple2）<br>比较两个元组元素 |
| 2 | len（tuple）<br>计算元组元素个数 |
| 3 | max（tuple）<br>返回元组中元素最大值 |
| 4 | min（tuple）<br>返回元组中元素最小值 |
| 5 | tuple（seq）<br>将列表转换为元组 |

# 任务六　Python 字典（Dictionary）

字典是另一种可变容器模型，且可存储任意类型对象。

字典的每个键值 key=>value 对用冒号：分割，每个键值对之间用逗号，分割，整个字典包括在花括号 {} 中，格式如下所示：

```
d = {key1：value1，key2：value2}
```

注意：dict 作为 Python 的关键字和内置函数，变量名不建议命名为 dict。

键一般是唯一的，如果重复最后的一个键值对会替换前面的，值不需要唯一。

```
>>> tinydict = {'a': 1，'b': 2，'b': '3'}
>>> tinydict ['b']
'3'
>>> tinydict
{'a': 1，'b': '3'}
```

值可以取任何数据类型，但键必须是不可变的，如字符串，数字或元组。

一个简单的字典实例：

```
tinydict = {'Alice': '2341'，'Beth': '9102'，'Cecil': '3258'}
```

也可如此创建字典：

```
tinydict1 = {'abc': 456}
tinydict2 = {'abc': 123，98.6: 37}
```

## 6.1　字典的定义

在前面的列表中，有代表科目的列表，也有代表金额的列表，但会计科目和会计金额是有联系的，那么，是否有一种数据类型能够概括这两者的关系，实现通过会计科目即可快速查找到对应的金额呢?

字典（dict，全称 dictionary）：用大括号（ )）标识，使用键—值（key–valuc）存储，相当于保存两组数据，其中一组数据是关键数据，被称为 key；另一组数据可通过 key 来访问，被称为 value。key 和 valuc 之间是一一对应的。

字典的 key 和 valuc 间用冒号（ ：）隔开。

**【例 4–14】**创建字典。

```
dict1=（'销售费用'：12000，'管理费用'：15000，'财务费用'：12000）
dict2=（'销售费用'：12000，'销售费用'：15000，'财务费用'：12000）
#依次打印输出以上两个字典：
print（dict1）
print（dict2）
```

运行结果如下：

```
{'销售费用'：12000，'管理费用'：15000，'财务费用'：12000}
{'销售费用'：15000，'财务费用'：12000}
```

在以上代码中，dictl 包含了重复的值 12000，dict2 包含了重复的键‘销售费用’，但打印输出时，值可以重复输出，键却不能。这是由于字典的键是唯一的，而值可以不唯一，如果对一个键赋予了多个值，则后者会覆盖前者。

请注意

字典的键必须是不可变的，所以可以使用数字、字符串、元组作为键，而不能使用列表。

**【例 4–15】**使用列表作为字典的键。

```
dict3={［'销售费用'］：12000，［'管理费用门'］：15000，［'财务费用'］：12000}
print（dict3）
```

运行结果

```
dict3={［'销售费用'］：12000，［'管理费用'］：15000，［'财务费用'］：12000}
print（dict3）
TypeError                    Traceback（most recent call last）
in <module>
```

```
1 dict3={ [ '销售费用' ]: 12000, [ '管理费用' ]: 15000, [ '财务费用' ]: 12000
2 print ( dict3 )
TypeError: unhashable type: 'list";
```

从以上运行结果可知，可变序列列表不可以作为字典的键。

## 6.2 字典操作

列表和元组都是序列，而字典不是序列，所以不能对字典做拼接、截取等操作，字典的常规操作如表 4–1 所示。

创建字典：D={' 销售费用 '：12000，' 管理费用 '：15000}

表 4–1 Python 中字典操作符

| 操作符 | 描述 | 实例 | 结果 |
|---|---|---|---|
| dict [ key ] | 访问字典的值 | DC [ ' 管理费用 ' ] | 15000 |
| dict [ key ] = | 修改值 | D [ ' 管理费用 ' ] =14000 | {' 销售费用 '：12000，' 管理费用 '：14000} |
| dict [ key ] = | 添加键值对 | D [ ' 财务费用 ' ] =2000 | {' 销售费用 '：12000，' 管理费用 '，15000，' 财务费用 '：2000} |
| Del dict[ key ] | 删除键值对 | del DC [ ' 销售费用 ' ] | {' 管理费用 '：15000} |
| Del dict | 删除字典 | Del D | 删除后，后续脚本引用变量时会报未定义错误 |
| dict. keys ( ) | 返回所有键 | D.keys ( ) | dict_keys( [ '销售费用','管理费用' ] ) |
| dict. values( ) | 返回所有值 | D.values ( ) | dict_values ( [ 12000，15000 ] ) |
| dict. itcms ( ) | 返回所有键值对 | D.items ( ) | dict_items ( [ ( ' 销售费用 '，12000 )，( ' 管理费用 '，15000 ) ] ) |

**【例 4–16】**甲公司现有产品及单价如下：智能音箱 320 元 / 个，蓝牙音箱 200 元 / 个。

要求：(1) 根据现有产品及单价创建字典。

(2) 为迅速抢占智能音箱市场，公司拟将智能音箱产品降低至 280 元 / 个，并推出新产品蓝牙耳机，销售单价为 150 元 / 个，根据变动情况更新字典。

```
# 创建字典
unltPrice= ( '智能音箱'; : 320, '蓝牙音箱': 200 )
# 修改智能音箱单价
```

```
unltPrice ['智能音箱'] =280
# 增加新产品蓝牙耳机
unitPrice ['蓝牙耳机'] =150
# 打印字典
print (unitPrice)
```

运行结果如下：

```
{'智能音箱': 280，'蓝牙音箱': 200，'蓝牙耳机': 150)
```

**随堂练习**

1.dictl={'a': 12000，a': 15000，'b': 12000}，print（dict1）结果为（ ）。

2. 字典 D1={'水电费': 10000}，D2={'管理部门': 0.2，'销售部门': 0.3，'生产部门': 0.5} 创建列表 list1= [ ]，执行语句 list1.append（D1 ['水电费'] *D2 ['销售部门']），打印输出 list1 的结果为（ ）。

## 6.3 访问字典里的值

把相应的键放入熟悉的方括号，如下实例：

【例 4–17】#!/usr/bin/Python

```
tinydict = {'Name': 'Zara', 'Age': 7, 'Class': 'First'}
print "tinydict ['Name']: ", tinydict ['Name']
print "tinydict ['Age']: ", tinydict ['Age']
```

以上实例输出结果：

```
tinydict ['Name']: Zara
tinydict ['Age']: 7
```

如果用字典里没有的键访问数据，会输出错误如下：

【例 4–18】

```
#!/usr/bin/Python
tinydict = {'Name': 'Runoob', 'Age': 7, 'Class': 'First'}
print "tinydict ['Alice']: ", tinydict ['Alice']
```

以上实例输出结果：

```
tinydict ['Alice']:
Traceback (most recent call last):
  File "test.py", line 5, in <module>
    print "tinydict ['Alice']: ", tinydict ['Alice']
KeyError: 'Alice'
```

## 6.4 修改字典

向字典添加新内容的方法是增加新的键 / 值对，修改或删除已有键 / 值对如下实例：

【例 4–19】

```
#!/usr/bin/Python
# -*- coding: UTF-8 -*-
tinydict = {'Name': 'Zara', 'Age': 7, 'Class': 'First'}
tinydict ['Age'] = 8  # 更新
tinydict ['School'] = "RUNOOB"  # 添加
print "tinydict ['Age']: ", tinydict ['Age']
print "tinydict ['School']: ", tinydict ['School']
```

以上实例输出结果：

```
tinydict ['Age']: 8
tinydict ['School']: RUNOOB
```

## 6.5 删除字典元素

能删单一的元素也能清空字典，清空只需一项操作。

显示删除一个字典用 del 命令，如下实例：

【例 4–20】

```
#!/usr/bin/Python
# -*- coding: UTF-8 -*-
```

```
tinydict = {'Name': 'Zara', 'Age': 7, 'Class': 'First'}
del tinydict['Name']             # 删除键是 'Name' 的条目
tinydict.clear()                 # 清空字典所有条目
del tinydict                     # 删除字典
print "tinydict['Age']: ", tinydict['Age']
print "tinydict['School']: ", tinydict['School']
```

但这会引发一个异常，因为用 del 后字典不再存在：

```
tinydict['Age']:
Traceback (most recent call last):
File "test.py", line 10, in <module>
print "tinydict['Age']: ", tinydict['Age']
NameError: name 'tinydict' is not defined
```

注：del（ ）方法后面也会讨论。

- 字典键的特性

字典值可以没有限制地取任何 Python 对象，既可以是标准的对象，也可以是用户定义的，但键不行。

两个重要的点需要记住：

（1）不允许同一个键出现两次。创建时如果同一个键被赋值两次，后一个值会被记住，如下实例：

**【例 4–21】**

```
#!/usr/bin/Python
tinydict = {'Name': 'Runoob', 'Age': 7, 'Name': 'Manni'}
print "tinydict['Name']: ", tinydict['Name']
```

以上实例输出结果：

```
tinydict['Name']: Manni
```

（2）键必须不可变，所以可以用数字，字符串或元组充当，所以用列表就不行，如下实例：

【例 4–22】

```
#!/usr/bin/Python tinydict = {［'Name'］: 'Zara', 'Age': 7}
print "tinydict［'Name'］: ", tinydict［'Name'］
```

以上实例输出结果：

```
Traceback（most recent call last）:
File "test.py", line 3, in <module>
tinydict = {［'Name'］: 'Zara', 'Age': 7}
TypeError: unhashable type: 'list'
```

## 6.6 字典内置函数 & 方法

Python 字典包含了以下内置函数：

| 序号 | 函数及描述 |
|---|---|
| 1 | cmp（dict1，dict2）比较两个字典元素 |
| 2 | len（dict）计算字典元素个数，即键的总数 |
| 3 | str（dict）输出字典可打印的字符串表示 |
| 4 | type（variable）返回输入的变量类型，如果变量是字典就返回字典类型 |

Python 字典包含了以下内置方法：

| 序号 | 函数及描述 |
|---|---|
| 1 | dict. clear（）删除字典内所有元素 |
| 2 | dict. copy（）返回一个字典的浅复制 |
| 3 | dict. fromkeys（seq［，val］）创建一个新字典，以序列 seq 中元素做字典的键，val 为字典所有键对应的初始值 |
| 4 | dict. get（key，default=None）返回指定键的值，如果值不在字典中返回 default 值 |
| 5 | dict. has_key（key）如果键在字典 dict 里返回 true，否则返回 false |
| 6 | dict. items（）以列表返回可遍历的（键，值）元组数组 |
| 7 | dict. keys（）以列表返回一个字典所有的键 |
| 8 | dict. setdefault（key，default=None）和 get（）类似，但如果键不存在于字典中，将会添加键并将值设为 default |
| 9 | dict. update（dict2）把字典 dict2 的键 / 值对更新到 dict 里 |
| 10 | dict. values（）以列表返回字典中的所有值 |
| 11 | pop（key［，default］）删除字典给定键 key 所对应的值，返回值为被删除的值。key 值必须给出。否则，返回 default 值 |
| 12 | popitem（）返回并删除字典中的最后一对键和值 |

# 任务七 Python 日期和时间

Python 程序能用很多方式处理日期和时间，转换日期格式是一个常见的功能。

Python 提供了一个 time 和 calendar 模块可以用于格式化日期和时间。

时间间隔是以秒为单位的浮点小数。

每个时间戳都以自从 1970 年 1 月 1 日午夜（历元）经过了多长时间来表示。

Python 的 time 模块下有很多函数可以转换常见日期格式。如函数 time. time（ ）用于获取当前时间戳，如下实例：

【例 4-23】

```
#!/usr/bin/Python
# -*- coding: UTF-8 -*-
import time   # 引入 time 模块
ticks = time. time（ ）
print "当前时间戳为：", ticks
```

以上实例输出结果：

```
当前时间戳为：1459994552.51
```

时间戳单位最适于做日期运算。但是 1970 年之前的日期就无法以此表示了。太遥远的日期也不行，UNIX 和 Windows 只支持到 2038 年。

## 7.1 什么是时间元组

很多 Python 函数用一个元组装起来的 9 组数字处理时间：

| 序号 | 字段 | 值 |
|---|---|---|
| 0 | 4 位数年 | 2008 |
| 1 | 月 | 1 到 12 |
| 2 | 日 | 1 到 31 |

续表

| 序号 | 字段 | 值 |
|---|---|---|
| 3 | 小时 | 0 到 23 |
| 4 | 分钟 | 0 到 59 |
| 5 | 秒 | 0 到 61（60 或 61 是闰秒） |
| 6 | 一周的第几日 | 0 到 6（0 是周一） |
| 7 | 一年的第几日 | 1 到 366（儒略历） |
| 8 | 夏令时 | -1，0，1，-1 是决定是否为夏令时的旗帜 |

上述也就是 struct_time 元组。这种结构具有如下属性：

| 序号 | 属性 | 值 |
|---|---|---|
| 0 | tm_year | 2008 |
| 1 | tm_mon | 1 到 12 |
| 2 | tm_mday | 1 到 31 |
| 3 | tm_hour | 0 到 23 |
| 4 | tm_min | 0 到 59 |
| 5 | tm_sec | 0 到 61（60 或 61 是闰秒） |
| 6 | tm_wday | 0 到 6（0 是周一） |
| 7 | tm_yday | 1 到 366（儒略历） |
| 8 | tm_isdst | -1，0，1，-1 是决定是否为夏令时的旗帜 |

## 7.2 获取当前时间

从返回浮点数的时间戳方式向时间元组转换，只要将浮点数传递给如 localtime 之类的函数。

**【例 4-24】**

```
#!/usr/bin/Python
# -*- coding: UTF-8 -*-
import time
localtime = time. localtime ( time.time ( ))
print " 本地时间为：", localtime
```

以上实例输出结果：

```
本地时间为 ：time.struct_time（tm_year=2016,tm_mon=4,tm_mday=7,tm_hour=10，tm_min=3，tm_sec=27，tm_wday=3，tm_yday=98，tm_isdst=0）
```

## 7.3 获取格式化的时间

你可以根据需求选取各种格式，但是最简单的获取可读的时间模式的函数是 asctime（）：

【例 4-25】

```
#!/usr/bin/Python
# -*- coding: UTF-8 -*-
import time
localtime = time.asctime（time.localtime（time.time（）））
print "本地时间为：", localtime
```

以上实例输出结果：

```
本地时间为：Thu Apr    7 10：05：21 2016
```

## 7.4 格式化日期

我们可以使用 time 模块的 strftime 方法来格式化日期：

```
time.strftime（format [ ， t ]）
```

实例演示：

【例 4-26】

```
#!/usr/bin/Python
# -*- coding: UTF-8 -*-
import time
# 格式化成 2016-03-20 11：45：39 形式
print time.strftime（"%Y-%m-%d %H：%M：%S"，time.localtime（））
# 格式化成 Sat Mar 28 22：24：24 2016 形式
```

```
print time.strftime ( "%a %b %d %H: %M: %S %Y", time.localtime ( ))
# 将格式字符串转换为时间戳 a = "Sat Mar 28 22: 24: 24 2016"
print time.mktime ( time.strptime ( a, "%a %b %d %H: %M: %S %Y" ))
```

以上实例输出结果：

```
2016-04-07   10: 25: 09
Thu Apr 07   10: 25: 09 2016
1459175064.0
Python 中时间日期格式化符号：
%y  两位数的年份表示（00-99）
%Y  四位数的年份表示（000-9999）
%m  月份（01-12）
%d  月内中的一天（0-31）
%H  24 小时制小时数（0-23）
%I  12 小时制小时数（01-12）
%M  分钟数（00-59）
%S  秒（00-59）
%a  本地简化星期名称
%A  本地完整星期名称
%b  本地简化的月份名称
%B  本地完整的月份名称
%c  本地相应的日期表示和时间表示
%j  年内的一天（001-366）
%p  本地 A.M. 或 P.M. 的等价符
%U  一年中的星期数（00-53）星期天为星期的开始
%w  星期（0-6），星期天为星期的开始
%W  一年中的星期数（00-53）星期一为星期的开始
%x  本地相应的日期表示
%X  本地相应的时间表示
%Z  当前时区的名称
%%  % 号本身
```

## 7.5 获取某月日历

Calendar 模块有很广泛的方法用来处理年历和月历，例如打印某月的月历：

【例 4–27】

```
#!/usr/bin/Python
# -*- coding: UTF-8 -*-
import calendar
cal = calendar.month（2016，1）
print "以下输出 2016 年 1 月份的日历："
print cal
```

以上实例输出结果：

```
以下输出 2016 年 1 月份的日历：
January 2016
Mo Tu We Th Fr Sa Su
             1  2  3
 4  5  6  7  8  9 10
11 12 13 14 15 16 17
18 19 20 21 22 23 24
25 26 27 28 29 30 31
```

## 7.6 Time 模块

Time 模块包含了以下内置函数，既有时间处理的，也有转换时间格式的：

| 序号 | 函数及描述 |
| --- | --- |
| 1 | time.altzone 返回格林威治西部的夏令时地区的偏移秒数。如果该地区在格林威治东部会返回负值（如西欧，包括英国）。对夏令时启用地区才能使用 |
| 2 | time.asctime（［tupletime］）接受时间元组并返回一个可读的形式为 "Tue Dec 11 18：07：14 2008"（2008 年 12 月 11 日周二 18 时 07 分 14 秒）的 24 个字符的字符串 |
| 3 | time.clock（）用以浮点数计算的秒数返回当前的 CPU 时间。用来衡量不同程序的耗时，比 time.time（）更有用 |
| 4 | time.ctime（［secs］）作用相当于 asctime（localtime（secs）），未给参数相当于 asctime（） |

续表

| 序号 | 函数及描述 |
| --- | --- |
| 5 | time.gmtime（［secs］）接收时间戳（1970 纪元后经过的浮点秒数）并返回格林威治天文时间下的时间元组 t。注：t.tm_isdst 始终为 0 |
| 6 | time.localtime（［secs］）接收时间戳（1970 纪元后经过的浮点秒数）并返回当地时间下的时间元组 t（t.tm_isdst 可取 0 或 1，取决于当地当时是不是夏令时） |
| 7 | time.mktime（tupletime）接受时间元组并返回时间戳（1970 纪元后经过的浮点秒数） |
| 8 | time.sleep（secs）推迟调用线程的运行，secs 指秒数 |
| 9 | time.strftime(fmt[ , tupletime ])接收以时间元组，并返回以可读字符串表示的当地时间，格式由 fmt 决定 |
| 10 | time.strptime（str，fmt='%a %b %d %H：%M：%S %Y'）根据 fmt 的格式把一个时间字符串解析为时间元组 |
| 11 | time.time（）返回当前时间的时间戳（1970 纪元后经过的浮点秒数） |
| 12 | time.tzset（）根据环境变量 TZ 重新初始化时间相关设置 |

Time 模块包含了以下 2 个非常重要的属性：

| 序号 | 属性及描述 |
| --- | --- |
| 1 | time.timezone 属性 time.timezone 是当地时区（未启动夏令时）距离格林威治的偏移秒数（>0，美洲 <=0 大部分欧洲，亚洲，非洲） |
| 2 | time.tzname 属性 time.tzname 包含一对根据情况的不同而不同的字符串，分别是带夏令时的本地时区名称和不带的 |

## 7.7　日历（Calendar）模块

此模块的函数都是日历相关的，例如打印某月的字符月历。

星期一是默认的每周第一天，星期天是默认的最后一天。更改设置需调用 calendar.setfirstweekday（）函数。模块包含了以下内置函数：

| 序号 | 函数及描述 |
| --- | --- |
| 1 | calendar.calendar( year, w=2, l=1, c=6 )返回一个多行字符串格式的 year 年年历，3 个月一行，间隔距离为 c。每日宽度间隔为 w 字符。每行长度为 21*W+18+2*C。l 是每星期行数 |
| 2 | calendar.firstweekday（）返回当前每周起始日期的设置。默认情况下，首次载入 calendar 模块时返回 0，即星期一 |

续表

| 序号 | 函数及描述 |
|---|---|
| 3 | calendar.isleap（year）<br>是闰年返回 True，否则为 False<br>>>> import calendar<br>>>> print(calendar.isleap(2000))<br>True<br>>>> print(calendar.isleap(1900))<br>False |
| 4 | calendar.leapdays（y1，y2）返回在 Y1、Y2 两年之间的闰年总数 |
| 5 | calendar.month（year，month，w=2，l=1）返回一个多行字符串格式的 year 年 month 月日历，两行标题，一周一行。每日宽度间隔为 w 字符。每行的长度为 7* w+6。l 是每星期的行数 |
| 6 | calendar.monthcalendar（year，month）返回一个整数的单层嵌套列表。每个子列表装载代表一个星期的整数。Year 年 month 月外的日期都设为 0；范围内的日子都由该月第几日表示，从 1 开始 |
| 7 | calendar.monthrange（year，month）返回两个整数。第一个是该月的星期几的日期码，第二个是该月的日期码。日从 0（星期一）到 6（星期日）；月从 1 到 12 |
| 8 | calendar.prcal（year，w=2，l=1，c=6）相当于 print calendar.calendar（year，w=2，l=1，c=6） |
| 9 | calendar.prmonth（year，month，w=2，l=1）相当于 print calendar.month（year，month，w=2，l=1） |
| 10 | calendar.setfirstweekday（weekday）设置每周的起始日期码。0（星期一）到 6（星期日） |
| 11 | calendar.timegm（tupletime）和 time.gmtime 相反：接受一个时间元组形式，返回该时刻的时间戳（1970 纪元后经过的浮点秒数） |
| 12 | calendar.weekday（year，month，day）返回给定日期的日期码。0（星期一）到 6（星期日）。月份为 1（一月）到 12（12 月） |

# 任务八 Python 函数

函数是组织好的，可重复使用的，用来实现单一，或相关联功能的代码段。

函数能提高应用的模块性，和代码的重复利用率。你已经知道 Python 提供了许多内建函数，比如 print ( )。但你也可以自己创建函数，这被叫做用户自定义函数。

## 8.1 定义一个函数

你可以定义一个满足自己所需功能的函数，以下是简单的规则：

- 函数代码块以 def 关键词开头，后接函数标识符名称和圆括号 ( )
- 任何传入参数和自变量必须放在圆括号中间。圆括号之间可以用于定义参数
- 函数的第一行语句可以选择性地使用文档字符串——用于存放函数说明
- 函数内容以冒号起始，并且缩进
- return [ 表达式 ] 结束函数，选择性地返回一个值给调用方。不带表达式的 return 相当于返回 None

## 8.2 语法

```
def functionname ( parameters ):
        "函数_文档字符串"
        function_suite
        return [ expression ]
```

默认情况下，参数值和参数名称是按函数声明中定义的顺序匹配起来的。

以下为一个简单的 Python 函数，它将一个字符串作为传入参数，再打印到标准显示设备上。

【例 4–28】

```
def printme ( str ):
```

```
    "打印传入的字符串到标准显示设备上"
    print str
    return
```

## 8.3 函数调用

定义一个函数只给了函数一个名称，指定了函数里包含的参数和代码块结构。

这个函数的基本结构完成以后，你可以通过另一个函数调用执行，也可以直接从 Python 提示符执行。

如下实例调用了 printme（ ）函数：

【例 4–29】

```
#!/usr/bin/Python
# -*- coding: UTF-8 -*-
# 定义函数
def printme（str）:
    "打印任何传入的字符串"
    print str
    return
# 调用函数
printme（"我要调用用户自定义函数!"）
printme（"再次调用同一函数"）
```

以上实例输出结果：

```
我要调用用户自定义函数!
再次调用同一函数
```

## 8.4 参数传递

在 Python 中，类型属于对象，变量是没有类型的：

```
a=［1，2，3］a="Runoob"
```

以上代码中，[1，2，3]是 List 类型，"Runoob" 是 String 类型，而变量 a 是没有类型，她仅仅是一个对象的引用（一个指针），可以是 List 类型对象，也可以指向 String 类型对象。

可更改（mutable）与不可更改（immutable）对象。

在 Python 中，strings，tuples 和 numbers 是不可更改的对象，而 list，dict 等则是可以修改的对象。

不可变类型：变量赋值 a=5 后再赋值 a=10，这里实际是新生成一个 int 值对象 10，再让 a 指向它，而 5 被丢弃，不是改变 a 的值，相当于新生成了 a。

可变类型：变量赋值 la=[1，2，3，4]后再赋值 la[2]=5 则是将 list la 的第三个元素值更改，本身 la 没有动，只是其内部的一部分值被修改了。

Python 函数的参数传递：

不可变类型：类似 c++ 的值传递，如整数、字符串、元组。如 fun（a），传递的只是 a 的值，没有影响 a 对象本身。比如在 fun（a）内部修改 a 的值，只是修改另一个复制的对象，不会影响 a 本身。

可变类型：类似 c++ 的引用传递，如列表，字典。如 fun（la），则是将 la 真正的传过去，修改后 fun 外部的 la 也会受影响。

Python 中一切都是对象，严格意义我们不能说值传递还是引用传递，我们应该说传不可变对象和传可变对象。

Python 传不可变对象实例如下：

**【例 4-30】**

```
#!/usr/bin/Python
# -*- coding: UTF-8 -*-
def ChangeInt（a）:
   a = 10
b = 2
ChangeInt（b）
print b   # 结果是 2
```

实例中有 int 对象 2，指向它的变量是 b，在传递给 ChangeInt 函数时，按传值的方式复制了变量 b，a 和 b 都指向了同一个 Int 对象，在 a=10 时，则新生成一个 int 值对象 10，并让 a 指向它。

传可变对象实例

【例 4-31】

```
#!/usr/bin/Python
# -*- coding: UTF-8 -*-
# 可写函数说明
def changeme (mylist):
   "修改传入的列表"
   mylist.append ([1, 2, 3, 4])
   print "函数内取值: ", mylist
   return
# 调用 changeme 函数
mylist = [10, 20, 30]
changeme (mylist)
print "函数外取值: ", mylist
```

实例中传入函数的和在末尾添加新内容的对象用的是同一个引用，故输出结果如下：

```
函数内取值:[10, 20, 30, [1, 2, 3, 4]]
函数外取值:[10, 20, 30, [1, 2, 3, 4]]
```

## 8.5 参数

以下是调用函数时可使用的正式参数类型：

- 必备参数
- 关键字参数
- 默认参数
- 不定长参数

### 8.5.1 必备参数

必备参数须以正确的顺序传入函数。调用时的数量必须和声明时的一样。

调用 printme ( ) 函数，你必须传入一个参数，不然会出现语法错误：

【例 4-32】

```
#!/usr/bin/Python
# -*- coding: UTF-8 -*-
# 可写函数说明
def printme ( str ):
   " 打印任何传入的字符串 "
   print str
   return
# 调用 printme 函数
printme ( )
```

以上实例输出结果：

```
Traceback ( most recent call last ):
File "test.py", line 11, in <module>
printme ( )
TypeError: printme ( ) takes exactly 1 argument ( 0 given )
```

### 8.5.2 关键字参数

关键字参数和函数调用关系紧密，函数调用使用关键字参数来确定传入的参数值。

使用关键字参数允许函数调用时参数的顺序与声明时不一致，因为 Python 解释器能够用参数名匹配参数值。

以下实例在函数 printme ( ) 调用时使用参数名：

【例 4-33】

```
#!/usr/bin/Python
# -*- coding: UTF-8 -*-
# 可写函数说明
def printme ( str ):
   " 打印任何传入的字符串 "
   print str
   return
```

```
# 调用 printme 函数
printme（str = "My string"）
```

以上实例输出结果：

```
My string
```

下例能将关键字参数顺序不重要展示得更清楚：

【例 4–34】

```
#!/usr/bin/Python
# -*- coding: UTF-8 -*-
# 可写函数说明
def printinfo（name, age）:
   "打印任何传入的字符串"
   print "Name: ", name
   print "Age ", age
   return
# 调用 printinfo 函数
printinfo（age=50, name="miki"）
```

以上实例输出结果：

```
Name: miki
Age  50
```

### 8.5.3 默认参数

调用函数时，默认参数的值如果没有传入，则被认为是默认值。下例会打印默认的 age，如果 age 没有被传入：

【例 4–35】

```
#!/usr/bin/Python
# -*- coding: UTF-8 -*-
# 可写函数说明
def printinfo（name, age = 35）:
   "打印任何传入的字符串"
```

```
    print "Name: ", name
    print "Age ", age
    return
# 调用 printinfo 函数
printinfo ( age=50, name="miki" )
printinfo ( name="miki" )
```

以上实例输出结果：

```
Name: miki
Age  50
Name: miki
Age  35
```

### 8.5.4 不定长参数

你可能需要一个函数能处理比当初声明时更多的参数。这些参数叫作不定长参数，和上述 2 种参数不同，声明时不会命名。基本语法如下：

```
def functionname ([ formal_args, ] * var_args_tuple ):
    " 函数 _ 文档字符串 "
    function_suite
    return [ expression ]
```

加了星号（*）的变量名会存放所有未命名的变量参数。不定长参数实例如下：

**【例 4–36】**

```
#!/usr/bin/Python
# -*- coding: UTF-8 -*-
# 可写函数说明
def printinfo ( arg1, * vartuple ):
    " 打印任何传入的参数 "
    print " 输出: "
    print arg1
    for var in vartuple:
```

```
    print var
  return
# 调用 printinfo 函数
printinfo（10）
printinfo（70，60，50）
```

以上实例输出结果：

```
输出：
10
输出：
70
60
50
```

## 8.6 匿名函数

Python 使用 lambda 来创建匿名函数。

- lambda 只是一个表达式，函数体比 def 简单很多
- lambda 的主体是一个表达式，而不是一个代码块。仅仅能在 lambda 表达式中封装有限的逻辑进去
- lambda 函数拥有自己的命名空间，且不能访问自有参数列表之外或全局命名空间里的参数
- 虽然 lambda 函数看起来只能写一行，却不等同于 C 或 C++ 的内联函数，后者的目的是调用小函数时不占用栈内存从而增加运行效率
- 语法

lambda 函数的语法只包含一个语句，如下：

```
lambda [arg1 [，arg2，……..argn]]：expression
```

如下实例：

【例 4–37】

```
#!/usr/bin/Python
```

```
# -*- coding: UTF-8 -*-
# 可写函数说明
sum = lambda arg1，arg2: arg1 + arg2
# 调用 sum 函数
print " 相加后的值为：", sum（10, 20）
print " 相加后的值为：", sum（20, 20）
```

以上实例输出结果：

```
相加后的值为：30
相加后的值为：40
```

## 8.7 return 语句

return 语句［表达式］退出函数，选择性地向调用方返回一个表达式。不带参数值的 return 语句返回 None。之前的例子都没有示范如何返回数值，下例便告诉你怎么做：

**【例 4-38】**

```
#!/usr/bin/Python
# -*- coding: UTF-8 -*-
# 可写函数说明
def sum（arg1, arg2）:
    # 返回 2 个参数的和
    total = arg1 + arg2
    print " 函数内：", total
    return total
# 调用 sum 函数
total = sum（10, 20）
```

以上实例输出结果：

```
函数内：30
```

## 8.8 变量作用域

一个程序的所有的变量并不是在哪个位置都可以访问的。访问权限取决于这个变量是在哪里赋值的。

变量的作用域决定了在哪一部分程序你可以访问哪个特定的变量名称。两种最基本的变量作用域如下：

- 全局变量
- 局部变量

定义在函数内部的变量拥有一个局部作用域，定义在函数外的拥有全局作用域。

局部变量只能在其被声明的函数内部访问，而全局变量可以在整个程序范围内访问。调用函数时，所有在函数内声明的变量名称都将被加入作用域中。如下实例：

**【例 4–39】**

```
#!/usr/bin/Python
# –*– coding: UTF–8 –*– total = 0
# 这是一个全局变量
# 可写函数说明
def sum（arg1，arg2）：
   # 返回 2 个参数的和 ."
   total = arg1 + arg2   # total 在这里是局部变量
   print " 函数内是局部变量：", total
   return total
# 调用 sum 函数
sum（10，20）
print " 函数外是全局变量：", total
```

以上实例输出结果：

```
函数内是局部变量：30
函数外是全局变量：0
```

# 任务九　Python 模块

Python 模块（Module），是一个 Python 文件，以 .py 结尾，包含了 Python 对象定义和 Python 语句。

模块让你能够有逻辑地组织你的 Python 代码段。

把相关的代码分配到一个模块里能让你的代码更好用，更易懂。

模块能定义函数，类和变量，模块里也能包含可执行的代码。

【例 4-40】

下例是个简单的模块 support.py：

support.py 模块：

```
def print_func（par）：print "Hello：", par return
```

## 9.1　import 语句

模块的引入

模块定义好后，我们可以使用 import 语句来引入模块，语法如下：

```
import module1［，module2［，……moduleN］］
```

比如要引用模块 math，就可以在文件最开始的地方用 import math 来引入。在调用 math 模块中的函数时，必须这样引用：

```
模块名 . 函数名
```

【例 4-41】

当解释器遇到 import 语句，如果模块在当前的搜索路径就会被导入。

搜索路径是一个解释器会先进行搜索的所有目录的列表。如想要导入模块 support.py，需要把命令放在脚本的顶端：

test.py 文件代码：

```
#!/usr/bin/Python
# -*- coding: UTF-8 -*-
# 导入模块
import support
# 现在可以调用模块里包含的函数了
support.print_func（"Runoob"）
```

以上实例输出结果：

```
Hello：Runoob
```

一个模块只会被导入一次，不管你执行了多少次 import。这样可以防止导入模块被一遍又一遍地执行。

from…import 语句

Python 的 from 语句让你从模块中导入一个指定的部分到当前命名空间中。语法如下：

```
from modname import name1［, name2［, ……nameN］］
```

例如，要导入模块 fib 的 fibonacci 函数，使用如下语句：

```
from fib import fibonacci
```

这个声明不会把整个 fib 模块导入当前的命名空间中，它只会将 fib 里的 fibonacci 单个引入执行这个声明的模块的全局符号表。

from…import* 语句

把一个模块的所有内容全都导入当前的命名空间也是可行的，只需使用如下声明：

```
from modname import *
```

这提供了一个简单的方法来导入一个模块中的所有项目。然而这种声明不该被过多地使用。

例如我们想一次性引入 math 模块中所有的东西，语句如下：

```
from math import *
```

## 9.2 搜索路径

当你导入一个模块，Python 解析器对模块位置的搜索顺序是：

- 当前目录
- 如果不在当前目录，Python 则搜索在 shell 变量 PYTHONPATH 下的每个目录
- 如果都找不到，Python 会察看默认路径。UNIX 下，默认路径一般为 /usr/local/lib/Python/

模块搜索路径存储在 system 模块的 sys.path 变量中。变量里包含当前目录，PYTHONPATH 和由安装过程决定的默认目录。

## 9.3 PYTHONPATH 变量

作为环境变量，PYTHONPATH 由装在一个列表里的许多目录组成。PYTHONPATH 的语法和 shell 变量 PATH 的一样。

在 Windows 系统，典型的 PYTHONPATH 如下：

```
set PYTHONPATH=c：\Python27\lib；
```

在 UNIX 系统，典型的 PYTHONPATH 如下：

```
set PYTHONPATH=/usr/local/lib/Python
```

## 9.4 Python 中的包

包是一个分层次的文件目录结构，它定义了一个由模块及子包和子包下的子包等组成的 Python 的应用环境。

简单来说，包就是文件夹，但该文件夹下必须存在 __init__.py 文件，该文件的内容可以为空。__init__.py 用于标识当前文件夹是一个包。

【例 4-42】

考虑一个在 package_runoob 目录下的 runoob1.py、runoob2.py、__init__.py 文件，test.py 为测试调用包的代码，目录结构如下：

```
test.py
package_runoob
|-- __init__.py
|-- runoob1.py
|-- runoob2.py
```

源代码如下：

```
package_runoob/runoob1.py
#!/usr/bin/Python
# -*- coding: UTF-8 -*-
def runoob1（）:
    print "I'm in runoob1"
package_runoob/runoob2.py
#!/usr/bin/Python
# -*- coding: UTF-8 -*-
def runoob2（）:
    print "I'm in runoob2"
```

现在，在 package_runoob 目录下创建 __init__.py：

```
package_runoob/__init__.py
#!/usr/bin/Python
# -*- coding: UTF-8 -*-
if __name__ == '__main__':
    print '作为主程序运行'
else:
    print 'package_runoob 初始化'
```

然后我们在 package_runoob 同级目录下创建 test.py 来调用 package_runoob 包

```
test.py
#!/usr/bin/Python
# -*- coding: UTF-8 -*-
# 导入 Phone 包
```

```
from package_runoob.runoob1 import runoob1
from package_runoob.runoob2 import runoob2
runoob1（）
runoob2（）
```

以上实例输出结果：

```
package_runoob 初始化
I'm in runoob1
I'm in runoob2
```

如上，为了举例，我们只在每个文件里放置了一个函数，但其实你可以放置许多函数。你也可以在这些文件里定义 Python 的类，然后为这些类建一个包。

# 任务十　Python 文件 I/O

本章只讲述所有基本的 I/O 函数，更多函数请参考 Python 标准文档。

## 10.1　打印到屏幕

最简单的输出方法是用 print 语句，你可以给它传递零个或多个用逗号隔开的表达式。此函数把你传递的表达式转换成一个字符串表达式，并将结果写到标准输出如下：

【例 4-43】

```
#!/usr/bin/Python
# -*- coding: UTF-8 -*-

print "Python 是一个非常棒的语言，不是吗？"
```

你的标准屏幕上会产生以下结果：

```
Python 是一个非常棒的语言，不是吗?
```

## 10.2　读取键盘输入

Python 提供了两个内置函数从标准输入读入一行文本，默认的标准输入是键盘。如下：

- raw_input
- input

### 10.2.1　raw_input 函数

raw_input（[ prompt ]）函数从标准输入读取一个行，并返回一个字符串（去掉结尾的换行符）：

【例 4–44】

```
#!/usr/bin/Python
# -*- coding: UTF-8 -*-

str = raw_input ( " 请输入：" )
print " 你输入的内容是：", str
```

这将提示你输入任意字符串，然后在屏幕上显示相同的字符串。当我输入 "Hello Python！ "，它的输出如下：

```
请输入：Hello Python！
你输入的内容是：Hello Python！
```

### 10.2.2 input 函数

input（[ prompt ]）函数和 raw_input（[ prompt ]）函数基本类似，但是 input 可以接收一个 Python 表达式作为输入，并将运算结果返回。

【例 4–45】

```
#!/usr/bin/Python
# -*- coding: UTF-8 -*-

str = input ( " 请输入：" )
print " 你输入的内容是：", str
```

这会产生如下的对应着输入的结果：

```
请输入：[ x*5 for x in range（2，10，2）]
你输入的内容是：[ 10，20，30，40 ]
```

## 10.3 打开和关闭文件

现在，您已经可以向标准输入和输出进行读写。现在，来看看怎么读写实际的数据文件。

Python 提供了必要的函数和方法进行默认情况下的文件基本操作。你可以用 file 对象做大部分的文件操作。

### 10.3.1 open 函数

你必须先用 Python 内置的 open（ ）函数打开一个文件，创建一个 file 对象，相关的方法才可以调用它进行读写。

语法：

```
file object = open (file_name [, access_mode ][, buffering ])
```

各个参数的细节如下：

- file_name：file_name 变量是一个包含了你要访问的文件名称的字符串值
- access_mode：access_mode 决定了打开文件的模式：只读、写入、追加等。所有可取值见如下的完全列表。这个参数是非强制的，默认文件访问模式为只读（r）
- buffering：如果 buffering 的值被设为 0，就不会有寄存。如果 buffering 的值取 1，访问文件时会寄存行。如果将 buffering 的值设为大于 1 的整数，表明了这就是寄存区的缓冲大小。如果取负值，寄存区的缓冲大小则为系统默认

不同模式打开文件的完全列表：

| 模式 | 描述 |
| --- | --- |
| t | 文本模式（默认） |
| x | 写模式，新建一个文件，如果该文件已存在则会报错 |
| b | 二进制模式 |
| + | 打开一个文件进行更新（可读可写） |
| U | 通用换行模式（不推荐） |
| r | 以只读方式打开文件，文件的指针将会放在文件的开头，这是默认模式 |
| rb | 以二进制格式打开一个文件用于只读，文件指针将会放在文件的开头，这是默认模式，一般用于非文本文件如图片等 |
| r+ | 打开一个文件用于读写，文件指针将会放在文件的开头 |
| rb+ | 以二进制格式打开一个文件用于读写，文件指针将会放在文件的开头，一般用于非文本文件如图片等 |
| w | 打开一个文件只用于写入。如果该文件已存在则打开文件，并从开头开始编辑，即原有内容会被删除。如果该文件不存在，创建新文件 |

续表

| 模式 | 描述 |
| --- | --- |
| wb | 以二进制格式打开一个文件只用于写入。如果该文件已存在则打开文件，并从开头开始编辑，即原有内容会被删除。如果该文件不存在，创建新文件。一般用于非文本文件如图片等 |
| w+ | 打开一个文件用于读写。如果该文件已存在则打开文件，并从开头开始编辑，即原有内容会被删除。如果该文件不存在，创建新文件 |
| wb+ | 以二进制格式打开一个文件用于读写。如果该文件已存在则打开文件，并从开头开始编辑，即原有内容会被删除。如果该文件不存在，创建新文件。一般用于非文本文件如图片等 |
| a | 打开一个文件用于追加。如果该文件已存在，文件指针将会放在文件的结尾。也就是说，新的内容将会被写入已有内容之后。如果该文件不存在，创建新文件进行写入 |
| ab | 以二进制格式打开一个文件用于追加。如果该文件已存在，文件指针将会放在文件的结尾。也就是说，新的内容将会被写入已有内容之后。如果该文件不存在，创建新文件进行写入 |
| a+ | 打开一个文件用于读写。如果该文件已存在，文件指针将会放在文件的结尾。文件打开时会是追加模式。如果该文件不存在，创建新文件用于读写 |
| ab+ | 以二进制格式打开一个文件用于追加。如果该文件已存在，文件指针将会放在文件的结尾。如果该文件不存在，创建新文件用于读写 |

下图很好的总结了这几种模式：

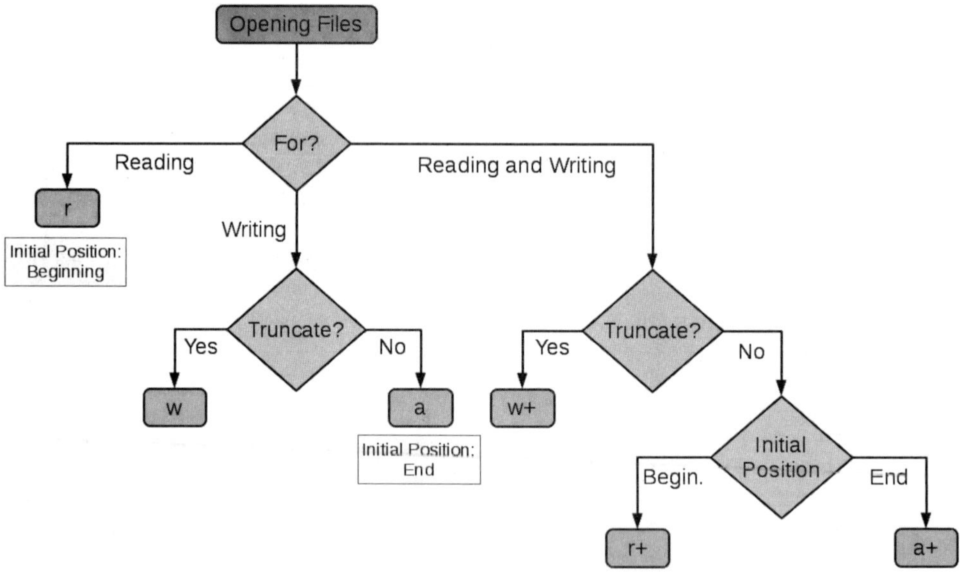

| 模式 | r | r+ | w | w+ | a | a+ |
|---|---|---|---|---|---|---|
| 读 | + | + | | + | | + |
| 写 | | + | + | + | + | + |
| 创建 | | | + | + | + | + |
| 覆盖 | | | + | + | | |
| 指针在开始 | + | + | + | + | | |
| 指针在结尾 | | | | | + | + |

### 10.3.2 File 对象的属性

一个文件被打开后，你有一个 file 对象，你可以得到有关该文件的各种信息。

以下是和 file 对象相关的所有属性的列表：

| 属性 | 描述 |
|---|---|
| file.closed | 返回 true，如果文件已被关闭，否则返回 false |
| file.mode | 返回被打开文件的访问模式 |
| file.name | 返回文件的名称 |
| file.softspace | 如果用 print 输出后，必须跟一个空格符，则返回 false，否则返回 true |

【例 4-46】如下实例：

```
#!/usr/bin/Python
# -*- coding: UTF-8 -*-

# 打开一个文件
fo = open("foo.txt", "w")
print "文件名：", fo.name
print "是否已关闭：", fo.closed
print "访问模式：", fo.mode
print "末尾是否强制加空格：", fo.softspace
```

以上实例输出结果：

```
文件名：foo.txt
是否已关闭：False
访问模式：w
末尾是否强制加空格：0
```

### 10.3.3　close（ ）方法

File 对象的 close（ ）方法刷新缓冲区里任何还没写入的信息，并关闭该文件，这之后便不能再进行写入。

当一个文件对象的引用被重新指定给另一个文件时，Python 会关闭之前的文件。用 close（ ）方法关闭文件是一个很好的习惯。

语法：

```
fileObject.close（ ）
```

【例 4-47】

```
#!/usr/bin/Python
# -*- coding: UTF-8 -*-

# 打开一个文件
fo = open（"foo.txt", "w"）
print " 文件名：", fo.name

# 关闭打开的文件
fo.close（ ）
```

以上实例输出结果：

```
文件名：foo.txt
```

读写文件：

file 对象提供了一系列方法，能让我们的文件访问更轻松。来看看如何使用 read（ ）和 write（ ）方法来读取和写入文件。

### 10.3.4　write（ ）方法

write（ ）方法可将任何字符串写入一个打开的文件。需要重点注意的是，Python 字符串可以是二进制数据，而不是仅仅是文字。

write（ ）方法不会在字符串的结尾添加换行符（'\n'）：

语法：

```
fileObject.write（string）
```

在这里，被传递的参数是要写入已打开文件的内容。

【例 4–48】

```
#!/usr/bin/Python
# -*- coding: UTF-8 -*-

# 打开一个文件
fo = open（"foo.txt"，"w"）
fo.write（"www.runoob.com!\nVery good site!\n"）

# 关闭打开的文件
fo.close（）
```

上述方法会创建 foo.txt 文件，并将收到的内容写入该文件，并最终关闭文件。如果你打开这个文件，将看到以下内容：

```
$ cat foo.txt
www.runoob.com!
Very good site!
```

### 10.3.5 read（）方法

read（）方法从一个打开的文件中读取一个字符串。需要重点注意的是，Python 字符串可以是二进制数据，而不是仅仅是文字。

语法：

```
fileObject.read（[count]）
```

在这里，被传递的参数是要从已打开文件中读取的字节计数。该方法从文件的开头开始读入，如果没有传入 count，它会尝试尽可能多地读取更多的内容，很可能是直到文件的末尾。

【例 4–49】这里我们用到以上创建的 foo.txt 文件。

```
#!/usr/bin/Python
# -*- coding: UTF-8 -*-

# 打开一个文件
fo = open ("foo.txt", "r+")
str = fo.read (10)
print "读取的字符串是:", str
# 关闭打开的文件
fo.close ()
```

以上实例输出结果：

```
读取的字符串是: www.runoob
```

文件位置：文件定位

tell（）方法告诉你文件内的当前位置，换句话说，下一次的读写会发生在文件开头这么多字节之后。

seek（offset[，from]）方法改变当前文件的位置。Offset 变量表示要移动的字节数。From 变量指定开始移动字节的参考位置。

如果 from 被设为 0，这意味着将文件的开头作为移动字节的参考位置。如果设为 1，则使用当前的位置作为参考位置。如果它被设为 2，那么该文件的末尾将作为参考位置。

【例 4–50】就用我们上面创建的文件 foo.txt。

```
#!/usr/bin/Python
# -*- coding: UTF-8 -*-

# 打开一个文件
fo = open ("foo.txt", "r+")
str = fo.read (10)
print "读取的字符串是:", str
```

```
# 查找当前位置
position = fo.tell ( )
print " 当前文件位置：", position

# 把指针再次重新定位到文件开头
position = fo.seek (0, 0)
str = fo.read (10)
print " 重新读取字符串：", str
# 关闭打开的文件
fo.close ( )
```

以上实例输出结果：

```
读取的字符串是：www.runoob
当前文件位置：10
重新读取字符串：www.runoob
```

重命名和删除文件

Python 的 os 模块提供了帮你执行文件处理操作的方法，比如重命名和删除文件。要使用这个模块，你必须先导入它，然后才可以调用相关的各种功能。

## 10.3.6 rename ( ) 方法

rename ( ) 方法需要两个参数，当前的文件名和新文件名。

语法：

```
os.rename (current_file_name, new_file_name)
```

【例 4-51】重命名一个已经存在的文件 test1.txt。

```
#!/usr/bin/Python
# -*- coding: UTF-8 -*-

import os

# 重命名文件 test1.txt 到 test2.txt。
os.rename ("test1.txt", "test2.txt")
```

### 10.3.7 remove（ ）方法

你可以用 remove（ ）方法删除文件，需要提供要删除的文件名作为参数。

语法：

```
os.remove（file_name）
```

【例 4-52】删除一个已经存在的文件 test2.txt。

```
#!/usr/bin/Python
# -*- coding: UTF-8 -*-
import os
# 删除一个已经存在的文件 test2.txt
os.remove（"test2.txt"）
```

Python 里的目录：

所有文件都包含在各个不同的目录下，不过 Python 也能轻松处理。os 模块有许多方法能帮你创建，删除和更改目录。

### 10.3.8 mkdir（ ）方法

可以使用 os 模块的 mkdir（ ）方法在当前目录下创建新的目录们。你需要提供一个包含了要创建的目录名称的参数。

语法：

```
os.mkdir（"newdir"）
```

【例 4-53】在当前目录下创建一个新目录 test。

```
#!/usr/bin/Python
# -*- coding: UTF-8 -*-

import os

# 创建目录 test
os.mkdir（"test"）
```

### 10.3.9 chdir（）方法

可以用 chdir（）方法来改变当前的目录。chdir（）方法需要的一个参数是你想设成当前目录的目录名称。

语法：

```
os.chdir("newdir")
```

【例 4–54】进入 "/home/newdir" 目录。

```
#!/usr/bin/Python
# -*- coding: UTF-8 -*-
import os
# 将当前目录改为"/home/newdir"
os.chdir("/home/newdir")
```

getcwd（）方法：

getcwd（）方法显示当前的工作目录。

语法：

```
os.getcwd()
```

【例 4–55】给出当前目录。

```
#!/usr/bin/Python
# -*- coding: UTF-8 -*-
import os
# 给出当前的目录
print os.getcwd()
```

### 10.3.10 rmdir（）方法

rmdir（）方法删除目录，目录名称以参数传递。

在删除这个目录之前，它的所有内容应该先被清除。

语法：

```
os.rmdir('dirname')
```

【例 4–56】删除 "/tmp/test" 目录。目录的完全合规的名称必须被给出，否则会在当前目录下搜索该目录。

```
#!/usr/bin/Python
# -*- coding: UTF-8 -*-

import os

# 删除"/tmp/test"目录
os.rmdir("/tmp/test")
```

# 任务十一　Python File（文件）方法

## 11.1　open（ ）方法

Python open（ ）方法用于打开一个文件，并返回文件对象，在对文件进行处理过程都需要使用到这个函数，如果该文件无法被打开，会抛出 OSError。

注意：使用 open（ ）方法一定要保证关闭文件对象，即调用 close（ ）方法。

open（ ）函数常用形式是接收两个参数：文件名（file）和模式（mode）。

```
open（file，mode='r'）
```

完整的语法格式为：

```
open（file，mode='r'，buffering=-1，encoding=None，errors=None，newline=None，closefd=True，opener=None）
```

参数说明：

- file：必需，文件路径（相对或者绝对路径）
- mode：可选，文件打开模式
- buffering：设置缓冲
- encoding：一般使用 utf8
- errors：报错级别
- newline：区分换行符
- closefd：传入的 file 参数类型
- opener：设置自定义开启器，开启器的返回值必须是一个打开的文件描述符

mode 参数有：

| 模式 | 描述 |
|---|---|
| t | 文本模式（默认） |
| x | 写模式，新建一个文件，如果该文件已存在则会报错 |

续表

| 模式 | 描述 |
| --- | --- |
| b | 二进制模式 |
| + | 打开一个文件进行更新（可读可写） |
| U | 通用换行模式（不推荐） |
| r | 以只读方式打开文件。文件的指针将会放在文件的开头。这是默认模式 |
| rb | 以二进制格式打开一个文件用于只读。文件指针将会放在文件的开头。这是默认模式。一般用于非文本文件如图片等 |
| r+ | 打开一个文件用于读写。文件指针将会放在文件的开头 |
| rb+ | 以二进制格式打开一个文件用于读写。文件指针将会放在文件的开头。一般用于非文本文件如图片等 |
| w | 打开一个文件只用于写入。如果该文件已存在则打开文件，并从开头开始编辑，即原有内容会被删除。如果该文件不存在，创建新文件 |
| wb | 以二进制格式打开一个文件只用于写入。如果该文件已存在则打开文件，并从开头开始编辑，即原有内容会被删除。如果该文件不存在，创建新文件。一般用于非文本文件如图片等 |
| w+ | 打开一个文件用于读写。如果该文件已存在则打开文件，并从开头开始编辑，即原有内容会被删除。如果该文件不存在，创建新文件 |
| wb+ | 以二进制格式打开一个文件用于读写。如果该文件已存在则打开文件，并从开头开始编辑，即原有内容会被删除。如果该文件不存在，创建新文件。一般用于非文本文件如图片等 |
| a | 打开一个文件用于追加。如果该文件已存在，文件指针将会放在文件的结尾。也就是说，新的内容将会被写入已有内容之后。如果该文件不存在，创建新文件进行写入 |
| ab | 以二进制格式打开一个文件用于追加。如果该文件已存在，文件指针将会放在文件的结尾。也就是说，新的内容将会被写入已有内容之后。如果该文件不存在，创建新文件进行写入 |
| a+ | 打开一个文件用于读写。如果该文件已存在，文件指针将会放在文件的结尾。文件打开时会是追加模式。如果该文件不存在，创建新文件用于读写 |
| ab+ | 以二进制格式打开一个文件用于追加。如果该文件已存在，文件指针将会放在文件的结尾。如果该文件不存在，创建新文件用于读写 |

默认为文本模式，如果要以二进制模式打开，加上 b。

## 11.2 file 对象

file 对象使用 open 函数来创建，下表列出了 file 对象常用的函数：

| 序号 | 方法及描述 |
|---|---|
| 1 | file.close（）关闭文件。关闭后文件不能再进行读写操作 |
| 2 | file.flush（）刷新文件内部缓冲，直接把内部缓冲区的数据立刻写入文件，而不是被动等待输出缓冲区写入 |
| 3 | file.fileno（）返回一个整型的文件描述符（file descriptor FD 整型），可以用在如 os 模块的 read 方法等一些底层操作上 |
| 4 | file.isatty（）如果文件连接到一个终端设备返回 True，否则返回 False |
| 5 | file.next（）返回文件下一行 |
| 6 | file.read（［size］）从文件读取指定的字节数，如果未给定或为负则读取所有 |
| 7 | file.readline（［size］）读取整行，包括 "\n" 字符 |
| 8 | file.readlines（［sizeint］）读取所有行并返回列表，若给定 sizeint>0，则是设置一次读多少字节，这是为了减轻读取压力 |
| 9 | file.seek（offset［，whence］）设置文件当前位置 |
| 10 | file.tell（）返回文件当前位置 |
| 11 | file.truncate（［size］）截取文件，截取的字节通过 size 指定，默认为当前文件位置 |
| 12 | file.write（str）将字符串写入文件，返回的是写入的字符长度 |
| 13 | file.writelines（sequence）向文件写入一个序列字符串列表，如果需要换行则要自己加入每行的换行符 |

# 项目五

# 了解pandas模块

## 项目导读

### Pandas 起源——NumPy

Pandas 在英文译为“熊猫”，但是在 Python 中，Pandas 是一个扩展程序库，可以把它理解为数据工具箱，用于数据分析。Pands 的优点在于，它纳入了大量数据库和数据模型，提供了高效地操作大型数据集所需的工具。因此，使用它处理数据会更加简单、便捷。经过多年的发展与完善后，Pandas 目前已被广泛应用于大数据分析的各个领域。

Pandas 是基于 NumPy 的一种工具，最初是作为金融数据分析而开发出来的。而 NumPy 是 Python 语言的第三方库，是一个很重要、使用很多的科学计算包。它支持大量维度数组与矩阵运算，此外也针对数组运算提供了大量的数学函数库，计算速度非常快，是 Pandas 等与科学计算相关模块的依赖包。

Pandas 与 NumPy 两者之间的区别在于其作用不同，简单来说，Pandas 是专门为处理表格和混杂数据而设计的，而 NumPy 更适合处理统一的数值数组数据。

## ★ 教学目标

1. 认识 Pandas 起源
2. 掌握 Numpy 数据类型及常用函数
3. 掌握 Pandas 数据类型及常用函数
4. 掌握 Pandas 对不同文件的读取

## ★ 教学内容

1. Pandas 基础知识
2. Pandas 文件操作
3. Pandas 数据读取与索引
4. Pandas 数据连接与合并

## ★ 素养目标

1. 具有良好的思考和分析问题的能力
2. 具有良好的逻辑思维能力和数据剖析能力

# 任务一　pandas 模块基础

## 1.1　导入 pandas 模块

### 1.1.1　数组（ndarray）

NumPy 主要操作对象是多维数组，数组对象名是 ndarray（别名 array），它是一系列同类型数据的集合，集合中元素的索引从 0 开始。数组以中括号［ ］的形式输出，元素间由空格分开。ndarray 本质是数组，其不同于一般的数组，也可简单理解为数组里面以具数组。Numpy 为 ndarray 提供了便利的操作函数，而且性能非常好，因此在数值计算、机器学习、人工智能、神经网络等领域都有广泛的应用。

（1）数组的创建

在 NumPy 中，创建散组使用 array 函数，它可以通过常规的 Python 列表成元组创建数组，数组的数期类型根据序列中元素的类型推导得出，数组以嵌套形式来表达数组的多维度概念。

【例 5–1】创建数组的代码如下：

```
import numpy as np        #引入 numpy 库，并设置别名为 np
a = np.array [[1, 2, 3, 4], [7, 8, 9, 10, 11]]
print (a)
```

运行结果如下：

```
[[1  2  3  4]
 [7  8  9  10]]
```

该数组为二维数组，包含了 2 个一维数组，每个一维数组中有 4 个元素。

此外，还可以使用 arange（ ）函数创建数组，Numpy 中的 arange（ ）函数类似于 Python 内置函数 range（ ），主要用于生成数组，在给定间隔内返回均匀间隔的数组，其语法如下：

```
numpy.arange (start, stop, step, dtype=None)
```

【例 5-2】创建二维数组。

```
import numpy as np
b = np.arange（12）.reshape（3, 4）# 创建一个 3 行 4 列的 0-12 之间的数组
print（b）
```

运行结果如下：

```
[[0  1  2  3]
[4  5  6  7]
[8  9  10  11]]
```

arange 函数只能生成一维数组，如果想要改变数组的尺寸可以使用 reshape 函数来重新指定尺寸，但是要注意重新指定的数组元素个数必须与一维数组保持一致。

（2）数组的属性

以上述的数组 a 为例，array 的基本属性如下：

表 5-1

| 属性 | 说明 | 实例 | 结果 |
|---|---|---|---|
| ndim | 数组维度数量（轴数） | a.ndim | 2 |
| shape | 数组的尺寸，整数元组，对于 n 行 m 列的矩阵表示为（n，m） | a.shape | （2，4） |
| size | 数组元素的总数，相当于 shape 属性中元素的乘积 n*m | a.size | 8 |
| dtype | 数组中元素类型，可以使用标准 Python 类型创建或指定 dtype，此外，NumPy 提供了原生数据类型，如 int64、f1oat64 | a.dtype | |
| | dtype（'int64'） | | |

（3）数组和列表的区别

在 Python 中已经有了列表类型，那为什么还需要数组呢？

【例 5-3】分别创建列表 a、b 并计算 a×2+b×3 的结果，常规的计算方法如下：

```
a=[1, 2, 3, 4] b=[7, 8, 9, 10]
c=[ ] for i in range（len（a））:
        c.append（a[i]*2+b[i]*3）
print（c）
```

运行结果如下：

```
[23, 28, 33, 38]
```

当然，还可以使用高阶函数 map 进行计算，也可以得到同样的结果：

```
c=list(map(lambda x, y: x*2+y*3, a, b))
print(c)
```

接着，再尝试使用数组运算：

```
a=np.array([1, 2, 3, 4])
b=np.array([7, 8, 9, 10])
C=a*2+b*3
print(C)
```

可以发现，不管是使用 for 循环还是高阶函数，都需要逐一取出列表中的元素进行运算，而数组则可以直接进行乘法运算，这就体现出了数组的优势：

☆ 数组对象可以去掉元素间运算所需的循环，使一维向量更像单个数据：

☆ 使用数组运算可以提升运算速度；

☆ 数组对象采用相同的数据类型，有助于节省运算和存储空间。

### 1.1.2 NumPy 数学与统计函数

NumPy 提供了许多的数学和统计学相关的函数，主要包含以下几类：纯数学函数、随机数函数、统计函数、梯度函数、线性代数相关函数。在数据分析中使用较多的是随机数函数和统计函数：

➢ 随机数函数：在 NumPy 下的 random 模块中有很多可以产生随机数构成数组的函数，如生成随机整数、0–1 内的浮点数等

➢ 统计函数：NumPy 有很多有用的统计函数，可以很方便地从数组中给定的元素中查找最小值、最大值，计算标准差和方差等

（1）NumPy 随机数函数

NumPy 中的常用随机数函数如下：

表 5-2

| 常用随机数函数 | 说明 |
| --- | --- |
| np.random.rand（c0，d1，……，dn） | 创建给定形状的随机数数组，返回［0，1）均匀分布的浮点数，如未提供参数返回单个 Python 浮点数 |
| np.random.randn（d0，d1……，dn） | 创建给定形状的随机数数组，标准正态分布，如未提供参数返回单个 Python 浮点数 |
| np.random.random（size=None） | 返回随机浮点数，范围［0，1），size 表示输出数组形状，可选整数或元组 |
| np.random.randint（low，high=None，size=None，dtype=int） | 返回随机整数，位于半开区间［low，high） |
| np.random.choice（a，size=None，replace=True，p=None） | 从给定的一维数组（a）生成一个随机样本，replace 表示采样是否允许重复（默认为 True），p 表示一维数组中每个元素被采样的概率 |

【例 5-4】按要求生成随机数。

生成一组范围在［0，1］内的 2 行 2 列的随机浮点数

生成一组范围在［1，10］内的 2 行 2 列的随机整数

```
import numpy as np
a=np.random.random((2, 2)) # 生成[0, 1]随机浮点数
b=np.random.randint(1, 10,(2, 2)) # 生成[1, 10]随机整数
print(a)
print(b)
```

运行结果如下：

```
[[0.22825510.10882186]
[0.690845530.12397459]]
[[5  2]
[8  3]]
```

（2）NumPy 统计函数

NumPy 中统计函数非常多，这里主要介绍几个简单的统计函数，如：sum（求和）、min（最小值）、max（最大值）、median（中位数）、std（标准差）、var（方差）等。

【例 5-5】

```
a=np.array([1, 2, 3, 4])
print(np.sum(a))
print(np.min(a))
print(np.max(a))
```

运行结果如下：

```
10
1
4
```

Pandas 是以 NumPy 为基础，所以，Pandas 中的统计函数也是继承于 NumPy，在后续 pandas 的学习中，将会接触到更多的 NumPy 统计函数。

## 1.2 Series 数据结构

Pandas 引入规则：

```
import pandas as pd
```

Pandas 包含两种数据类型：Series 和 DataFrame：

➢ Series：一维数据结构，能够保存任何数据类型（整数、浮点数、字符串等），相当于 Excel 表中的一列

➢ DataFrame：二维数据结构，相当于 Excel 表格，DataFrame 是最常用的 Pandas 数据类型，也是财务数据在 Python 中的最佳存储方式

Series 是一种维数据结构，类似于 Python 列表，由一组数据及与之相关的数据索引组成，每个元素带有一个自动索引（索引从 0 开始，也称为原始索引），除自动索引外，还可以自定义索引，自定义索引可以是数字成字符中（自定义索引可重复）。

Series 类型可由 Python 列表、字典、NumPy 数组等数据类型创建 Series 数据类型使用其同名函数创建。

【例 5-6】

```
import pandas as pd
a=pd.Series([11, 12, 13, 14])
print(a)
```

运行结果如下：

```
0  11
1  12
2  13
3  14
dtype: int64
```

左边一列从 0 开始的数字是索引，在不指定索引的情况下，默认为原始索引，右边一列是数据项，dtype 是数据项的数据类型。如果想要自定义索引，则可以传入 index 参数：

```
a=pd.Series（[11，12，13，14]，index=[1，2，3，4]）
print（a）
```

运行结果如下：

```
1  11
2  12
3  13
4  14
dtype: int64
```

## 1.3 DataFrame 数据结构

DataFrame 是一个表格型的数据类型，每列值数据类型可以不同，DataFrame 既有行索引，也有列索引，常用于表达二维数据。

（1）DataFrame 的创建

DataFrame 由其同名函数创建，语法如下：

```
pd.DataFrame（data，columns=[序列]，index[序列]）
```

若不传入 colums 和 index 参数，则默认为自动索引（从 0 开始）。

创建 DataFrame 必须是二维数据，例如可以由以下数据类型创建：

➢ 二维 ndarray 对象、二维列表、二维元组等

➢ 一维 ndarray 对象、列表、字典、元组或 Series 构成的字典

【例 5-7】根据表格内容，通过二维列表创建 Dataframe。

表 5-3

| 时间 | 资产总额 | 负债总额 | 所有者权益总额 |
|---|---|---|---|
| 7 月 31 日 | 18 400 000 | 7 360 000 | 11 040 000 |
| 8 月 31 日 | 23 500 000 | 10 575 000 | 12 925 000 |
| 9 月 30 日 | 24 320 000 | 10 214 400 | 14 105 600 |

```
# 引入 pandas
import pandas as pd
# 创建二维列表
data= [['7 月 31 日', 18400000, 7360000, 11040000], ['8 月 31 日', 23500000, 10575000, 12925000], ['9 月 30 日', 24320000, 10214400, 14105600]]
# 创建 DataFrame
df=pd.DataFrame (data, columns= ['时间', '资产总额', '负债总额', '所有者权益总额'],
index=range (1, 4))
df
```

运行结果如下：

| | 时间 | 资产总额 | 负债总额 | 所有者权益总额 |
|---|---|---|---|---|
| 1 | 7月31日 | 18400000 | 7360000 | 11040000 |
| 2 | 8月31日 | 23500000 | 10575000 | 12925000 |
| 3 | 9月30日 | 24320000 | 10214400 | 14105600 |

图 5-1

以上表格还可以通过字典来创建，可以得到同样的结果：

```
# 创建字典
data={'时间':['7 月 31 日', '8 月 31 日', '9 月 30 日'],
'资产总额':[18400000, 23500000, 24320000],
'负债总额':[7360000, 10575000, 10214400],
```

```
'所有者权益总额':[11040000, 12925000, 14105600]}
# 创建 DataFrame
df=pd.DataFrame(data, index=range(1, 4))
df
```

可以看到与列表创建方式不同，使用字典创建 DataFrame 将键作为列索引，但两者可以得到同样的结果。

（2）DataFrame 的属性

表 5–4

| 属性 | 说明 | 实例 | 结果 |
|---|---|---|---|
| index | DataFrame 的行索引属性 | df.index | RangeIndex（start=i，stop=4，step=1） |
| colums | DataFrame 的列索引属性 | df.columns | Index（['时间','资产总额','负债总额','所有者权益总额']，dtype='object'） |
| .values | DataFrame 的 numpy 原生二维数组数据 | df.values | [['7 月 31 日 '18400000736000011040000]<br>['8 月 31 日 '23500000105750001292500]<br>['9 月 30 日 '24320000102144001410560]] |
| dtypes Size shape ndim | DataFrame 具有 ndarray 数组的部分属性 | df.dtypes | 时间 object<br>资产总额 int64<br>负债总额 int64<br>所有者权益总额 int64<br>dtype：object |

（3）DataFrame 与 Series 的相互转化

DataFrame 单独取一列或一行就是一个 Series，也可以将 Series 转化为 DataFrame。

**【例 5–8】**

```
# 取 DataFrane 的一列
a=df['资产总额']
# 打印该列并查看数据类型
print(a)
type(a)
```

运行结果如下：

```
1    18400000
2    23500000
3    24320000
Name: 资产总额, dtype: int64
pandas.core.series.Series
```

通过 type 函数可以看到 a 的数据类型为 Series，接下来再将 Series 转化为 DataFrame。

【例 5-9】

```
df1=pd.DataFrame（a）
df1
```

运行结果如下：

| | 资产总额 |
|---|---|
| 1 | 18400000 |
| 2 | 23500000 |
| 3 | 24320000 |

图 5-2

（4）DataFrame 的简单运算

DataFrame 可以直接取出行列数据进行加减乘除等运算，以［例 5-7］创建的 DataFrame 为例，计算各时点资产负债率。

【例 5-10】

```
df['资产负债率']=df['负债总额']/df['资产总额']
```

运行结果如下：

| | 时间 | 资产总额 | 负债总额 | 所有者权益总额 | 资产负债率 |
|---|---|---|---|---|---|
| 1 | 7月31日 | 18400000 | 7360000 | 11040000 | 0.40 |
| 2 | 8月31日 | 23500000 | 10575000 | 12925000 | 0.45 |
| 3 | 9月30日 | 24320000 | 10214400 | 14105600 | 0.42 |

图 5-3

DataFrame 具有自动对齐功能，计算结果与索引一一对应，计算后 DataFrame 可以直接新增列存储计算结果。

## 1.4 DataFrame 基本函数

DataFrame 的操作函数有许多，本节简单介绍以下几个基本函数：

表 5-5

| 基本函数 | 描述 |
|---|---|
| rename（ ） | 修改行索引 / 列名 |
| insert（ ） | 插入列 |
| drop（ ） | 删除行列 |
| head（ ） | 返回 DataFrame 前 0 行 |
| tail（ ） | 返回 DataFrame 后 n 行 |

### 1.4.1 rename（ ）函数

rename( ) 函数：对行索引及列重命名，修改列名传入 column、参数、修改行索引传入 index 参数，语法如下：

```
bataFrame.rename（mapper-None，index-None，columns-None，axisNone，
copy-rrue，inplace=False，level=None，errorsm'ignore）
```

其常用参数如下：

表 5-6

| 常用参数 | 描述 |
|---|---|
| mapper | 映射器，类似于字典，应用于特定轴标签，与 axis 联合使用 |
| index | 更改行索引名称 |
| columns | 更改列名 |
| axis | {0 或 'index'，1 或 columns'}，默认 0，确定 mapper 所针对的轴 |
| inplace | 默认为 False，返回新的 DataFrame，True 表示直接在原数据上修改 |

【例 5-11】修改 DataFrame 的行列索引。

```
df.rename(columns={'资产总额':'资产','负债总额':'负债','所有者权益总额':'所有者权益'},index={1:'x',2:'y',3:'z'})
df
```

运行结果如下：

| | 时间 | 资产 | 负债 | 所有者权益 | 资产负债率 |
|---|---|---|---|---|---|
| x | 7月31日 | 18400000 | 7360000 | 11040000 | 0.40 |
| y | 8月31日 | 23500000 | 10575000 | 12925000 | 0.45 |
| z | 9月30日 | 24320000 | 10214400 | 14105600 | 0.42 |

图 5-4

▲知识点拨

rename( ) 函数适合用于修改个别索引成者列名，如需修改全部行列索引名，可直接对 df.columns、df.index 属性重新赋值，但需要注意的是，使用该方法必须对所有行索引或列索引进行修改。

## 1.4.2 insert ( ) 函数

insert ( ) 函数：将列插入 DataFrame 中的指定位置，语法如下：

```
DataFrame.insert（loc，columns，value，allow_duplicates=False）
```

其常用参数如下：

表 5-7

| 常用参数 | 描述 |
|---|---|
| loc | int，插入的位置，表示第几列，插入第一列为 loc=0 |
| column | 插入列的列名 |
| value | 插入的值，可选（int、Series. 数组） |
| allow_duplicates | 是否允许列名重复，默认 False，如果列名已经存在则报错，设置为 True 表示允许列名重复 |

**【例 5-12】**在例［5-10］中 DataFrame 列索引为 0 的为位置插入一列“序号”。

```
df.insert（0，'序号'，range（1，4））
df
```

运行结果如下：

| | 时间 | 资产 | 负债 | 所有者权益 | 资产负债率 |
|---|---|---|---|---|---|
| x | 7月31日 | 18400000 | 7360000 | 11040000 | 0.40 |
| y | 8月31日 | 23500000 | 10575000 | 12925000 | 0.45 |
| z | 9月30日 | 24320000 | 10214400 | 14105600 | 0.42 |

图 5-5

需要在指定位置插入一列时，可使用 insert 函数，若对插入的位置没有要求，则可直接新增一列并赋值，新增的一列默认在 DataFrame 最后。

**【例 5-13】**直接在 DataFrame 后新增一列“序号 2”。

```
df［'序号 2'］=range（1，4）
df
```

运行结果如下：

| | 序号 | 时间 | 资产总额 | 负债总额 | 所有者权益总额 | 资产负债率 | 序号2 |
|---|---|---|---|---|---|---|---|
| **1** | 1 | 7月31日 | 18400000 | 7360000 | 11040000 | 0.40 | 1 |
| **2** | 2 | 8月31日 | 23500000 | 10575000 | 12925000 | 0.45 | 2 |
| **3** | 3 | 9月30日 | 24320000 | 10214400 | 14105600 | 0.42 | 3 |

图 5-6

### 1.4.3 drop（ ）函数

drop（ ）函数：删除指定行列，语法如下：

```
DataFrame.drop（labels=None，axis=0，index=None，columns=None，
Level=None，inplace=False，errors='raise'）
```

其常用参数如下：

表 5-8

| 常用参数 | 描述 |
|---|---|
| labels | 单个标签或标签列表 |
| axis | （0 或 'index'，1 或 'columns'），是从索引还是列中删除标签，默认 0，从行索引中删除 |
| index | 单个标签或标签列表：index=labels 等效于 labels，axis=0 |
| columns | 单个标签或标签列表：columns.labels 等效于 labels，axis=l |
| inplace | 默认为 False，返回新的 DataFrame，True 表示直接在原数据上删除 |

【例 5-14】从原数据上删除例 5-13 中增加的“序号 2”。

```
df.drop（columns='序号 2'，inplace=True）
df
```

运行结果如下：

| | 序号 | 时间 | 资产总额 | 负债总额 | 所有者权益总额 | 资产负债率 |
|---|---|---|---|---|---|---|
| 1 | 1 | 7月31日 | 18400000 | 7360000 | 11040000 | 0.40 |
| 2 | 2 | 8月31日 | 23500000 | 10575000 | 12925000 | 0.45 |
| 3 | 3 | 9月30日 | 24320000 | 10214400 | 14105600 | 0.42 |

图 5-7

### 1.4.4 head（ ）函数和 tail（ ）函数

head（ ）、tail（ ）函数语法分别如下：

```
DataFrame.head（n=5），返回 DataFrame 前 n 行，n 默认为 5
DataFrame.tail（n=5），这回 DataFrame 后 n 行，n 默认为 5
```

当 DataFrame 中数据较多时，可以选择查看表格的前 n 行或后 n 行。

【例 5-15】

```
# 查看前 2 行
df.head（2）
```

运行结果如下：

| | 序号 | 时间 | 资产总额 | 负债总额 | 所有者权益总额 | 资产负债率 |
|---|---|---|---|---|---|---|
| 1 | 1 | 7月31日 | 18400000 | 7360000 | 11040000 | 0.40 |
| 2 | 2 | 8月31日 | 23500000 | 10575000 | 12925000 | 0.45 |

图 5-8

```
# 查看后 2 行
df.tail（2）
```

运行结果如下：

| | 序号 | 时间 | 资产总额 | 负债总额 | 所有者权益总额 | 资产负债率 |
|---|---|---|---|---|---|---|
| 2 | 2 | 8月31日 | 23500000 | 10575000 | 12925000 | 0.45 |
| 3 | 3 | 9月30日 | 24320000 | 10214400 | 14105600 | 0.42 |

图 5-9

### 1.4.5 DataFrame 基本函数运用

【例 5–16】要求：根据二维数组 data 创建 DataFrame，并依次完成以下任务：

①使用 insert（）函数在第一列的位置插入列，列名为“营业收入”、值为 50000；

②使用 rename（）函数在原数据上修改列名，从左到右列名为：营业收入、销售费用、管理费用、财务费用；

③使用 drop（）函数在原数据上删除最后一行。

```
# 引入规则
import numpy as np
import pandas as pd
# 创建 DataFrame
data=np.arange（1000，16000，1000）.reshape（5，3）
df=pd.DataFrame（data）
# 在第一列插入营业收入
df.insert（0，'营业收入'，value=50000）
# 依次修改列名
df.rename（columns={0:'销售费用'，1:'管理费用'，2:'财务费用'}，inplace=True）
# 删除最后一行
df.drop（4，inplace=True）
df
```

运行结果如下：

| | 营业收入 | 销售费用 | 管理费用 | 财务费用 |
|---|---|---|---|---|
| 0 | 50000 | 1000 | 2000 | 3000 |
| 1 | 50000 | 4000 | 5000 | 6000 |
| 2 | 50000 | 7000 | 8000 | 9000 |
| 3 | 50000 | 10000 | 11000 | 12000 |

图 5–10

# 任务二 pandas 文件操作

在实际工作中，人们经常使用 Excel 进行数据处理和保存。作为功能强大的 Python，它也可以从 Excel 中读取数据，并为其所用。那么，如何将 Excel 中的数据读取出来呢？

## 2.1 读取 Excel 文件

Pandas 提供了非常灵活的数据读取方式，可以接受各种来源的数据。

Pandas 读取 Excel 文件使用 read_excel（ ）函数，语法如下：

```
pandas.read_excel（io，sheet_name=0，header=0，names=None，
index_col=None，usecols=None，squeeze=False，dtype=None，engine=None，
converters=None，true.values=None，falsevalues=None，skiprows=None，
nrows=None，navalues-None，parse.dates=False，dateparser=None，
thousands=None，comment-Nonerskipfooter=0，convertfloat=True，**kwargs）
```

read_excel（ ）函数的参数非常多，这里我们只需要了解一些常用参数即可：

表 5-9

| 参数 | 说明 | 实例 |
| --- | --- | --- |
| io | 文件路径，可接收有效字符串路径 | r'D：\Python\data.xlsx'（r 防止字符转义） |
| sheet_name | 导入的 sheet 页 | 1. sheetname=0：默认为 0，即导入第一页，sheet 序号从 0 开始<br>2. sheetname='表名'：直接输入目标 sheet 的名称，中英文皆可<br>3. sheetname='SheetN'：代表第 N 个 sheet，S 要大写 |
| header | 用哪一行作列名 | 1. header=0：默认为 0，即默认表格第一行作为列名<br>2. header=［0，1］，表示将前两行作为列名（多重索引） |
| names | 自定义最终的列名 | 1. names=［'资产总额'，'负债总额'，'所有者权益总额'］<br>2. 注意：一般适用于 Excel 缺少列名，或者需要重新定义列名的情况，names 的长度必须和 Excel 列长度一致，否则会报错 |

续表

| 参数 | 说明 | 实例 |
| --- | --- | --- |
| index_col | 用作索引的列 | 1. indexcol=None：默认数据不带行索引号，pandas 自动分配从 0 开始的索引号<br>2. indexcol=0：以第一列作为行索引<br>3. indexcol=［0，1］，表示将前两列作为多重索引 |
| usecols | 需要读取哪些列 | 1. usecols=None：默认取所有列<br>2. usecols=［0，2，3］：以列号代表要取的列<br>3. usecols=［'年'，'月'］：以列名代表要取的列 |
| converters | 强制规定列数据类型 | converters={'时间'：str，'资产总额'：float}：将“时间”列数据类型强制规定为字符串，“资产总额”列强制规定为浮点型 |

**【例 5-17】**读取本地计算机 F 盘中 Excel：“HY 公司数据”的第一个表格，并将“年”“月”两列强制转换为字符串。

```
import pandas as pd
df= pd.read_excel（r'F：\理实结合实践测试\HY 公司数据.xlsx', sheet_name=0,
converters={'年': str, '月': str}）
df.head（）
```

运行结果如下：

| | 年 | 月 | 平均流动资产 | 平均非流动资产 | 平均流动负债 | 平均非流动负债 | 平均所有者权益 |
| --- | --- | --- | --- | --- | --- | --- | --- |
| 0 | 2019 | 1 | 644977.56 | 3780673.82 | 572266.12 | 2120000 | 1733385.26 |
| 1 | 2019 | 2 | 668209.90 | 3820905.96 | 584387.34 | 2120000 | 1784728.52 |
| 2 | 2019 | 3 | 675872.23 | 3872786.78 | 607200.23 | 2120000 | 1821458.78 |
| 3 | 2019 | 4 | 692674.56 | 4105445.53 | 610013.12 | 2324750 | 1863356.97 |
| 4 | 2019 | 5 | 707906.90 | 4176813.56 | 642826.01 | 2324750 | 1917144.45 |

图 5-11

## 2.2 写入 Excel 文件

**【例 5-18】**对［例 5-17］读取的表格进行简单运算，分别计算出“平均资产合计”与“平均负债合计”。

```
df['平均资产合计']=df['平均流动资产']+df['平均非流动资产']
df['平均负债合计']=df['平均流动负债']+df['平均非流动负债']
df.head()
```

运行结果如下：

| | 年 | 月 | 平均流动资产 | 平均非流动资产 | 平均流动负债 | 平均非流动负债 | 平均所有者权益 | 平均资产合计 | 平均负债合计 |
|---|---|---|---|---|---|---|---|---|---|
| 0 | 2019 | 1 | 644977.56 | 3780673.82 | 572266.12 | 2120000 | 1733385.26 | 4425651.38 | 2692266.12 |
| 1 | 2019 | 2 | 668209.90 | 3820905.96 | 584387.34 | 2120000 | 1784728.52 | 4489115.86 | 2704387.34 |
| 2 | 2019 | 3 | 675872.23 | 3872786.78 | 607200.23 | 2120000 | 1821458.78 | 4548659.01 | 2727200.23 |
| 3 | 2019 | 4 | 692674.56 | 4105445.53 | 610013.12 | 2324750 | 1863356.97 | 4798120.09 | 2934763.12 |
| 4 | 2019 | 5 | 707906.90 | 4176813.56 | 642826.01 | 2324750 | 1917144.45 | 4884720.46 | 2967576.01 |

图 5–12

那么，如何将［例 5–18］加工过的表格写入一个新的 Excel 呢？这时就需要使用 to_excel（）函数，语法如下：

```
DataFrame.to_excel(excel_writer, sheet.name='sheetl', na_rep='',
float_format=None, columns=None, header=True, index=True,
index_label=None, startrow=0, startcol=0, engine=None,
merge_cells=True, encoding=None, inf_rep='inf', verbose=True,
freeze_panes=None)
```

其常用参数如下：

表 5–10

| 参数 | 说明 | 实例 |
|---|---|---|
| excel_writer | 文件路径 | r'D：\Python\data.xlsx' |
| sheet_name | 导出的 excel 表名 | 1. sheetname='Sheetl'：默认表名为 'Sheetl'<br>2. sheetname=' 表名 '：自定义表名 |
| index | 是否输出行索引 | 1. index=True：默认输出<br>2. index=None：不输出 |

**【例 5–19】**将［例 5–18］加工的表格写入一个新的 Excel，名为“HY 公司 data.xlsx”。

```
df.to_excel('HY 公司 data.xlsx', sheet_name='资产负债表项目')
```

运行结果如下：

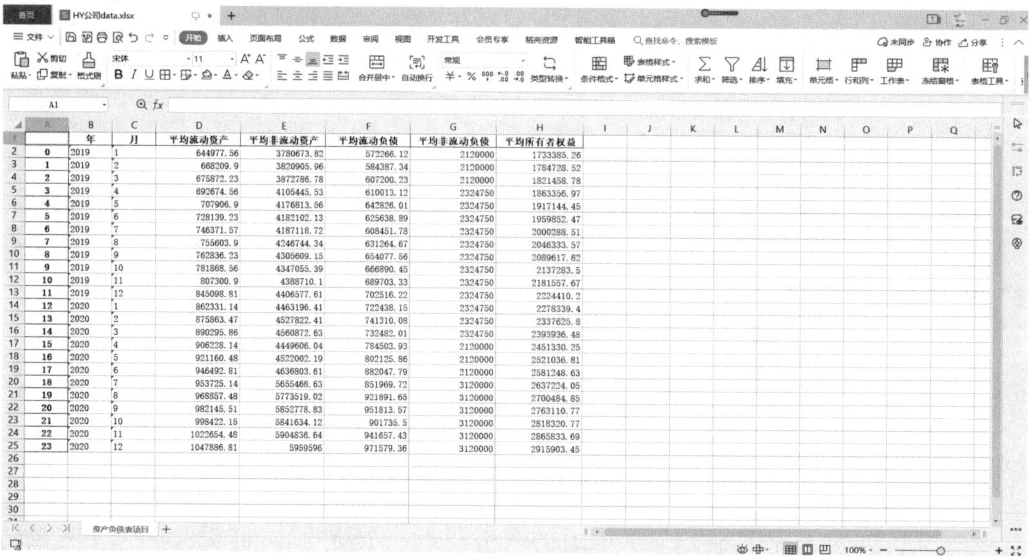

| | 年 | 月 | 平均流动资产 | 平均非流动资产 | 平均流动负债 | 平均非流动负债 | 平均所有者权益 |
|---|---|---|---|---|---|---|---|
| 0 | 2019 | 1 | 644977.56 | 3780673.82 | 572266.12 | 2120000 | 1733385.26 |
| 1 | 2019 | 2 | 668209.9 | 3820905.96 | 584387.34 | 2120000 | 1784728.52 |
| 2 | 2019 | 3 | 675872.23 | 3872786.78 | 607200.23 | 2120000 | 1821458.78 |
| 3 | 2019 | 4 | 692674.56 | 4105445.53 | 610013.12 | 2324750 | 1863356.97 |
| 4 | 2019 | 5 | 707906.9 | 4176813.56 | 642826.01 | 2324750 | 1917144.45 |
| 5 | 2019 | 6 | 728139.23 | 4182102.13 | 625638.89 | 2324750 | 1959852.47 |
| 6 | 2019 | 7 | 746371.57 | 4187118.72 | 608451.78 | 2324750 | 2000288.51 |
| 7 | 2019 | 8 | 755603.9 | 4246744.34 | 631264.67 | 2324750 | 2046333.57 |
| 8 | 2019 | 9 | 762836.23 | 4305609.15 | 654077.56 | 2324750 | 2089617.82 |
| 9 | 2019 | 10 | 781868.56 | 4347055.39 | 666890.45 | 2324750 | 2137283.5 |
| 10 | 2019 | 11 | 807300.9 | 4388710.1 | 689703.33 | 2324750 | 2181557.67 |
| 11 | 2019 | 12 | 845098.81 | 4406577.61 | 702516.22 | 2324750 | 2224410.2 |
| 12 | 2020 | 1 | 862331.14 | 4463196.41 | 722438.15 | 2324750 | 2278339.4 |
| 13 | 2020 | 2 | 875863.47 | 4527822.41 | 741310.08 | 2324750 | 2337625.8 |
| 14 | 2020 | 3 | 890295.86 | 4560872.63 | 732482.01 | 2324750 | 2393936.48 |
| 15 | 2020 | 4 | 906228.14 | 4449606.04 | 784503.93 | 2120000 | 2451330.25 |
| 16 | 2020 | 5 | 921160.48 | 4522002.19 | 802125.86 | 2120000 | 2521036.81 |
| 17 | 2020 | 6 | 946492.81 | 4636803.61 | 882047.79 | 2120000 | 2581248.63 |
| 18 | 2020 | 7 | 953725.14 | 5655468.63 | 851969.72 | 3120000 | 2637224.05 |
| 19 | 2020 | 8 | 968857.48 | 5773519.02 | 921891.65 | 3120000 | 2700484.85 |
| 20 | 2020 | 9 | 982145.51 | 5852778.83 | 951813.57 | 3120000 | 2763110.77 |
| 21 | 2020 | 10 | 998422.15 | 5841634.12 | 901735.5 | 3120000 | 2818320.77 |
| 22 | 2020 | 11 | 1022654.48 | 5904836.64 | 941657.43 | 3120000 | 2865833.69 |
| 23 | 2020 | 12 | 1047886.81 | 5959596 | 971579.36 | 3120000 | 2915903.45 |

图 5–13

这样就将 DataFrame 写入了一个新的 Excel，文件保存在当前目录中，由于 jupyter 无法直接查看 Excel 文件，可以直接将文件下载到本地计算机上查看。

如果使用 to_excel（ ）函数写入一个已经存在的 Excel，会将原有的 Excel 表格中的数据全部覆盖。解决这个问题，可以使用：ExcelWriter（ ）函数，语法如下：

```
ExcelWriter（path，engine=None，date_format=None，datetime_format=None，mode='w'，**engine_kwargs）
```

这里通过参数 mode 的确定数据写入的模式 :mode='w' 表示重写，mode='a' 表示追加，下面就尝试在“HY 公司 data.xlsx”表格中追加新表。

【例 5–20】

```
from openpyxl import load_workbook
writer=pd.ExcelWriter('HY 公司 data.xlsx',mode = 'a',engine='openpyxl')
book = load_workbook(writer.path)
writer.book = book
df.to_excel(writer,sheet_name=' 资产负债表项目 1')
writer.save(   )
```

通过 ExcelWriter 函数创建一个 ExcelWriter 对象，并传入文件路径和写入的模式，将函数返回的结果保存到变量 writer，然后将 df 写入文件，并指定表名，追加写入后的“HY 公司 data.xlsx”如下：

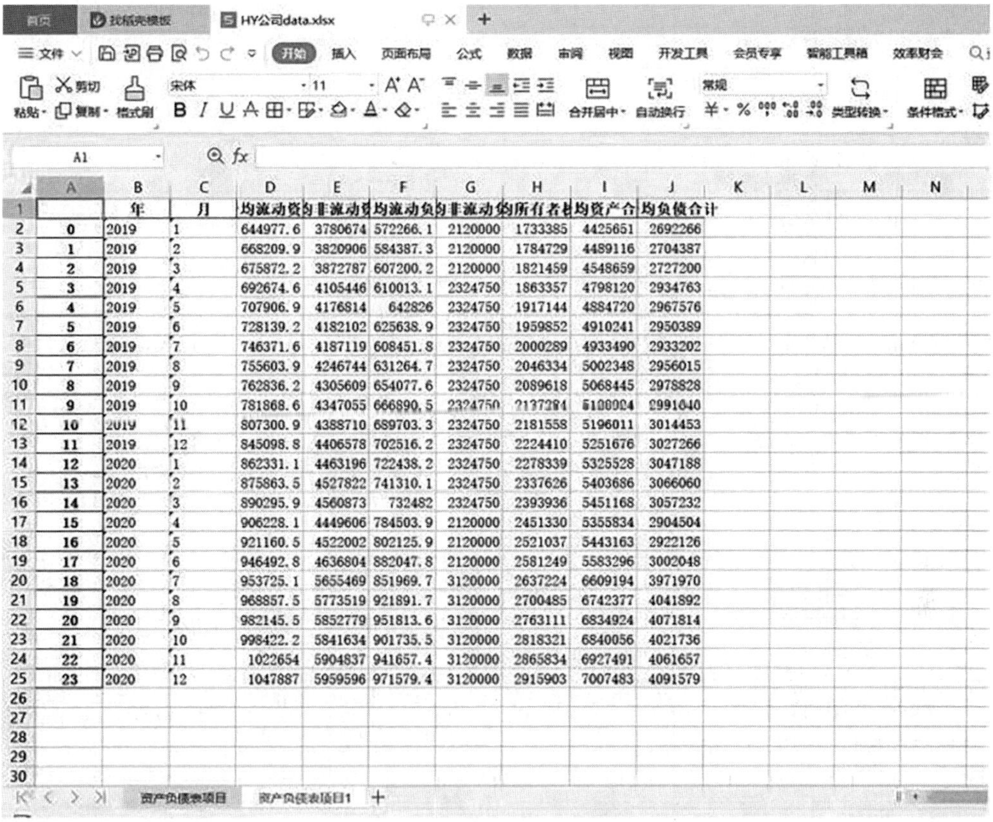

| | 年 | 月 | 均流动资 | 均非流动资 | 均流动负 | 均非流动负 | 均所有者权 | 均资产合 | 均负债合计 |
|---|---|---|---|---|---|---|---|---|---|
| 0 | 2019 | 1 | 644977.6 | 3780674 | 572266.1 | 2120000 | 1733385 | 4425651 | 2692266 |
| 1 | 2019 | 2 | 668209.9 | 3820906 | 584387.3 | 2120000 | 1784729 | 4489116 | 2704387 |
| 2 | 2019 | 3 | 675872.2 | 3872787 | 607200.2 | 2120000 | 1821459 | 4548659 | 2727200 |
| 3 | 2019 | 4 | 692674.6 | 4105446 | 610013.1 | 2324750 | 1863357 | 4798120 | 2934763 |
| 4 | 2019 | 5 | 707906.9 | 4176814 | 642826 | 2324750 | 1917144 | 4884720 | 2967576 |
| 5 | 2019 | 6 | 728139.2 | 4182102 | 625638.9 | 2324750 | 1959852 | 4910241 | 2950389 |
| 6 | 2019 | 7 | 746371.6 | 4187119 | 608451.8 | 2324750 | 2000289 | 4933490 | 2933202 |
| 7 | 2019 | 8 | 755603.9 | 4246744 | 631264.7 | 2324750 | 2046334 | 5002348 | 2956015 |
| 8 | 2019 | 9 | 762836.2 | 4305609 | 654077.6 | 2324750 | 2089618 | 5068445 | 2978828 |
| 9 | 2019 | 10 | 781868.6 | 4347055 | 666890.5 | 2324750 | 2137284 | 5100024 | 2991040 |
| 10 | 2019 | 11 | 807300.9 | 4388710 | 689703.3 | 2324750 | 2181558 | 5196011 | 3014453 |
| 11 | 2019 | 12 | 845098.8 | 4406578 | 702516.2 | 2324750 | 2224410 | 5251676 | 3027266 |
| 12 | 2020 | 1 | 862331.1 | 4463196 | 722438.2 | 2324750 | 2278339 | 5325528 | 3047188 |
| 13 | 2020 | 2 | 875863.5 | 4527822 | 741310.1 | 2324750 | 2337626 | 5403686 | 3066060 |
| 14 | 2020 | 3 | 890295.9 | 4560873 | 732482 | 2324750 | 2393936 | 5451168 | 3057232 |
| 15 | 2020 | 4 | 906228.1 | 4449606 | 784503.9 | 2120000 | 2451330 | 5355834 | 2904504 |
| 16 | 2020 | 5 | 921160.5 | 4522002 | 802125.9 | 2120000 | 2521037 | 5443163 | 2922126 |
| 17 | 2020 | 6 | 946492.8 | 4636804 | 882047.8 | 2120000 | 2581249 | 5583296 | 3002048 |
| 18 | 2020 | 7 | 953725.1 | 5655469 | 851969.7 | 3120000 | 2637224 | 6609194 | 3971970 |
| 19 | 2020 | 8 | 968857.5 | 5773519 | 921891.7 | 3120000 | 2700485 | 6742377 | 4041892 |
| 20 | 2020 | 9 | 982145.5 | 5852779 | 951813.6 | 3120000 | 2763111 | 6834924 | 4071814 |
| 21 | 2020 | 10 | 998422.2 | 5841634 | 901735.5 | 3120000 | 2818321 | 6840056 | 4021736 |
| 22 | 2020 | 11 | 1022654 | 5904837 | 941657.4 | 3120000 | 2865834 | 6927491 | 4061657 |
| 23 | 2020 | 12 | 1047887 | 5959596 | 971579.4 | 3120000 | 2915903 | 7007483 | 4091579 |

图 5–14

## 2.3 Pandas 读写其他文件

Pandas 支持多种文件读写，包括文本文件、二进制文件、数据库文件，具体如下：

表 5–11

| 数据源 | 读（Reader） | 写（Writer） |
|---|---|---|
| CSV | Read_CsV | To_CSV |
| JSON | Read_json | to_json |
| HTML | Read_html | to_html |

续表

| 数据源 | 读（Reader） | 写（Writer） |
|---|---|---|
| Local clipboard | Read_clipboard | to_clipboard |
| Fixed-Width Text File | Read_fwf | |
| MS Excel | Read_excel | to_excel |
| OpenDocument | Read_excel | |
| HDF5 Format | Read_hdf | to_hdf |
| Feather Format | Read_feather | To_feather |
| Parquet Format | Read_parquet | to_parquet |
| ORC Format | read_orc | |
| Msgpack | Read_msgpack | to_msgpack |
| Stata | Read_stata | To_stata |
| SAS | Read_sas | |
| SPSS | Read_spss | |
| Python Pickle Format | Read_pickle | to_pickle |
| SQL | Read_sql | To_sql |
| Google BigQuery | Read_gbq | to_gbq |

从网上爬取的文件格式包括 csv 文件和 json 文件，这两种文件的读写与 Excel 文件的读写类似。

### 2.3.1 csv 文件读写

【例 5-21】爬取网“https://keyun-oss.oss-cn-beijing.aliyuncs.com/app/bigdata/2019/company/year/zcfzb_300761.csv”的 csv 文件“zcfzb_300761.csv”，并读取 csv 文件。

```
import pandas as pd
df= pd.read_csv(r'https://keyun-oss.oss-cn-beijing.aliyuncs.com/app/bigdata/2019/company/year/zcfzb_300761.csv')
df.head( )
```

运行结果如下：

| | 报告日期 | 2019-12-31 | 2018-12-31 | 2017-12-31 | 2016-12-31 | 2015-12-31 | 2014-12-31 | 2013-12-31 | 2012-12-31 | Unnamed: 9 |
|---|---|---|---|---|---|---|---|---|---|---|
| 0 | 货币资金(万元) | 19360 | 25452 | 37630 | 10156 | 10688 | 9277 | 20136 | 14464 | NaN |
| 1 | 结算备付金(万元) | -- | -- | -- | -- | -- | -- | -- | -- | NaN |
| 2 | 拆出资金(万元) | -- | -- | -- | -- | -- | -- | -- | -- | NaN |
| 3 | 交易性金融资产(万元) | 298026 | -- | -- | -- | -- | -- | -- | -- | NaN |
| 4 | 衍生金融资产(万元) | -- | -- | -- | -- | -- | -- | -- | -- | NaN |
| 5 | 应收票据(万元) | -- | -- | -- | -- | -- | -- | -- | -- | NaN |
| 6 | 应收账款(万元) | 196 | 167 | 279 | -- | -- | 2102 | 2234 | 1445 | NaN |
| 7 | 预付款项(万元) | 3933 | 3380 | 4434 | 3017 | 2430 | 1486 | 5141 | 6670 | NaN |
| 8 | 应收保费(万元) | -- | -- | -- | -- | -- | -- | -- | -- | NaN |
| 9 | 应收分保账款(万元) | -- | -- | -- | -- | -- | -- | -- | -- | NaN |
| 10 | 应收分保合同准备金(万元) | -- | -- | -- | -- | -- | -- | -- | -- | NaN |
| 11 | 应收利息(万元) | -- | -- | -- | -- | -- | -- | -- | -- | NaN |
| 12 | 应收股利(万元) | -- | -- | -- | -- | -- | -- | -- | -- | NaN |
| 13 | 其他应收款(万元) | 4429 | 3032 | 2288 | -- | -- | 1365 | 1469 | 777 | NaN |
| 14 | 应收出口退税(万元) | -- | -- | -- | -- | -- | -- | -- | -- | NaN |
| 15 | 应收补贴款(万元) | -- | -- | -- | -- | -- | -- | -- | -- | NaN |
| 16 | 应收保证金(万元) | -- | -- | -- | -- | -- | -- | -- | -- | NaN |
| 17 | 内部应收款(万元) | -- | -- | -- | -- | -- | -- | -- | -- | NaN |
| 18 | 买入返售金融资产(万元) | -- | -- | -- | -- | -- | -- | -- | -- | NaN |
| 19 | 存货(万元) | 111661 | 106031 | 91672 | 81448 | 62437 | 61761 | 61781 | 52042 | NaN |
| 20 | 待摊费用(万元) | -- | -- | -- | -- | -- | -- | -- | -- | NaN |

图 5–15

【例 5–22】将例［5–21］爬取的资产负债表写入 csv 文件。

```
df.to_csv('300761.csv')
```

to_csv( ) 函数存在 mode 参数，默认为“w”即重新写入，设置为“a”追加写入。

### 2.3.2 json 文件读写

【例 5–23】爬取网“https://keyun-oss.oss-cn-beijing.aliyuncs.com/app/bigdata/2019/block/hy002000.json”的 json 文件“hy002000.json”，并读取 json 文件。

```
import pandas as pd
df= pd.read_csv(r'https://keyun-oss.oss-cn-beijing.aliyuncs.com/app/bigdata/2019/block/hy002000.json')
df
```

运行结果如下：

| {"list": [{"code": "600777" | "name": "新潮能源" | "报告期": "2019-12-31" | "营业收入(万元)": "607002" | "营业成本(万元)": "318743" | "营业利润(万元)": "138536" | "利润总额(万元)": "138323" | "所得税费用(万元)": "30566" | "净利润(万元)": "107757" | "fullname": "山东新潮能源股份有限公司"} | ... | {"code": "600988" | "name": "赤峰黄金" | "报告期": "2019-12-31".76 | "营业收入(万元)": "606846" | "营业成本(万元)": "484794" | "营业润(元 "3743 |
|---|---|---|---|---|---|---|---|---|---|---|---|---|---|---|---|---|

0 rows × 770 columns

图 5–16

**【例 5-24】**将［例 5-23］爬取的采矿业行业信息写入 json 文件。

```
df.to_ json('hy002000.json',force_ascii=False)
```

**▲知识点拨**

写入 json 文件时，默认强制使用 ASCII 编码，ASCII 中不包含中文，所以，只有将 force_ascii 参数设置为 False 才能正常显示中文。

# 任务三　数据读取与索引

从其他平台爬取的数据往往包含了各种各样的信息，而数据分析需要的可能仅仅是其中的一部分，那么如何才能获取精简、合适的数据呢?

Pandas 通过索引来筛选数据，DataFrame 索引分为行索引和列索引，具体筛选方法包括以下几种：

➢ 直接筛选：直接获取行列，使用 [ ]，类似于字典访问值操作

➢ 条件筛选：按条件筛选，选择符合一定条件的数据

➢ 索引器筛选：通过 loc、iloc 索引器筛选

## 3.1　直接索引

DataFrame 索引使用 [ ]，直接索引语法如下：df [ ]

直接索引根据选择的数据不同又可以分为以下几种：

➢ 选择单列数据：df [ '列' ]

➢ 选择多列数据：df [[ '列 1'，'列 2' ]]，通过列名组成的列表选择多列数据

➢ 选择多行数据：df [ 1:3 ]，按位置选取连续的行（切片），前闭后开

需要注意的是，使用直接索引无法对列数据进行切片操作，且无法通过两个列表选择多行多列数据，多行多列数据的筛选需要使用索引器（loc、iloc）。

### 3.1.1　选择单列数据

选择单列数据：df [ '列' ]

【例 5-25】读取本地计算机“HY 公司 data.xlsx”中资产负债表项目数据，筛选出“平均流动资产”列。

```
import pandas as pd
df=pd.read_excel（r'F:\理实结合实践测试\HY公司数据.xlsx', sheet_name=0,
converters={'年': str, '月': str}）
df['平均流动资产'].head()
```

运行结果如下：

```
0      644977.56
1      668209.90
2      675872.23
3      692674.56
4      707906.90
Name：平均流动资产，dtype：float64
```

### 3.1.2 选择多列数据

选择多列数据 :df [ [' 列 1',' 列 2'] ]，通过列名组成的列表选择多列数据。

【例 5-26】根据［例 5-25］读取的数据，筛选资产负债表中“月”“平均流动资产”“平均流动负债”三列数据。

```
df [[ '月', '平均流动资产', '平均流动负债']] .head ( )
```

运行结果如下：

| | 月 | 平均流动资产 | 平均流动负债 |
|---|---|---|---|
| 0 | 1 | 644977.56 | 572266.12 |
| 1 | 2 | 668209.90 | 584387.34 |
| 2 | 3 | 675872.23 | 607200.23 |
| 3 | 4 | 692674.56 | 610013.12 |
| 4 | 5 | 707906.90 | 642826.01 |

### 3.1.3 选择多行数据

选择多行数据：df［1：3］，按位置选取连续的行（切片），前闭后开。

【例 5-27】根据［例 5-25］读取的数据，筛选资产负债表中行索引为 2、3 的连续行数据：

```
df［2：4］
```

运行结果如下：

| | 年 | 月 | 平均流动资产 | 平均非流动资产 | 平均流动负债 | 平均非流动负债 | 平均所有者权益 |
|---|---|---|---|---|---|---|---|
| 2 | 2019 | 3 | 675872.23 | 3872786.78 | 607200.23 | 2120000 | 1821458.78 |
| 3 | 2019 | 4 | 692674.56 | 4105445.53 | 610013.12 | 2324750 | 1863356.97 |

## 3.2 布尔索引

布尔索引（带条件判断的索引）：根据布尔条件选择对应的行。

根据选择条件数量可分为以下两种：

➢ 单列布尔选择：df [（df [ '列' ] == 条件）]，选取某列满足一定条件的行

➢ 多列布尔选择：df [（df [ '列 1’ ] == 条件）&（df [ '列 2’ ] > 条件）]，选取多列满足定条件的行

**▲知识点拨**

➢ 索引列表中可以使用 &、|、~ 操作符，但是不能使用 and、or、not 关键词

➢ 布尔选择的结果还是 DataFrame，所以对于结果可以进行切片、索引器等访问

### 3.2.1 单列布尔选择

单列布尔选择：df [（df [ '列' ] == 条件）]，选取某列满足一定条件的行。

【例 5-28】根据［例 5-25］读取的数据，筛选出资产负债表中“平均所有者权益”低于 1800000 的所有行。

```
df[df['平均所有者权益']<1800000]
```

运行结果如下：

| | 年 | 月 | 平均流动资产 | 平均非流动资产 | 平均流动负债 | 平均非流动负债 | 平均所有者权益 |
|---|---|---|---|---|---|---|---|
| 0 | 2019 | 1 | 644977.56 | 3780673.82 | 572266.12 | 2120000 | 1733385.26 |
| 1 | 2019 | 2 | 668209.90 | 3820905.96 | 584387.34 | 2120000 | 1784728.52 |

### 3.2.2 多列布尔选择

多列布尔选择：df [（df [ '列 1' ] = 条件）&（df [ '列 2' ] > 条件）]，选取多列满足一定条件的行。

【例 5-29】根据［例 5-25］读取的数据，筛选出资产负债表中 2019 年“平均流动资产”超过 800000 的所有行。

```
df[(df['年']=='2019')&(df['平均流动资产']>800000)]
```

运行结果如下：

| | 年 | 月 | 平均流动资产 | 平均非流动资产 | 平均流动负债 | 平均非流动负债 | 平均所有者权益 |
|---|---|---|---|---|---|---|---|
| **10** | 2019 | 11 | 807300.90 | 4388710.10 | 689703.33 | 2324750 | 2181557.67 |
| **11** | 2019 | 12 | 845098.81 | 4406577.61 | 702516.22 | 2324750 | 2224410.20 |

## 3.3 索引器

在前面的学习中，我们已经知道在 Pandas 的两种数据结构中，原始索引（位置信息）和自定义索引（标签信息）是并存的，如下图，原始索引从 0 开始，自定义索引可自行设置。

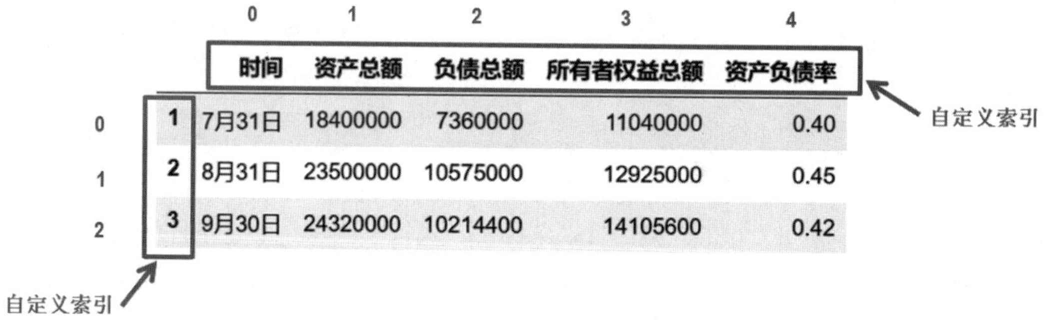


在 Pandas 中除了直接索引和条件索引外，还可以使用索引器筛选数据，根据使用的索引不同又可以分为 loc 索引器和 iloc 索引器。

### 3.3.1 loc 索引器

loc 索引器内只能使用自定义索引，如果数据中没有自定义索引，则使用原始索引。根据行索引和列索引进行选取，先行后列，也可以只选取行索引，常见形式有如下几种：

➢ 选择单行/多行数据：df.loc['行']、df.loc[['行 1','行 2']]

➢ 选择多行多列数据：df.loc[['行 1','行 2'],['列 1','列 2']]，通过两个列表选取行列组合

➢ loc 布尔选择：df.loc［(df［'列'］> 条件)］，选取单列（多列）满足一定条件的行

➢ loc 切片（选择连续的多行多列）：df.loc［'行 1'：'行 2'，'列 1'：'列 2'］，通过切片选取连续的行列组合

**▲知识点拨**

索引器的使用非常灵活，可根据需求筛选各类数据，如在进行多行多列数据筛选时，列表和切片可联合使用，此外，loc 索引器不能直接选取列，必须先行后列。

（1）选择单行 1 多行数据

选择单行 / 多行数据：df.loc［'行'］df.1oc［［'行'，'行 2'］］

**【例 5–30】** 根据［例 5–25］读取的数据，筛选资产负债表中行索引为 2 的数据。

```
df.loc［2］
```

运行结果如下：

```
年              2019
月              3
平均流动资产        675872
平均非流动资产       3.87279e+06
平均流动负债        607200
平均非流动负债       2120000
平均所有者权益       1.82146e+06
Name：2，dtype：object
```

**【例 5–31】** 根据［例 5–25］读取的数据，筛选资产负债表中行索引为 2 和 4 的数据。

```
df.loc［［2，4］］
```

运行结果如下：

| | 年 | 月 | 平均流动资产 | 平均非流动资产 | 平均流动负债 | 平均非流动负债 | 平均所有者权益 |
|---|---|---|---|---|---|---|---|
| **2** | 2019 | 3 | 675872.23 | 3872786.78 | 607200.23 | 2120000 | 1821458.78 |
| **4** | 2019 | 5 | 707906.90 | 4176813.56 | 642826.01 | 2324750 | 1917144.45 |

（2）选择多行多列数据

选择不连续的多行多列数据：df.1oc［'行 1'，'行 2'］.［'列 1'，'列 2］]，通过两个列表选取行列组合数据。

**【例 5-32】**根据［例 5-25］读取的数据，筛选资产负债表中行索引为 2、4，列索引为“年”“月”“平均流动资产”的数据。

```
df.loc［［2，4］，［'年'，'月'，'平均流动资产'］］
```

运行结果如下：

| | 年 | 月 | 平均流动资产 |
|---|---|---|---|
| **2** | 2019 | 3 | 675872.23 |
| **4** | 2019 | 5 | 707906.90 |

（3）loc 布尔选择

loc 布尔选择：df.loc［（df［'列'］> 条件）］，选取单列（多列）满足一定条件的行。

**【例 5-33】**根据［例 5-25］读取的数据，筛选资产负债表中“年”“月”“平均所有者权益”三列，且“平均所有者权益”小于 1800000 的数据。

```
df.loc［df［'平均所有者权益'］<1800000，［'年'，'月'，'平均所有者权益'］］
```

运行结果如下：

| | 年 | 月 | 平均所有者权益 |
|---|---|---|---|
| **0** | 2019 | 1 | 1733385.26 |
| **1** | 2019 | 2 | 1784728.52 |

（4）loc 切片

loc 切片（选择连续的多行多列）：df.loc［'行 1'：'行 2'，'列 1'：'列 2'］，通过切片选取连续的行列组合。

**【例 5-34】**根据［例 5-25］读取的数据，筛选资产负债表中行索引为［1：4］的前 4 列数据。

```
df.loc［1：4，：'平均非流动资产'］
```

运行结果如下：

| | 年 | 月 | 平均流动资产 | 平均非流动资产 |
|---|---|---|---|---|
| 1 | 2019 | 2 | 668209.90 | 3820905.96 |
| 2 | 2019 | 3 | 675872.23 | 3872786.78 |
| 3 | 2019 | 4 | 692674.56 | 4105445.53 |
| 4 | 2019 | 5 | 707906.90 | 4176813.56 |

**▲知识点拨**

冒号前后留空代表开口，冒号前开口表示从第一列开始选取，冒号后开口表示选取到最后一列：loc 索引器切片为闭区间。

### 3.3.2 iloc 索引器

iloc 索引器与 loc 索引器的使用几乎相同，唯一不同的是，iloc 索引器中只能使用原始索引（位置信息），不能使用自定义索引，且 iloc 索引器切片为前闭后开。

**【例 5–35】**［例 5–34］使用 ilo 索引器代码如下：

```
df.iloc[1:5,:4]
```

运行结果如下：

| | 年 | 月 | 平均流动资产 | 平均非流动资产 |
|---|---|---|---|---|
| 1 | 2019 | 2 | 668209.90 | 3820905.96 |
| 2 | 2019 | 3 | 675872.23 | 3872786.78 |
| 3 | 2019 | 4 | 692674.56 | 4105445.53 |
| 4 | 2019 | 5 | 707906.90 | 4176813.56 |

# 任务四　数据连接与合并

分析数据往往来源于不同渠道，在进行数据分析时经常需要融合多方信息，比如分析财务指标时通常涉及资产负债表和利润表数据，那么，在 Pandas 中，如何将多个表格的数据合并或者连接在一起呢？

pandas 提供了多种连接、合并的方法，包括 merge（ ）函数、concat（ ）函数、join（ ）函数、append（ ）函数，这些函数均适用于不同 DataFrame 的合并，但适用的场景有所不同。

## 4.1　数据连接

### 4.1.1　merge（ ）函数

merge（ ）函数：具有表连接功能，类似于 Excel 中的 vlookup 函数，可以根据一个或多个键（列值）将不同 DataFrame 连接起来。

Merge（ ）函数应用场景：两个 DataFrare 存在相同的键根据键整合到一张表中，函数语法如下：

```
pandas.merge（left，right，how='inner'，on=None，left_on=None，right_on=None，leftindex=False，right_index=False，sort=False，suffixes=（'_x'，'_y'），copy=True，indicator=False，validate=None）
```

参数如下：

| 参数 | 说明 |
|---|---|
| left、right | 两个不同的 DataFrame |
| how | 连接方式，有 inmer、outer、left、right，默认为 inner 内连接 |
| on | 用于连接的列索引名称，左右两个 DataFrame 中必须同时存在，如果没有指定且 left index 和 right index 为 False，则以两个 DataFrame 列名交集作为连接键 |
| left_ on | 左侧 DataFrame 中用于连接键的列名，该参数在左右列名不同但代表的含义相同时非常有用 |

续表

| 参数 | 说明 |
| --- | --- |
| right_ on | 右侧 DataFrame 中用于连接键的列名 |
| left_ index | 默认 False，设置为 True 代表使用左侧 DataFrame 中的行索引作为连接键 |
| right_ index | 默认 False，设置为 True 代表使用右侧 DataFrame 中的行索引作为连接键 |
| sort | 默认为 False，是否将合并的数据进行排序，设置为 False 可以提高性能 |
| suffixes | 字符串值组成的元组，两个表存在除主键之外的相同列名时，在列名后面附加的后缀名称用以区分数据来源于哪个表，默认为（'_x'，'_y'） |
| copy | 默认为 True，设置为 False，可以在某些特殊情况下避免将数据复制到结果数据结构中 |
| indicator | 默认为 False，是否显示每行数据的来源 |
| validate | 自动检查其合并键中是否有意外的重复项 |

merge 函数并没有 axis 参数，只能进行横向连接（列连接），除了通过 pandas 调用 merge 函数外，还可以直接对 DataFrame 调用 merge 函数，调用 merge 的 Dataframe 是“左表”，而作为形参的是 DataFrame 是“右表”。

**【例 5–36】**使用 merge（）函数连接“HY 公司资产负债表 data.xlsx”和“HY 公司利润表 data.xlsx”。

```
# 引入 pandas
import pandas as pd
# 读取资产负债表项目
df1=pd.read_excel（r'F:\理实结合实践测试\HY 公司资产负债表 data.xlsx',
converters={'年': str, '月': str}）
# 读取利润表项目
df2=pd.read_excel（r'F:\理实结合实践测试\HY 公司利润表 data.xlsx', converters=
{'年': str, '月': str}）
# 调用 merge 函数连接 df1、df2
df3=pd.merge（df1, df2, how='left'）
df3.head（）
```

运行结果如下：

| | 年 | 月 | 平均流动资产 | 平均非流动资产 | 平均流动负债 | 平均非流动负债 | 平均所有者权益 | 营业收入 | 营业成本 | 净利润 |
|---|---|---|---|---|---|---|---|---|---|---|
| 0 | 2019 | 1 | 644977.56 | 3780673.82 | 572266.12 | 2120000 | 1733385.26 | 274400 | 168756.00 | 55401.36 |
| 1 | 2019 | 2 | 668209.90 | 3820905.96 | 584387.34 | 2120000 | 1784728.52 | 338200 | 220905.80 | 64387.44 |
| 2 | 2019 | 3 | 675872.23 | 3872786.78 | 607200.23 | 2120000 | 1821458.78 | 275870 | 172786.90 | 47200.53 |
| 3 | 2019 | 4 | 692674.56 | 4105445.53 | 610013.12 | 2324750 | 1863356.97 | 292670 | 105445.45 | 50013.16 |
| 4 | 2019 | 5 | 707906.90 | 4176813.56 | 642826.01 | 2324750 | 1917144.45 | 307900 | 276813.43 | 62826.07 |

在【例 5-36】中，使用的连接方式是"left"，merge 函数表连接方式有四种，分别为 inner、left、right、outer，默认为 inner，连接后空值用 NaN 填充，各连接方式的区别如下：

➢ inner：内连接，取交集

➢ outer：外连接，取并集

➢ left：左连接，左侧取全部，右侧取部分

➢ right：右连接，右侧取全部，左侧取部分

以 2 个简单的 DataFrame 为例，四种连接方式结果如下图：

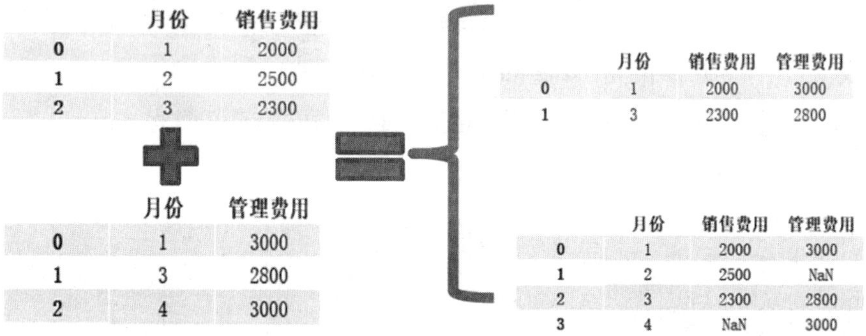


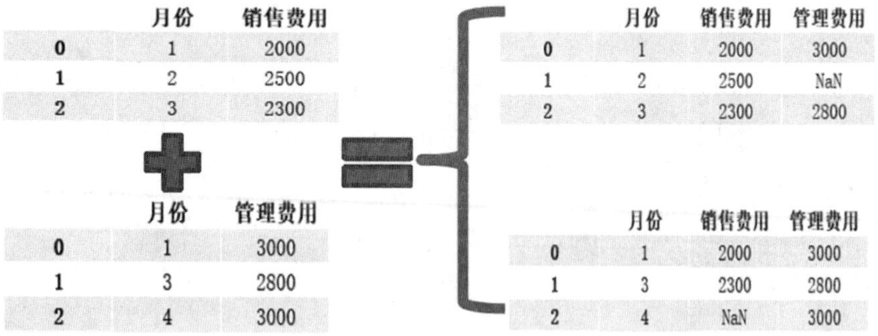

### 4.1.2 join（）函数

join（）函数：连接另一个 DataFrame 的列（横向连接），与 merge（）函数功能类似，区别在于两者适用的场景有所不同。

join（）函数适用场景：无重复列名的两个 DataFrame 基于行索引进行列拼接。函数语法如下：

```
DataFrame.join（other，on=None，how='left'，lsuffix='',rsuffix='',sort=False）
```

参数如下：

| 参数 | 说明 |
|---|---|
| other | 连接的 DataFrame |
| on | 指定左表中用于连接的列名，右边必须有相同的列（需设置为索引） |
| how | 连接方式，有 inner、outer、 left、right，默认为 left 左连接 |
| lsuffix | 两表列名重复时，左表的使用的后缀 |
| rsuffix | 两表列名重复时，右表的使用的后缀 |
| sort | 默认为 True，将合并的数据进行排序，设置为 False 可以提高性能 |

**【例 5-37】**使用 join（）函数将［例 5-36］中的资产负债表项目和利润表项目进行横向合并。

```
df1.join（df2.set_index（['年','月']），on=['年','月']）.head（）
```

运行结果如下：

| | 年 | 月 | 平均流动资产 | 平均非流动资产 | 平均流动负债 | 平均非流动负债 | 平均所有者权益 | 年 | 月 | 营业收入 | 营业成本 | 净利润 |
|---|---|---|---|---|---|---|---|---|---|---|---|---|
| **0** | 2019 | 1 | 644977.56 | 3780673.82 | 572266.12 | 2120000 | 1733385.26 | 2019 | 1 | 274400 | 168756.00 | 55401.36 |
| **1** | 2019 | 2 | 668209.90 | 3820905.96 | 584387.34 | 2120000 | 1784728.52 | 2019 | 2 | 338200 | 220905.80 | 64387.44 |
| **2** | 2019 | 3 | 675872.23 | 3872786.78 | 607200.23 | 2120000 | 1821458.78 | 2019 | 3 | 275870 | 172786.90 | 47200.53 |
| **3** | 2019 | 4 | 692674.56 | 4105445.53 | 610013.12 | 2324750 | 1863356.97 | 2019 | 4 | 292670 | 105445.45 | 50013.16 |
| **4** | 2019 | 5 | 707906.90 | 4176813.56 | 642826.01 | 2324750 | 1917144.45 | 2019 | 5 | 307900 | 276813.43 | 62826.07 |

join（）函数适用于无重复列名的两个 DataFrame 横向连接，df1 与 df2 存在相同的列“年”“月”，对 df1 调用 join（）函数，必须将右表 df2 相同列名设置为索引才能进行连接，其结果与 merge（）函数一致，所以在含有相同的列时，直接调用 merge（）函数效率更高，实际使用时，可根据不同的场景确定连接方式。

## 4.2 数据合并

### 4.2.1 concat（）函数

concat（）函数：沿特定轴连接两个或两个以上的 DtaFrmen 既可实现纵向合并也可实现横向合并，行列索引均可重复。

concat（）函数适用场景：两个成多个 DtaFrame 进行横向（列拼接）或纵向合并（行拼接）。函数语法如下：

```
Pandas.concat（objs，axis=0，join='outer'，ignore_index=ralse，keys=None，
Levels=None，names=None，verify_integrity=False，sort=None，copy=True）
```

参数如下：

表 5-12

| 参数 | 说明 |
|---|---|
| objs | 连接对象 |
| axis | 轴向，0 代表纵向合并（行拼接），1 代表横向合并（列拼接），默认是 0 |
| join | 连接方式，有 inner（交集）、outer（并集），默认为 outer |
| Ignore_index | 是否重建索引，默认 False |
| keys | 传递键作为最外层级来构建层次结构索引，默认 None |
| levels | 生成层次索引的级别，默认 None |
| names | 生成层次索引的名称，默认 None |
| Verify_integrity | 检测新的事联轴是否包含重复项，默认为 False |
| sort | 将合并的数据进行排序，设置为 False 可以提高性能，默认为 True |
| copy | 是否复制，默认为 True |

【例 5-38】使用 concat（）函数将［例 5-36］中的资产负债表项目和利润表项目进行纵向合并。

```
#concat 函数纵向合并
df4=pd.concat（[ df1，df2 ]）
# 查看行索引 21 及以后的行
df4 [ 21：]
```

运行结果如下：

| | 净利润 | 平均所有者权益 | 平均流动负债 | 平均流动资产 | 平均非流动负债 | 平均非流动资产 | 年 | 月 | 营业成本 | 营业收入 |
|---|---|---|---|---|---|---|---|---|---|---|
| **21** | NaN | 2818320.77 | 901735.50 | 998422.15 | 3120000.0 | 5841634.12 | 2020 | 10 | NaN | NaN |
| **22** | NaN | 2865833.69 | 941657.43 | 1022654.48 | 3120000.0 | 5904836.64 | 2020 | 11 | NaN | NaN |
| **23** | NaN | 2915903.45 | 971579.36 | 1047886.81 | 3120000.0 | 5959596.00 | 2020 | 12 | NaN | NaN |
| **0** | 55401.36 | NaN | NaN | NaN | NaN | NaN | 2019 | 1 | 168756.00 | 274400.0 |
| **1** | 64387.44 | NaN | NaN | NaN | NaN | NaN | 2019 | 2 | 220905.80 | 338200.0 |
| **2** | 47200.53 | NaN | NaN | NaN | NaN | NaN | 2019 | 3 | 172786.90 | 275870.0 |

默认 axis=0，将表格进行纵向合并（行拼接），拼接后的表格，行列索引均进行如下操作：

➢ index=index（df1）+index（df2）→直接累加

➢ columns=columns（df1）∪ columns（df2）→累加去重

【例 5-38】使用 concat（）函数将［例 5-36］中的资产负债表项目和利润表项目进行横向合并。

```
#concat 函数横向合并
df5=pd.concat（[ df1，df2 ]，axis=1）
df5.head（）
```

运行结果如下：

| | 年 | 月 | 平均流动资产 | 平均非流动资产 | 平均流动负债 | 平均非流动负债 | 平均所有者权益 | 年 | 月 | 营业收入 | 营业成本 | 净利润 |
|---|---|---|---|---|---|---|---|---|---|---|---|---|
| **0** | 2019 | 1 | 644977.56 | 3780673.82 | 572266.12 | 2120000 | 1733385.26 | 2019 | 1 | 274400 | 168756.00 | 55401.36 |
| **1** | 2019 | 2 | 668209.90 | 3820905.96 | 584387.34 | 2120000 | 1784728.52 | 2019 | 2 | 338200 | 220905.80 | 64387.44 |
| **2** | 2019 | 3 | 675872.23 | 3872786.78 | 607200.23 | 2120000 | 1821458.78 | 2019 | 3 | 275870 | 172786.90 | 47200.53 |
| **3** | 2019 | 4 | 692674.56 | 4105445.53 | 610013.12 | 2324750 | 1863356.97 | 2019 | 4 | 292670 | 105445.45 | 50013.16 |
| **4** | 2019 | 5 | 707906.90 | 4176813.56 | 642826.01 | 2324750 | 1917144.45 | 2019 | 5 | 307900 | 276813.43 | 62826.07 |

axis=1，将表格进行纵向合并（行拼接），拼接后的表格，行列索引均进行如下操作：

➢ columns=columns（df1）+columns（df2）→直接紧加

➢ index=index（df1）∪ index（df2）→累加去重

### 4.2.2 append（）函数

append（）函数：向 DataFrame 对象中添加新的行（纵向合并），如果添加的列名不在 DataFrame 对象中，将会被当作新的列进行添加。

append（）函数适用场景：两个 DataFrame 纵向连接，是 concat（axis=0）的简略形式。函数语法如下：

```
DataFrame.append（other，ignore_index=False，verify_integrity=False，sort=False）
```

参数如下：

表 5-13

| 参数 | 说明 |
|---|---|
| other | 需要追加的 DataFrame |
| ignore_index | 是否重建索引，默认为 False |
| verify_integrity | 具有重复项的索引是否抛出异常，默认 False |
| sort | 默认为 True，将合并的数据进行排序 |

【例 5-39】使用 append（）函数将［例 5-36］中的资产负债表项目和利润表项目进行纵向合并。

```
#append 函数纵向合并，查看 21 及以后的行
df1.append（df2）[21：]
```

运行结果如下：

| | 净利润 | 平均所有者权益 | 平均流动负债 | 平均流动资产 | 平均非流动负债 | 平均非流动资产 | 年 | 月 | 营业成本 | 营业收入 |
|---|---|---|---|---|---|---|---|---|---|---|
| **21** | NaN | 2818320.77 | 901735.50 | 998422.15 | 3120000.0 | 5841634.12 | 2020 | 10 | NaN | NaN |
| **22** | NaN | 2865833.69 | 941657.43 | 1022654.48 | 3120000.0 | 5904836.64 | 2020 | 11 | NaN | NaN |
| **23** | NaN | 2915903.45 | 971579.36 | 1047886.81 | 3120000.0 | 5959596.00 | 2020 | 12 | NaN | NaN |
| **0** | 55401.36 | NaN | NaN | NaN | NaN | NaN | 2019 | 1 | 168756.00 | 274400.0 |
| **1** | 64387.44 | NaN | NaN | NaN | NaN | NaN | 2019 | 2 | 220905.80 | 338200.0 |
| **2** | 47200.53 | NaN | NaN | NaN | NaN | NaN | 2019 | 3 | 172786.90 | 275870.0 |

## 拓展阅读

### 感测和响应大数据时代

过去的20年我们经历了特别大的技术变化。20年前，中国网民是62万，互联网普及率只有0.03%，网站1000多家。现在中国网民有8.29亿，互联网普及率达到59.6%，网站523万个，上网时间每天人均4小时。

时代的变化太快，我们应该敏锐地主动地感测和了解这个变化，同时不管是企业还是个人，要做出自己的准备和自己的响应，因为大数据作为一个时代会伴随我们相当长的时间。在未来的某一天，可能由大数据衍生出一个新的概念、一个新的内涵、一类新的技术，可能会变成一个新时代的符号。

资料来源：学习强国

# 应用篇

项目六

# 数据采集与清洗

## 项目导读

大数据分析是基于商业目的，有目标地进行数据收集、处理、加工、分析，提炼出有价值的信息的过程。

大数据分析通用流程如下：

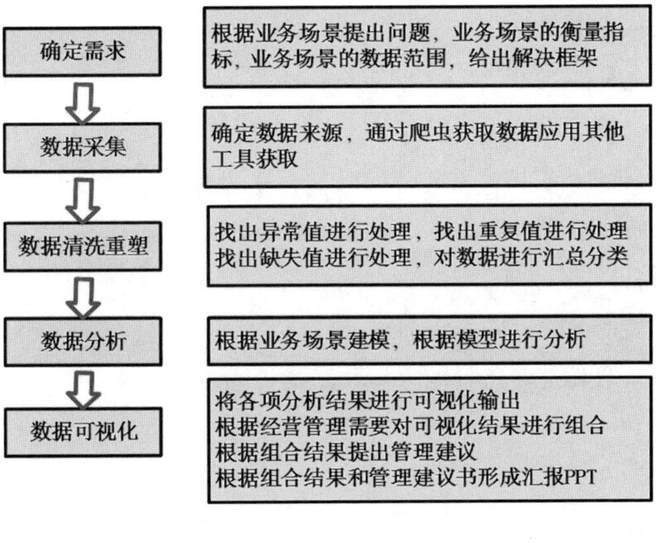


在明确数据分析需求后，第一步就是进行数据采集，随着大数据时代的到来，通过对海量数据进行分析，能够产生极大的商业价值，那么，如

何才能获取大量数据呢？

数据获取包括以下几种方式：

➢ 企业产生的数据：在企业生产运营中会产生与自身业务相关的大量数据

➢ 数据平台购买的数据：数据平台是以数据交易为主营业务的平台

➢ 数据管理咨询公司的数据：数据管理咨询公司为提供专业的咨询服务，会收集大量与特定业务相关的数据作为支撑

➢ 政府、机构公开的数据：政府会发布一些公开的统计数据或信息，成为行业内权威信息的来源

➢ 爬取的网络数据：利用爬虫技术，即可自动抓取所需要的数据，获取更多数据源，提高数据分析的效率和效果。本项目主要介绍如何通过爬虫获取所需数据

## ★ 教学目标

1. 认识爬虫
2. 掌握爬虫原理及基本流程
3. 掌握爬虫中 Requests 函数
4. 掌握数据保存和数据清洗并能灵活运用

## ★ 教学内容

1. 爬虫基础知识
2. Requests 函数
3. 数据保存
4. 数据清洗：掌握对重复值的处理，掌握对缺失值的处理，掌握对其他异常情况的处理，掌握对 dataClean（ ）函数的应用

## ★ 素养目标

1. 具有良好的思考和分析问题的能力
2. 具有良好的逻辑思维能力和数据剖析能力

# 任务一　数据采集

数据分析可通过总结数据规律、挖掘数据价值、预测数据趋势为决策分析提供支持。完整的数据分析过程包括数据的采集、加工、分析和应用等。在实际业务中，采集到的数据往往存在缺失、重复、错误等情况。通过学习本项目，读者将了解完整的数据分析流程，掌握利用 Python 采集数据和清洗数据的常用方法，为数据统计和数据挖掘等做好准备。

数据采集是数据分析的基础。数据一般有 3 种获取途径，即数据库、数据接口和网络爬虫。通过数据库获取数据受限较大，要有数据库访问权限才行，基于数据安全考量，一般工作人员很难拥有数据库访问权限。因此，本任务重点介绍通过数据接口和网络爬虫获取数据。

## 1.1　数据接口

数据接口，传统意义上的数据接口是指“进行数据传输时向数据连接线输出数据的接口”，而在数据科学领域，数据接口的定义有所不同。这里的数据接口特指“数据平台或其他数据提供方面向数据需求方提供的获取数据的规范与方法”。作为数据用户，需要遵守相应的规范与方法来获取数据平台或其他数据提供方提供的指定数据。

日常生活中，我们接触到的具有数据接口的应用有很多，比如出行前通过百度查询天气情况，而百度上全国各地的天气数据是通过各大气象网站的数据接口获取的；网购时的快递动态，可以通过支付宝查询，支付宝上的相关快递信息是通过各大物流企业的数据接口获取的。从上述描述可知，开放的数据接口均提供了获取数据的方法，以便用户使用。

网络上免费、开源的数据平台有很多，下面以从证券宝数据平台 http：//baostock.com 获取证券历史行情数据、上市公司财务数据等为例，介绍如何通过数据接口获取数据。

证券宝是一个免费、开源的证券数据平台，支持通过 Python 应用程序接口

（Application Program Interface，API）获取证券数据信息，返回数据是 pandas 的 DataFrame 格式，可以直接用于数据分析和可视化。

（1）了解数据接口的规则

通过数据接口获取数据，需要了解接口的规则。证券宝提供了季频盈利能力 query_profit data（ ）、季频营运能力 query operation data（ ）、季频成长能力 query_growth cdata、季频偿债能力 query_balance data（ ）、季频现金流量 query_cash. flow data（ ）、季频杜邦指数 query. dupont data（ ）等接口查询企业的季频财务数据信息。若要获取上市公司的季频盈利能力信息，可以单击页面右侧的“季频盈利能力”菜单，获取 query proftdata（ ）方法的相关说明，以及系统提供的示范代码，如图 6-1 所示，更多细节可查阅证券宝官方网站。

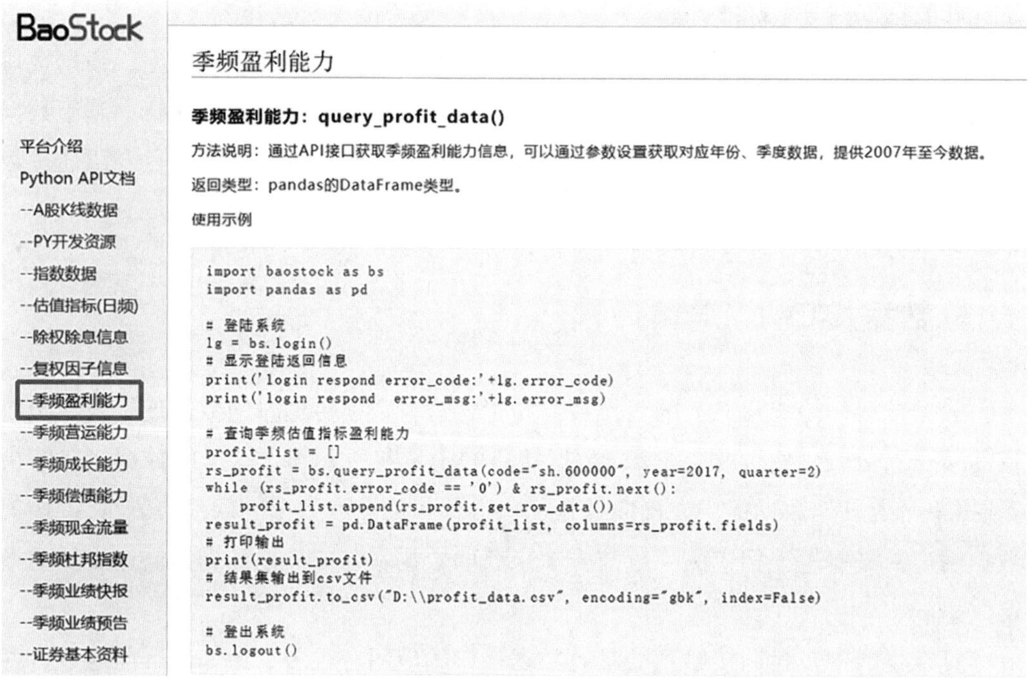


图 6-1　证券宝季频盈利能力方法示例

（2）使用网站提供的示范代码，了解数据接口的运行情况

利用 query_profit_data（ ）接口获取季频盈利能力数据

```
import baostock as bs
import pandas as pd
#登录系统
```

```
lg = bs.login ( )
# 显示登录返回信息
print ( 'login respond error_code: '+lg.error_code )
print ( 'login respond error_msg: '+lg.error_msg )

# 查询季频估值指标盈利能力
profit_list = [ ]
rs_profit = bs.query_profit_data ( code="sh.600000", year=2017, quarter=2 )
while ( rs_profit.error_code == '0' ) & rs_profit.next ( ):
profit_list.append ( rs_profit.get_row_data ( ))
result_profit = pd.DataFrame ( profit_list, columns=rs_profit.fields )
# 打印输出
print ( result_profit )
# 结果集输出到 csv 文件
result_profit.to_csv ( "D: \\profit_data.csv", encoding="gbk", index=False )

# 登出系统
bs.logout ( )
```

运行结果如下：

```
1ogin succeas!
login respond error_ code:0
login reapond error msg:success
code pubDate statDate roeAVg npMargin gpMargin
0 sh.600000 2017-08-30 2017-06-30 0. 074617 0.342179
```

## 1.2 网络爬虫

（1）什么是爬虫

爬虫（即网络爬虫），是一种按照一定规则自动抓取网络信息的程序。可以将网络爬虫理解为在网络上爬行的一只蜘蛛，互联网就像一张大网，爬虫便是在这张网上爬来爬去的蜘蛛，如果遇到猎物（即所需的资源），就会将其抓取下来。所以爬虫的目的在于将目标网页数据下载至本地，以便进行后续的数据分析。

而 Python 是一门非常适合网络爬虫的编程语言，提供了许多爬虫相关的库（如 requests 库），可以高效实现网页抓取，并可用极短的代码完成网页的标签过滤功能。

（2）爬虫原理

在日常工作学习中，经常需要浏览网页上的信息，只需要打开浏览器，输入网址即可浏览网页上的文字、图片，那么，这个过程是如何实现的呢?

浏览网页的过程可以总结为以下几步：

➢ 用户输入网址，计算机提取域名

➢ 浏览器查找域名对应的 IP 地址

➢ 浏览器获取 IP 地址后，向此 IP 地址发起对该资源的访问请求

➢ 服务端响应请求，并把相应的数据传给浏览器（返回 html 页面），浏览器将 html 页面解析后就是我们看到的文字和图片

**▲知识点拨**

HTML（超文本标记语言）是用来描述网页的一种语言。用户看到的网页实质是由 HTML 代码构成的。

这里为什么要介绍浏览网页的过程呢?

因为，简单来说，爬虫就是模拟用户浏览网页的操作，通过模拟浏览器向网站发送请求，获取资源后提取有用的数据并保存。所以原则上，只要浏览器能做的事情，爬虫都能做到。但是，目前许多网页都设置了反爬虫功能，所以，想要随意爬取数据是非常困难的。理论上，网络上的资源都可以获取，爬取数据类型包括 HTML 文档、json 格式化文本、二进制文件（图片和视频）以及其他各类数据。

json 是一种轻量级的数据交换格式，易于编写和阅读，也易于机器解析，是理想的数据交换语言。json 文本格式类似于 Python 中的字典，在爬虫中使用非常广泛。

## 1.3 爬虫基本流程

### 1.3.1 爬虫基本流程

爬虫基本流程可以总结为以下四步：

图 6-2

➢ 发送请求：通过 url 向服务器发送 HTTP 请求

➢ 获取响应内容：若服务器正常响应，会返回 Response 响应（即所要获取的页面内容，可能为 html、json、二进制数据等）

➢ 解析内容：对返回的响应内容进行解析，提取所需数据

➢ 保存数据：可将数据保存为各种形式，如数据库或特定格式的文件（如 json、csv 文件等）

### 1.3.2 HTTP 协议

在访问网页时，服务器把网页传给浏览器，实际上就是把网页的 HTML 代码发送给浏览器，让浏览器显示出来。而浏览器和服务器之间的传输协议是 HTTP。

HTTP 协议：即超文本传输协议，是互联网上应用最为广泛的一种网络协议，所有网页文件都必须遵守这个标准，设计 HTTP 最初的目的是提供一种发布和接收 HTML 页面的方法。

例如：我们看到的网址是这样的：www.baidu.com，但在浏览器中输入网址后，会发现它变成了这样：https：/baidu.com，这是因为所有的网页传播都必须遵守 http 协议，那可以看到这里是 https，https 简单理解就是在 http 的基础上增加了对网站服务器的身份认证，同时保护交换数据的隐私与完整性。

HTTP 协议是一种基于“请求与响应”模式的、无状态（每次请求都是独立的，同一个客户端的这次请求和上次请求没有对应关系）的应用层协议，采用 URL 作为定位网络资源的标识符。

URL 统一资源定位符，也就是网址，URL 是对互联网上资源位置和访问方法的一种简洁的表示，是互联网上标准资源的地址。互联网上的每个文件都有一个唯一的 URL，它包含的信息指出文件的位置以及浏览器应该如何处理它。

爬虫爬取数据时，必须有一个目标，URL 才可以获取数据，URL 是爬虫获取数据的基本依据。

一个网页对应一个唯一的 URL，网页中加载的图片、视频、文件也同样对应一个唯一的 URL，在一个 HTML 页面中可能存在多个 URL，想要获取一个页面内所有的 URL 链接，则需在爬取网页后，利用 Python 解析库对爬取的页面进行解析，提取所有 URL。本课程中爬虫涉及的 URL 均为最内层，爬虫过程中无需使用解析库解析响应内容。

# 任务二　运用爬虫

## 2.1　Requests 简介

### 2.1.1　HTTP 协议对资源的操作

表 6–1

| 方法 | 说明 |
| --- | --- |
| GET | 请求获取 URL 位置的资源 |
| HEAD | 请求获取 URL 位置资源的响应消息报告，即获得资源的头部信息 |
| POST | 请求向 URL 位置的资源后附加新的消息 |
| PUT | 请求向 URL 位置存储一个资源，覆盖原 URL 位置的资源 |
| PATCH | 请求局部更新 URL 位置的资源，即改变该处资源的部分内容 |
| DELETE | 请求删除 URL 位置存储的资源 |

以上方法中，GET、HEAD 是从服务器获取信息到本地，POST、PUT、PATCH、DELETE 是从本地向服务器提交信息，HTTP 协议通过 URL 对资源做定位，通过以上方法对资源进行管理，每次操作都是独立无状态的。

在网络上，对服务器数据进行修改是比较困难的，在实际中 GET 是最为常用的方法。

### 2.1.2　Requests 简介

Requests 库是一个功能强大的网络请求库，可以请求网站获取网页上的数据。引入规则如下：

```
Import requests
```

Requests 库中的基本方法与 HTTP 协议对资源的操作方法是一一对应的，所以，通 Requests 就可以模拟浏览网页时请求网页的过程，具体方法如下：

表 6-2

| 方法 | 说明 |
|---|---|
| requsts.requst（ ） | 构造一个请求，最基本的方法，是下面方法的支撑 |
| requsts.get（ ） | 获取 html 网页 |
| requsts.head（ ） | 获取 html 网页的头信息 |
| requsts.post（ ） | 向 html 网页提交追加资源请求 |
| requsts.put（ ） | 向 html 网页提交覆盖资源请求 |
| requsts.patch（ ） | 向 html 网页提交局部修改请求 |
| requsts.delete（ ） | 向 html 网页提交删除请求 |

## 2.2 requests.get（ ）

### 2.2.1 requests.get（ ）

爬取网页最简单的方法如下：

```
r=requests.get（url）
```

通过 requests 调用 get（ ）方法，传入需要获取资源的 url，即可构造一个 HTTP 请求，并获取响应内容。

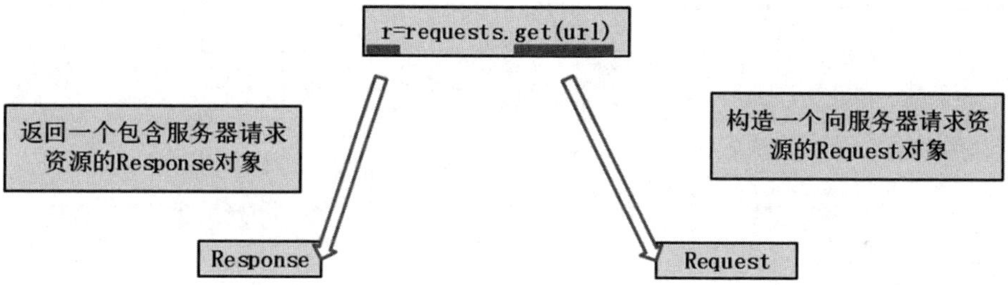


### 2.2.2 Response 对象

Response 对象包含爬虫返回的内容，其重要属性如下：

表 6-3

| 属性 | 说明 |
|---|---|
| r.status_code | 请求返回状态码，200 表示连接成功，404 或其他表示失败 |
| r.text | 响应内容的字符串形式，即 url 对应的页面内容 |
| r.content | 响应内容的二进制形式 |
| r，headers | 网页头部信息，有关响应的补充信息，如响应数据的文件类型等 |
| r.encoding | 从网页头信息（header）中猜测的响应内容编码方式 |
| r.apparent_encoding | 从内容中分析出的响应内容编码方式（备选编码方式） |

这里需要注意的是，只有返回状态码为 200（即连接成功），才能正常查看其他属性。

### 2.2.3 Response 编码问题

【例 6-1】爬取“中商产业研究院”—湖南天雁 600689 的资产负债表。

```
# 引入 requests
import requests
# 发送请求爬取“中商产业研究院” - 湖南天雁 600689 的资产负债表
r=requests.get（"https：//s.askci.com/stock/financialreport/600698/"）

# 检测请求的状态码
print（r.status_code）
# 查看响应内容
r.text
```

运行结果如下：

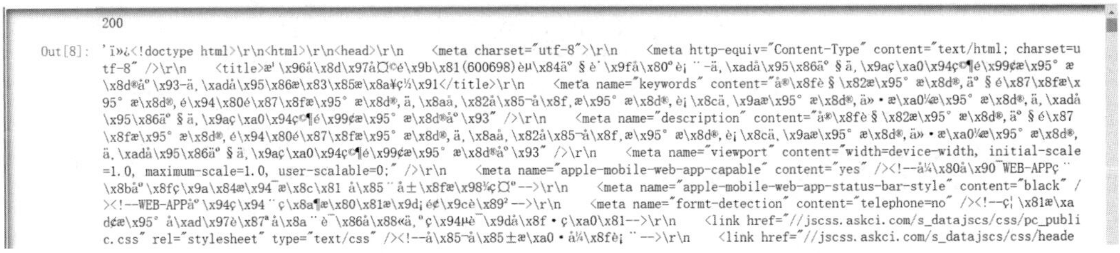


从运行结果可知，返回的状态码是 200，表明连接成功，那么，为什么使用 r.text 查看响应内容会产生乱码呢？

请求发出后，requests 会基于 HTTP 头部信息对响应的编码方式做出推测，当访问 r.text 时，requests 会使用其推测的编码方式进行解码，并显示网页内容。

表 6-4

| 属性 | 说明 |
| --- | --- |
| r.encoding | 从网页头信息（header）中猜测的响应内容编码方式 |
| r.apparent_encoding | 从内容中分析出的响应内容编码方式（备选编码方式） |

查看从头信息猜测出的编码方式：

```
r.encoding
```

运行结果如下：

```
'ISO-8859-1'
```

ISO-8859-1 编码方式支持部分欧洲语言，但不支持中文，当响应内容存在中文就无法解析）

乱码解决方法：

```
r.encoding=r.apparent_encoding
```

原理：通过 r.apparent_encoding 属性获取响应内容真实的编码方法，再用 r.encoding 指定该编码，r.text 将会根据指定的编码解析网页。

查看响应内容的真实编码方式：

```
r.apparent_encoding
```

运行结果如下：

```
'UTF-8-SIG'
```

utf-8 编码适用于汉字处理、汉字通信系统之间的信息交换。

**【例 6-2】**指定真实编码，并查看响应内容。

```
r.encoding=r.apparent_encoding   # 指定编码
# 检测请求的状态码
print（r.status_code）
# 查看响应内容
r.text
```

运行结果如下：

```
200
Out[17]: '<!doctype html>\r\n<html>\r\n<head>\r\n    <meta charset="utf-8">\r\n    <meta http-equiv="Content-Type" content="text/html; charset=utf-8" />\r\n    <title>湖南天雁(600698)资产负债表-中商产业研究院数据库-中商情报网</title>\r\n    <meta name="keywords" content="宏观数据,产量数据,销量数据,上市公司数据,行业数据,价格数据,中商产业研究院数据库" />\r\n    <meta name="description" content="宏观数据,产量数据,销量数据,上市公司数据,行业数据,价格数据,中商产业研究院数据库" />\r\n    <meta name="viewport" content="width=device-width, initial-scale=1.0, maximum-scale=1.0, user-scalable=0;" />\r\n    <meta name="apple-mobile-web-app-capable" content="yes" /><!--开启WEB-APP程序的支持 全屏显示-->
```

改变编码后，访问 r.text 时，requests 都将使用 r.encoding 的新值，这样就可以返回正常的文本内容了。

### 2.2.4 Response 对象异常

在访问网页的过程中，常常会遇到许多异常情况，如网络连接错误、请求超时等，一旦出现异常，就无法获取相应内容。获取网页时，只有 Response 对象返回状态码为 200（即连接成功），才能顺利爬取网页内容，r.status_code 属性返回状态码，那么，爬虫过程中可以使用 if 语句进行判断：

```
If r.status_code==200：
    代码块 1
else：
    代码块 2
```

使用 if 条件语句是常规解决方法，此外，requests 还提供另一种方法：

r.raise_for_status（）：在方法内部判断 r.status_code 是否为 200，如果不是 200，则产生异常。使用该方法就不需要增加 if 语句，可以简化代码。

## 2.3 数据保存

### 2.3.1 数据保存

使用 requests.get（）爬取数据后，需要将数据保存至本地，方便后续直接调用，保存文件类型包括 json 格式、csv 格式、Excel 格式等，具体保存为什么类型的文件可以根据爬取到的文件类型确定。

在 Python 中，在读写文件时，一般使用 with 进行上下文的管理，它可以自动关闭文件，其基本语法格式：

```
with 表达式 as 变量：  # 表示将表达式返回的结果保存到该变量中
    代码块
```

保存数据的方法：打开一个文件，并写入具体内容，语法如下：

```
With open（'文件名称'，'写入模式'，编码方式）as f:
    f.write（）
```

（1）open（）函数

open（）函数：可以打开一个文件，并创建一个 file 对象，函数语法如下：

```
open（file，mode='r'，buffering=-1，encoding=None，errors=None，
newline=None，closefd=True，opener=None）
```

常用参数如下：

表 6–5

| 常用参数 | 说明 |
| --- | --- |
| file | 打开并返回一个文件对象 |
| mode | 打开文件的模式，默认为 "r"，表示只读 |
| encoding | 设定打开文件时使用的编码方式 |

mode 参数指明打开文件的模式，常用模式如下：

表 6–6

| 模式 | 说明 |
| --- | --- |
| r | 以只读方式打开文件，默认模式，文件必须存在 |
| w | 打开一个文件用于重新写入，若该文件已经存在则打开文件，并从开头开始编辑原有内容被覆盖，若该文件不存在，则创建新文件写入 |
| a | 打开一个文件用于追加，若文件存在，新的内容将追加写入已有内容之后，若该文件不存在，则创建新文件写入 |
| b | b 表示处理二进制文件，包括 rb、wb、ab |

其中，r、W、a 表示处理文本文件，需要指定编码方式，一般设置 encoding='utf-8'，rb、wb、ab 表示处理二进制文件，不需要指定编码方式。

（2）write（）函数

Write（）函数：表示向文件中写入指定内容，其语法如下：

```
write（data）
```

data：表示写入的数据，包括是字符串类型（str）、二进制类型（bytes）。

**▲知识点拨**

文件打开模式带 b（即 rb、wb、ab）时，写入的数据必须是二进制类型。

那么，字符串与二进制类型是否可以转换呢？字符串和二进制之间通过编码和解码的方式来实现转换：

➢ str 通过 encode 方法转化为 bytes

➢ bytes 通过 decode 方法转化为 str

这里需要注意的是，编码方式与解码方式必须一样，否则将产生乱码；此外，默认编码的方式为：utf-8。

### 2.3.2 数据写入形式

write（ ）函数可以写入字符串形式，也可以写入二进制形式，那么，在保存数据时到底该使用什么形式写入呢？

常用文件类型总结如下：

➢ r.text：json 文件、csv 文件等文本型文件

➢ r.content：Excel 文件（x1sx/xls）、图片类文件（png/ipg）、视频类文件（mp4）等

爬取网页后，可以根据响应内容的格式选择文件类型，本课程文本类型仅涉及 json、csv 文件，二进制类型仅涉及 Excel 文件，具体写入语法如下：

```
# r.text 写入文件：写入文本文件必须指定编码方式
import requests
with open（'文件名称'，'w'，encoding='utf-8'）as f:
    f.write（r.text）
#r.content 写入文件，无须指定编码方式
with open（'文件名称'，'wb'）as f:
    f.write（r.content）
```

**【例 6-3】**在［例 6-2］中，爬取到的资产负债表是以 csv 文件存储的，则直接将 r.text 写入一个 csv 文件即可保存。

```
#r.text 写入文件，文件类型为 csv
with open（'600689-zcfzb.csv'，'w'，encoding='utf-8'）as f:
    f.write（r.text）
```

写入文件后，打开 csv 文件可以看到如下内容：

## 2.4 自定义爬虫函数

### 2.4.1 try except 语句

在爬虫的过程中，一旦网络无法连接，或是请求超时等就无法正常地获取信息，发生这些异常情况后，程序就会中断并提示错误。所以在搭建爬虫框架时，可以使用 try except 语句，它是 Python 中的异常处理语句，可以捕获并处理异常，语法如下：

```
try;
    代码块 1 # 可能产生异常的代码
except:
    代码块 2 # 异常处理代码
```

Try except 语句用来检测 try 语句中的错误，从而让 except 语句捕获异常信息并处理：try 语句先执行，若发生异常情况，则执行 exept 语句。

【例 6-4】输入一个数字，如果不是数字则重新输入。

```
while True:
  try:
    x=int（input（"请输入一个数字："））
    break
  except:
    print（"您输入的不是数字，请再次尝试输入!"）
```

运行结果如下：

```
请输入一个数字：a
您输入的不是数字，请再次尝试输入！
请输入一个数字：s
您输入的不是数字，请再次尝试输入！
请输入一个数字：1
```

上述案例中，while True 语句可以创建一个无限循环，try 语句未产生异常（输入的是数字），则执行 break 语句直接退出循环，try 语句产生异常（输入非数字），直接执行 except 语句，并继续下次循环。

### 2.4.2 自定义爬虫函数

【例 6–5】根据 Requests 库相关内容自定义爬虫函数（仅考虑 Excel、json、csv 三种文件类型）。

```
# 自定义爬虫函数：url、filename 均为字符串类型
import requests
# 引入库
def spider（url，filename）：
  try：
    r=requests.get（url1，timeout=5）
    r.raise_for_status（）
    r.encoding=r.apparent_encoding
    if（filename.endswith（"xls"）or filename.endswith（"xlsx"））：
      with open（filename，'wb'）as f：
        f.write（r.content）
    else：
      with open（filename，'w'，encoding='utf-8'）as f：
        f.write（r.text）
    return print（'文件：'，filename，'下载成功！'）
  except：
    return print（'下载失败！'）
```

**▲知识点拨**

timeout：设定超时时间，以秒为单位，为防止服务器响应缓慢，可以设置该参数，若在指定时间内没有收到响应，则抛出异常。

str.endswith（）：判断字符是否以某字符结束。

【例 6–6】登录"科云大数据中心"，使用自定义爬虫函数爬取"采矿业"所有上市公司股票代码及相关信息，并将爬取数据保存为 json 文件，文件名为 "cky.json"。

```
spider（'https：//keyun-oss.acctedu.com/app/bigdata/2019/block/hy002000.json'，'cky.json'））
```

运行结果如下：

```
文件：cky.json 下载成功！
```

# 任务三　数据清洗

数据分析结果的优劣主要依赖于数据的优劣，我们在网络上获取的数据往往存在着许多问题，如数据缺失、数据重复、数据异常等，直接对这些数据进行统计分析，将会导致分析结论偏离实际。因此，在数据分析之前通常需要先对数据进行清洗。

数据清洗：是对数据进行重新审查和校验的过程，目的在于通过预定的清理规则将不符合要求的数据转化为满足质量要求的数据。

数据清洗主要内容如下：

➢ 重复值处理：删除

➢ 缺失值处理：删除、填充

➢ 其他异常处理：数据中特殊字符删除、数据格式更改、无法识别数据处理、英文大小写转换等

一般在数据清洗之前，首先必须明确数据存在哪些问题，再针对各问题逐一击破，如下图：

| | 年 | 月 | 平均流动资产 | 平均非流动资产 | 平均流动负债 | 平均非流动负债 | 平均所有者权益 |
|---|---|---|---|---|---|---|---|
| 0 | 2019 | 1 | 644978 | NaN | 572266.12 | ¥2120000 | 1733385.26 |
| 1 | 2019 | 2 | NaN | NaN | NaN | NaN | NaN |
| 2 | 2019 | 3 | 675，872.23 | NaN | 607200.23 | ¥2120000 | 1821458.78 |
| 3 | 2019 | 3 | 675，872.23 | NaN | 607200.23 | ¥2120000 | 1821458.78 |
| 4 | 2019 | 4 | 692675 | NaN | 610013.12 | ¥2324750 | 1863356.97 |

图 6–3

通过观察以上 DataFrame，分析数据问题如下：

➢ 重复行：行索引 2 和 3 数据重复

➢ 缺失值：NaN 部分

➢ 存在异常符号：￥、逗号、空格了解问题所在之后，就可以一步步进行数据清洗了

## 3.1 处理缺失数据

和重复值的处理一样，在处理缺失值之前可以先检查缺失值数量，然后根据数据分析要求，选择以下常用方法进行处理：

➢ 删除数据：根据缺失比例删除行、列

➢ 使用默认值填充：可用空字符串或数值 0 替换

➢ 使用估算值填充：采用中位数、平均数、众数等替换

处理缺失值的函数如下：

➢ isnull（ ）：检测缺失值

➢ dropna（ ）：删除缺失值

➢ fllma（ ）：使用指定的方法填充 NA/NaN 值

### 3.1.1 isnull（ ）函数

isnull（ ）函数：检测缺失值，返回布尔值，缺失值被映射为 True，非缺失值被映射为 False，isnull（ ）函数常用方法如下：

表 6–7

| 方法 | 描述 |
|---|---|
| df.isnull（ ） | 查看缺失值位置 |
| df.isnull（ ）.any（ ） | 判断某一列是否有缺失值 |
| df.isnull（ ）.sum（ ） | 统计每列缺失值数量 |
| df.isnull（ ）.sum（ ）.sum（ ） | 统计 DataFrame 中缺失值合计数 |
| Series.value_counts（ ） | 统计 Series 中不同元素出现的次数，在 DataFrame 中使用时，需要指定对哪一列或行使用 |

【例 6–7】使用 isnull（ ）检测缺失值，并统计每列缺失值和非缺失值的数量。

```
df.isnull（ ）.apply（lambda x：x.value_counts（ ））
```

运行结果如下：

| | 年 | 月 | 平均流动资产 | 平均非流动资产 | 平均流动负债 | 平均非流动负债 | 平均所有者权益 |
|---|---|---|---|---|---|---|---|
| **False** | 8.0 | 8.0 | 7 | NaN | 7 | 7 | 5 |
| **True** | NaN | NaN | 1 | 8.0 | 1 | 1 | 3 |

isnull（ ）函数检测缺失值：

```
df.isnull（ ）
```

运行结果如下：

| | 年 | 月 | 平均流动资产 | 平均非流动资产 | 平均流动负债 | 平均非流动负债 | 平均所有者权益 |
|---|---|---|---|---|---|---|---|
| 0 | False | False | False | True | False | False | False |
| 1 | False | False | True | True | True | True | True |
| 2 | False | False | False | True | False | False | False |
| 3 | False | False | False | True | False | False | False |
| 4 | False | False | False | True | False | False | False |
| 5 | False | False | False | True | False | False | True |
| 6 | False | False | False | True | False | False | True |
| 7 | False | False | False | True | False | False | False |

调用 apply 函数，依次将每列数据传入匿名函数，可统计出每列缺失值和非缺失值的数量。

### 3.1.2 dropna（ ）函数

dropna（ ）函数：删除缺失的值，语法如下：

```
DataFrame.dropna（axis=0，how='any'，thresh=None，subset=None，
Inplace=False）
```

参数如下：

表 6–8

| 常用参数 | 描述 |
|---|---|
| axis | 默认 axis=0，表示删除包含缺失值的行，axis=1，表示删除包含缺失值的列 |
| how | 默认 how=any，表示删除含有缺失值的所有行成列，how=all 表示删除全为缺失值的行或列 |
| thresh | int，保留含有 int 个非空值的行、列 |
| subset | 对特定列进行缺失值删除 |
| inplace | 默认为 False，True 表示直接在原数据上更改 |

【例 6-8】使用 dropna（ ）在原数据上删除全为 NaN 的列。

```
df.dropna（axis=1，how='all'，inplace=True）
df
```

运行结果如下：

| | 年 | 月 | 平均流动资产 | 平均流动负债 | 平均非流动负债 | 平均所有者权益 |
|---|---|---|---|---|---|---|
| 0 | 2019 | 1 | 644978 | 572266.12 | ¥2120000 | 1733385.26 |
| 1 | 2019 | 2 | NaN | NaN | NaN | NaN |
| 2 | 2019 | 3 | 675，872.23 | 607200.23 | ¥2120000 | 1821458.78 |
| 3 | 2019 | 3 | 675，872.23 | 607200.23 | ¥2120000 | 1821458.78 |
| 4 | 2019 | 4 | 692675 | 610013.12 | ¥2324750 | 1863356.97 |
| 5 | 2019 | 5 | 707907 | 642826.01 | ¥2324750 | NaN |
| 6 | 2019 | 6 | 728139 | 625638.89 | ¥2324750 | NaN |
| 7 | 2019 | 7 | 746372 | 608451.78 | 2324750 | 2000288.51 |

在清洗缺失值时，可通过指定 dropna（ ）函数的参数值来确定删除数据的条件，常用方法归纳如下：

表 6-9

| 删除条件 | 行 | 列 |
|---|---|---|
| 含有 NaN | DatofFrame.dropna（ ） | DataFrame.dropna（axis=1） |
| 全为 NaN | DataFrame.dropna（ ） | DataFrame.dropna（axis=1） |
| 不足 n 个非空值 | DataFrame.dropna（how='all'） | DataFrame.dropna（axis=1，how='all'） |
| 特定列为 NaN 的行 | DataFrame.dropna（axis=1，thresh=n） | DataFrame.dropna（axis=1，thresh=n） |

### 3.1.3 fillna（ ）函数

fillna（ ）函数：使用指定的方法填充 NA/NaN 值，语法如下：

```
DataFrame.fillna（value=None，method=None，axis=None，inplace=False，
limit=None，downcast=None）
```

常用参数如下：

表 6-10

| 常用参数 | 描述 |
|---|---|
| value | 用于填充的值：数值、字符串、变量、字典、series、DataFrame，不能使用列表 |
| method | 填充方法：（"backfill'，'bfill'，'pad'，'ffill'，None}，默认为 None，指定填充值，pad/ffill 表示用前一个非缺失值填充，backfill/bfill 表示用后一个非缺失值填充 |
| axis | 填充缺失值所沿的轴，默认为 None |
| inplace | 默认为 False，True 表示直接在原数据上填充 |
| limit | 限制填充次数 |

【例 6-9】使用 fillna（）以 0 填充所有缺失值。

```
df.fillna（0）
```

运行结果如下：

| | 年 | 月 | 平均流动资产 | 平均非流动资产 | 平均流动负债 | 平均非流动负债 | 平均所有者权益 |
|---|---|---|---|---|---|---|---|
| 0 | 2019 | 1 | 644978 | 0.0 | 572266.12 | ¥2120000 | 1733385.26 |
| 1 | 2019 | 2 | 0 | 0.0 | 0.00 | 0 | 0.00 |
| 2 | 2019 | 3 | 675，872.23 | 0.0 | 607200.23 | ¥2120000 | 1821458.78 |
| 3 | 2019 | 3 | 675，872.23 | 0.0 | 607200.23 | ¥2120000 | 1821458.78 |
| 4 | 2019 | 4 | 692675 | 0.0 | 610013.12 | ¥2324750 | 1863356.97 |
| 5 | 2019 | 5 | 707907 | 0.0 | 642826.01 | ¥2324750 | 0.00 |
| 6 | 2019 | 6 | 728139 | 0.0 | 625638.89 | ¥2324750 | 0.00 |
| 7 | 2019 | 7 | 746372 | 0.0 | 608451.78 | 2324750 | 2000288.51 |

【例 6-10】使用 fillna（）以每列的平均值填充所有缺失值。

```
df.fillna（df.mean（））
```

运行结果如下：

| | 年 | 月 | 平均流动资产 | 平均非流动资产 | 平均流动负债 | 平均非流动负债 | 平均所有者权益 |
|---|---|---|---|---|---|---|---|
| 0 | 2019 | 1 | 644978 | NaN | 572266.120000 | ¥2120000 | 1733385.26 |
| 1 | 2019 | 2 | NaN | NaN | 610513.768571 | NaN | 1847989.66 |
| 2 | 2019 | 3 | 675，872.23 | NaN | 607200.230000 | ¥2120000 | 1821458.78 |
| 3 | 2019 | 3 | 675，872.23 | NaN | 607200.230000 | ¥2120000 | 1821458.78 |
| 4 | 2019 | 4 | 692675 | NaN | 610013.120000 | ¥2324750 | 1863356.97 |
| 5 | 2019 | 5 | 707907 | NaN | 642826.010000 | ¥2324750 | 1847989.66 |
| 6 | 2019 | 6 | 728139 | NaN | 625638.890000 | ¥2324750 | 1847989.66 |
| 7 | 2019 | 7 | 746372 | NaN | 608451.780000 | 2324750 | 2000288.51 |

从运行结果可以看到，平均流动资产、平均非流动资产、平均非流动负债的缺失值并没有被填充，说明这几列数据可能并非数值类型，无法计算出平均值。因此，在进行数据清洗的时候，还需要将数据类型进行统一，才能进行正常的数据运算分析。

## 3.2 处理重复数据

对于重复值的处理，首先可以先检验是否存在重复值，然后再将重复值删除。

Pandas 提供了两个专门处理重复值的函数，分别是 duplicated（ ）函数 drop_duplicates（ ）函数：

➢ duplicated（ ）：用于查找重复项

➢ dropduplicates（ ）：删除重复项

### 3.2.1 duplicated（ ）函数

Duplicated（ ）函数：用于查找重复项，返回布尔值，将重复项标记为 True，非重复项标记为 False，语法如下：

```
DataFrame.duplicated（subset=None，keep=' first'）
```

参数如下：

表 6–11

| 常用参数 | 描述 |
| --- | --- |
| subset | 根据特定列识别重复项，默认使用所有列 |
| keep | 确定要标记的重复项，可选 'first'、'last'、False, 默认为 'first', 表示标记除第一次出现的重复项，last 表示标记除最后一次出现的重复项，False 表示标记所有重复项 |

【例 6–11】读取“HY 公司数据 dataclean.xlsx”信息，使用 duplicated（ ）查找重复项。

```
import numpy as np
import pandas as pd
df= pd.read_excel（r'F:\理实结合实践测试\HY 公司数据 dataclean.xlsx'）
df.duplicated（ ）
```

运行结果如下：

```
0    False
1    False
2    False
3    True
4    False
5    False
6    False
7    False
dtype: bool
```

从返回结果中可以看到，索引号为 3 的数据存在重复项。

### 3.2.2　drop_duplicates（ ）函数

drop_duplicates（ ）函数：返回删除重复行的 DataFrame，语法如下：

```
DataFrame.drop_duplicates（subset=None，keep='first'，inplace=False，
ignore_index=False）
```

参数如下：

表 6–12

| 常用参数 | 描述 |
| --- | --- |
| subset | 根据特定列识别重复项，默认使用所有列 |
| keep | 确定要保留的重复项，可选 'first'、'last'、'False'，默认为 'first' 表示保留第次出现的重复项，'last' 表示保留最后一次出现的重复 |
| inplace | 默认为 False，True 表示直接在原数据上删除 |
| ignore_index | 重建索引，默认为 False |

**【例 6–12】**使用 drop_duplicates（ ）函数在原数据上删除重复项。

```
df.drop_duplicates（inplace=True）
df
```

运行结果如下：

| | 年 | 月 | 平均流动资产 | 平均非流动资产 | 平均流动负债 | 平均非流动负债 | 平均所有者权益 |
|---|---|---|---|---|---|---|---|
| 0 | 2019 | 1 | 644978 | NaN | 572266.12 | ¥2120000 | 1733385.26 |
| 1 | 2019 | 2 | NaN | NaN | NaN | NaN | NaN |
| 2 | 2019 | 3 | 675，872.23 | NaN | 607200.23 | ¥2120000 | 1821458.78 |
| 4 | 2019 | 4 | 692675 | NaN | 610013.12 | ¥2324750 | 1863356.97 |
| 5 | 2019 | 5 | 707907 | NaN | 642826.01 | ¥2324750 | NaN |
| 6 | 2019 | 6 | 728139 | NaN | 625638.89 | ¥2324750 | NaN |
| 7 | 2019 | 7 | 746372 | NaN | 608451.78 | 2324750 | 2000288.51 |

duplicated（）和 drop_duplicates（）判断标准和逻辑是一样的，在数据清洗时，可直接使用 drop_duplicates（）来处理重复项。

## 3.3　其他异常处理

我们获取的数据除了重复值、缺失值之外往往还存在许多其他问题，常见异常情况处理如下：

➢ 特殊字符删除：将所有数据转换为字符串，使用 replace（）函数进行替换

➢ 数据类型更改：根据需求使用 astype（）函数更改数据类型

➢ 无法识别数据处理 : 替换默认值、或替换为 NaN 再进行处理

➢ 大小写转换：upper（）、lower（）函数

**▲知识点拨**

将 DataFrame 元素替换为 NaN 方法如下：

```
DataFrame.replace（to_replace，np.nan）
```

将 DataFrame 整列替换为 NaN 方法如下：

```
DataFrame［'col'］=np.nan
```

数据清洗通常会将数据转换为字符串再进行处理，如使用 replace（）函数替代特殊字符，使用 upper（）、lower（）函数对大小写进行转换，当 dataFrame 中一列数据存在多项信息时，可根据数据项的特征调用 split（）函数进行分割等。

### 3.3.1 astype（ ）函数

astype（ ）函数可以将 pandas 对象转换为指定的数据类型，其语法如下：

```
DataFrame.astype（dtype，copy=True，errors='raise'）
```

参数如下：

表 6-13

| 常用参数 | 描述 |
| --- | --- |
| dtype | 数据类型：使用 numpy.dtype 或 Python 类型将整个 pandas 对象转换为相同类型，也可对特定列进行转换 |
| copy | 布尔值，默认为 True，表示返回一个副本 |
| errors | 针对数据类型转换无效引发异常的处理，默认为 raise，表示允许引发异常，errors='ignore' 抑制异常，错误时返回原始对象 |

在进行数据类型转换时需要注意不同数据之间的转换限制，常见情况如下：

➢ 整数→浮点数：可以转换

➢ 浮点数→整数：小数部分被截断

➢ 字符串→浮点数：若字符串全为数字则可以转换

【例 6-13】在［例 6-12］的基础上，查看 DataFrame 各元素数据类型。

```
df.applymap（type）
```

运行结果如下：

| | 年 | 月 | 平均流动资产 | 平均非流动资产 | 平均流动负债 | 平均非流动负债 | 平均所有者权益 |
| --- | --- | --- | --- | --- | --- | --- | --- |
| 0 | <class 'int'> | <class 'int'> | <class 'float'> | <class 'float'> | <class 'float'> | <class 'str'> | <class 'float'> |
| 1 | <class 'int'> | <class 'int'> | <class 'float'> | <class 'float'> | <class 'float'> | <class 'float'> | <class 'float'> |
| 2 | <class 'int'> | <class 'int'> | <class 'str'> | <class 'float'> | <class 'float'> | <class 'str'> | <class 'float'> |
| 4 | <class 'int'> | <class 'int'> | <class 'float'> | <class 'float'> | <class 'float'> | <class 'str'> | <class 'float'> |
| 5 | <class 'int'> | <class 'int'> | <class 'float'> | <class 'float'> | <class 'float'> | <class 'str'> | <class 'float'> |
| 6 | <class 'int'> | <class 'int'> | <class 'float'> | <class 'float'> | <class 'float'> | <class 'str'> | <class 'float'> |
| 7 | <class 'int'> | <class 'int'> | <class 'float'> | <class 'float'> | <class 'float'> | <class 'int'> | <class 'float'> |

可以看到 DataFrame 中包含了字符串、整型、浮点型，并且金额类型的数据中也有字符串类型，这就是无法求取平均值的原因。

### 3.3.2 其他异常处理代码

【例 6–14】处理数据中的特殊字符，将所有金额转换为浮点型数据，并以每列的平均值填充所有缺失值。

```
# 用空字符串替换各元素中的￥、空格、逗号
df=df.applymap(lambda x: str(x).replace(' ','').replace(',','').replace('￥',''))
# 将期间设为索引，其余数据转换为浮点数
df=df.set_index('月').astype('float')
# 以每列平均值填充该列缺失值
df.fillna(df.mean())
```

运行结果如下：

| 月 | 平均流动资产 | 平均流动负债 | 平均非流动负债 | 平均所有者权益 |
|---|---|---|---|---|
| 1 | 644977.560 | 572266.120 | 2120000.0 | 1733385.26 |
| 2 | 699323.675 | 611066.025 | 2256500.0 | 1854622.38 |
| 3 | 675872.230 | 607200.230 | 2120000.0 | 1821458.78 |
| 4 | 692674.560 | 610013.120 | 2324750.0 | 1863356.97 |
| 5 | 707906.900 | 642826.010 | 2324750.0 | 1854622.38 |
| 6 | 728139.230 | 625638.890 | 2324750.0 | 1854622.38 |
| 7 | 746371.570 | 608451.780 | 2324750.0 | 2000288.51 |

通过清理异常的符号，将数据格式统一后即可使用各列平均值填充空值。

### 3.3.3 set_index（）与 reset_index（）函数

（1）set_index（）函数

在例 6–14 中，使用到了 set_index（）函数将“月”列设置为行索引，set_index（）函数可以将 DataFrame 中的列设为行索引，其语法如下：

```
DataFrame.set_index(keys, drop=True, append=False, inplace=False,
verify_integrity=False)
```

参数如下：

表 6–14

| 常用参数 | 描述 |
| --- | --- |
| keys | 需要设为索引的列，单个列名或多个列名组成的列表 |
| drop | 默认为 True，删除用作新索引的列 |
| append | 默认为 False，是否将列追加到现有索引 |
| inplace | 默认为 False，True 表示直接在原数据上更改 |
| verify_integrity | 默认为 False，检查新索引是否重复 |

（2）resetindex（ ）函数

与设置索引对应的就是重置索引，重置索引使用 reset_index（ ）函数，并使用原始索引。reset_index 函数语法如下：

```
DataFrame.reset_index（level=None，drop=False，inplace=False，
col_level=0，col_fill=''）
```

参数如下：

表 6–15

| 常用参数 | 描述 |
| --- | --- |
| level | 从索引中删除给定级别，默认情况下删除所有级别，可用 int、str、tuple、list |
| drop | 是否删除原索引，默认为 False，表示重置后将索引列还原为普通列 |
| inplace | 默认为 False，True 表示直接在原数据上更改 |
| col_level | 如果列有多个级别，则确定将还原的索引列插入哪个级别，默认插入第一级 |
| col_fill | 如果列有多个级别，则确定如何命名其他级别，如果为 None，则重复索引名 |

## 拓展阅读

### 大数据时代的两个阶段

我们现在处在一个数据的海洋当中。

2019 年的春运被媒体戏称为“世界上最大的人口迁徙”，有 30 亿人次流动。2018 年“双十一”网购达到了 2135 亿元的销售额度。现在，每天会产生 450 亿的微信条目。用手机的网民已经达到 8.17 亿。总体来说，我们国家的 GDP 数字经济占比已经达到了 34.8%，超过了 1/3，这方面实际能够体现出，我们这个社会已经开始越来越数字化了。

说起大数据、大数据时代，主要的时代背景是什么呢？我们现实世界有多大程度上可以用数据表示？用一个形象的话来讲，我们的社会像素正在急剧提升。这个“像素”来自到处可见的感测设备——探头、智能手机、可穿戴设备、车载设备……。这些使我们这个社会的数字化程度越来越高，数据的粒度因此也越来越细。也就是说，数字化生活的两个要素之一：像素、数据的粒度已经具备。像素够高的时候我们要干什么？形象地说就是“成像”，就像手机、相机，像素越高成像的质量越好，因此，成像是我们数字化生活中另外一个重要的要素，像素和成像对应起来，就把数据和算法联系起来了。这就是我们所说的大数据的时代背景。

清华大学经济管理学院 EMC 讲席教授陈国青认为，大数据时代可以分成两个阶段。

第一阶段是数据商务阶段。不断地把现实生活中的要素，人财物，都进一步数据化，同时根据这些数据化的人财物进行算法的应用。

第二阶段是算法商务阶段。当像素足够高的时候，重点就变成了成像了，也就是说，重点变成算法应用。

数据商务阶段和算法商务阶段都围绕着数据和算法进行，但是重点有所不同。数据商务阶段就像做菜一样，数据化的过程就是不断准备材料的过程，不停地增加和丰富材料，然后根据已有的材料提供不同的菜品。但是，在算法商务阶段，材料已经足够丰富了，这个时候要比的就是手艺了，你是不是能够做得更好、更多。这就是我们所说的算法进阶及应用创新，如“智能 +”，我们可以用更加高尖的智能技术，包括人工智能的很多技术，在现有的大规模数据下进行应用。

资料来源：学习强国

# 项目七

# Python数据可视化

## 项目导读

### Matplotlib 简介

Matplotlib 是 Python 的第三方绘图库，仅需几行代码，就能够生成各种格式的图形（如折线图、散点图、柱状图等）。使用 Matplotlib 生成的图形质量较高，甚至可以达到出版级别。

Matplotlib 最核心的模块是 pyplot 模块，几乎所有的 2D 图形都是通过该模块绘制，约定别名为 plt，pyplot 模块引入规则如下：

```
from matplotlib import pyplot as plt
```

★ **教学目标**

1. 认识可视化
2. 掌握 matplotlib 初级应用
3. 掌握 matplotlib 应用进阶
4. 掌握 pyecharts 初级应用
5. 掌握 pyecharts 初级进阶

★ **教学内容**

1.Pandas 基础知识

2.Pandas 文件操作

3.Pandas 数据读取与索引

4.Pandas 数据连接与合并

★ **素养目标**

1. 具有良好的思考和分析问题的能力

2. 具有良好的逻辑思维能力和数据剖析能力

# 任务一 Matplotlib 初级应用

Matplotlib 基本绘图流程如下图所示：

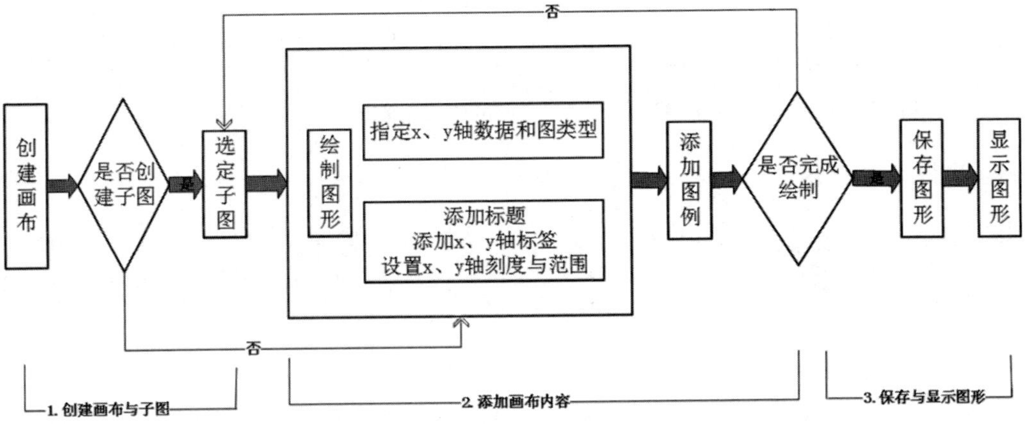


图 7-1

## 1.1 Matplotlib 绘图步骤

Matplotlib 基本绘图流程可以简化为三部分：创建画布与子图、添加画布内容、保存与显示图形。

### 1.1.1 创建画布与子图

绘图的第一步就是构建一张空白画布（figure，用于容纳图表的各种组件），并选择是否建立子图，pyplot 模块中默认有一个 figure 对象，所以，最简单的绘图可以省略第一步，直接在默认的画布上进行绘制。

（1）创建画布

figure（）函数：构建一张新的空白画布（返回一个 figure 对象），函数语法如下：

```
plt.figure（num=None，figsize=None，dpi=None，facecolor=None，edgecolor=None，frameon=True；FigureClass=Figure，clear=False，**kwargs）
```

常用参数如下：

表 7-1

| 常用参数 | 说明 |
| --- | --- |
| num | 图像编号或名称，数字为编号，字符串为名称，是图形的唯一标识符 |
| figsize | 指定 figure 的宽和高，单位为英寸 |
| dpi | 指定绘图对象的分辨率 |
| facecolor | 背景颜色，默认白色 |

【例 7-1】创建一个编号为“1”、宽度为 9、高度均为 5、分辨率为 100 的画布。

```
from matplotlib import pyplot as plt
plt.figure（num="1"，figsize=（9，5），dpi=100）
```

运行结果如下：

```
<Figure size 900x500 with 0 Axes>
<Figure size 900x500 with 0 Axes>
```

（2）创建子图

figure 中默认有一个坐标系（axes），创建 n 个子图则有 n 个坐标系，作图在坐标系中完成。

subplot（）函数：创建子图（即创建一个 n 行 m 列的 axes 对象），并选择绘图区域。函数语法如下：

```
plt.subplot（nrows，ncols，index）
```

函数参数如下：

➢ nrows、ncols：子图的行数和列数，表示绘图区域被分为 n 行 m 列

➢ index：子图索引，表示当前绘图区，子图按照从左到右、从上往下的顺序进行索引编号，编号从 1 开始，如下图

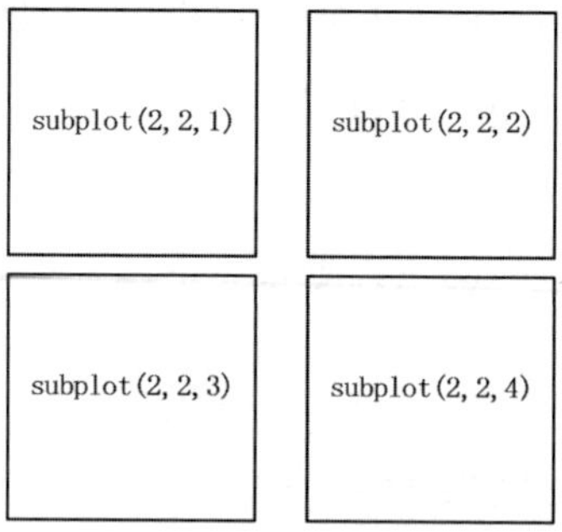


图 7-2

【例 7–2】在［例 7–1］创建的画布上创建 2 行 3 列的子图。

```
from matplotlib import pyplot as plt
plt.figure（num="1", figsize=（9, 5）, dpi=100）
plt.subplot（2, 3, 1）
plt.subplot（2, 3, 3）
plt.subplot（2, 3, 5）
```

运行结果如下：

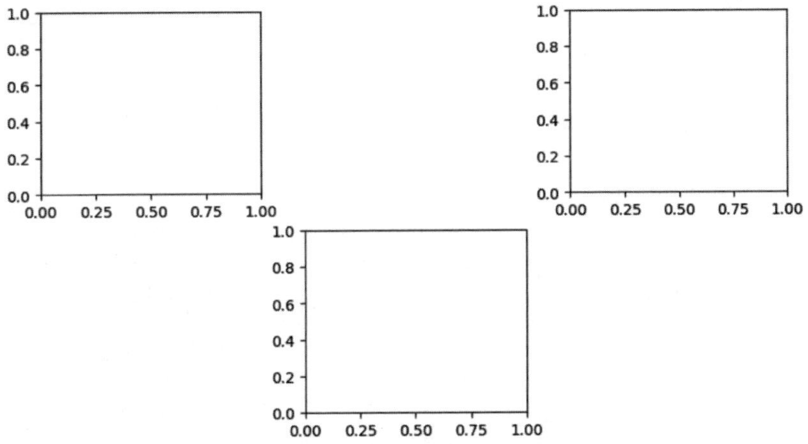


图 7–3

使用 subplot 可以规划 figure 划分 n 个子图，但每条 subplot 命令只会创建一个子图。

### 1.1.2　添加画布内容

添加画布内容是绘图的主体部分，要确定 x、y 轴的数据及绘图类型，在 Matplotlib 中，大部分图形样式的绘制方法都存在于 pyplot 模块中，较常用图形如下：

表 7–2

| 图形 | 说明 | 图形 | 说明 |
| --- | --- | --- | --- |
| plt.plot（） | 折线图 | plt.pie（） | 饼状图 |
| plt.scatter（） | 散点图 | plt.area（） | 面积图 |
| plt.bar（） | 柱状图 | plt.stackplot（） | 堆叠图 |
| plt.hist（） | 直方图 | plt.boxplot（） | 箱线图 |

确定 x、y 轴的数据及绘图类型后，即可设置图形的标题，x、y 轴的标签、刻度、范围等，最后添加图例。各类标签及图例常用函数如下：

表 7-3

| 函数 | 说明 | 函数 | 说明 |
|---|---|---|---|
| plt.title（） | 设置图像标题 | plt.xlim（） | 设置 x 轴范围 |
| plt.xlabel（） | 设置 x 轴名称 | plt.ylim（） | 设置 y 轴范围 |
| plt.ylabe1（） | 设置 y 轴名称 | plt.xticksO） | 设置 x 轴刻度 |
| plt.legend（） | 设置图例 | plt.yticks（） | 设置 y 轴刻度 |

### 1.1.3 保存与显示图形

保存与显示图形的函数如下：

表 7-4

| 函数 | 说明 |
|---|---|
| plt.savefig（） | 保存绘制的图形 |
| plt.show（） | 显示图形 |

如果需要保存图片，必须在 plt.show（）之前调用 plt.savefig（），这是由于调用 plt.show（）后会创建一个新的空白图片，在其后调用 plt.savefig（）将会保存新的空白图片。

## 1.2 Matplotlib 图形绘制

【例 7-3】甲公司 1—5 月份销售额依次为 45000 元、38000 元、54000 元、55000 元、48000 元，使用 pyplot 模块绘制 1—5 月销售额柱状图。

```
from matplotlib import pyplot as plt
# 步骤一：创建画布
plt.figure（figsize=（5，3），dpi=100）
plt.rcParams［'font.sans-serif'］=［'SimHei'］
plt.rcParams［'axes.unicode_minus'］=False
```

```
# 步骤二：创建绘图区（只有一个绘图区时可省略）
plt.subplot（1，1，1）
# 步骤三：指定数据和图形（x 轴为月份，y 轴为销售额）
x=［1，2，3，4，5］
y=［45000，38000，54000，55000，48000］
plt.bar（x，y，width=0.5）
# 步骤四：添加标签
plt.xlabel（'月'）
plt.ylabel（'销售额'）
plt.title（'1—5 月销售额'）
# 步骤五：保存图形
plt.savefig（'1—5 月销售额 .png'）
# 步骤六：显示图形
plt.show（）
```

运行结果如下：

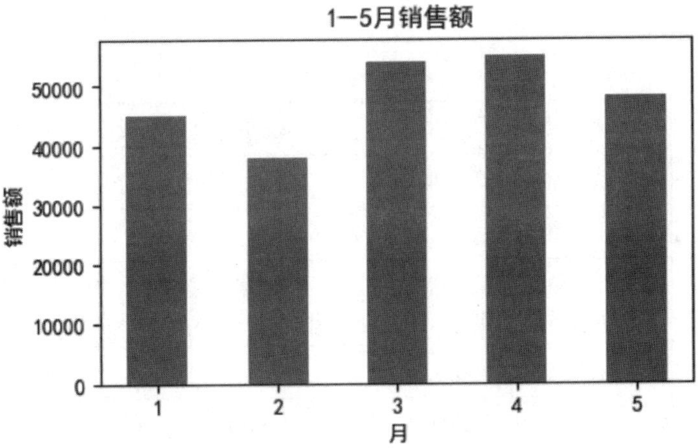


图 7-4

# 任务二　Matplotlib 绘图进阶

## 2.1　Matplotlib 图形样式设置

### 2.1.1　matplotlib 可视化绘图

Matplotlib 可以绘制各类图形，这里主要介绍如何将 DataFrame 数据以折线图、柱状图、饼图、组合图展示。

（1）绘制折线图

折线图是最基本的图形，由线条组成。plot（ ）函数用于绘制折线图，函数语法如下：

```
plt.plot（x，y，scalex=True，scaley=True，data=None，**kwargs）
```

常用参数如下：

表 7-5

| 常用参数 | 说明 |
| --- | --- |
| x，y | 表示 x、y 轴数据，接收数组、列表、元组等 |
| scalex，scaley | 是否自动缩放 x、y 轴，默认为 True |
| data | 可索引对象（如：diet.Datalrume），如果给定 data，则只需视供在 x、y 中绘制的标签名称，如以 DataFrame 中的列作为 x、y 轴数据 |
| color（c） | 设置折线颜色，接收字符串 |
| marker | 设置线条上标记点的样式，默认 Noner 接收字符串 |
| linestyle（ls） | 设置线型的样式，默认实线 '—'，接收字符串 |
| linewidth（lw） | 设置线型的宽度，接收数值 |
| alpha | 设置线型的透明度，0.0–1.0 之间 |
| label | 图例内容，接收字符串 |

其中，颜色设置方法：color=' 颜色名字 '，也可通过 RGB 对应的十六进制颜色码设置颜色，基本颜色代码如下：

表 7-6

| color 参数设置 | 颜色 | 对应十六进制颜色码 |
| --- | --- | --- |
| color='b' | 蓝（blue） | color='#0000FF' |
| color='g' | 绿（green） | color='#008000' |
| color='r' | 红（red） | Color='#FF0000' |
| color='w' | 白（white） | color='#FFFFFF' |
| color='m' | 洋红（magenta） | color='#FFOOFF' |
| color='y' | 黄（yellow） | color='#FFFF00' |
| color='k' | 黑（black） | color='#000000' |
| color='c' | 青（cyan） | Color='#00FFFF' |

常见线型样式如下：

表 7-7

| linestyle 参数设置 | 线型 |
| --- | --- |
| linestyle='–' | 默认实线 |
| linestyle='––' | 虚线 |
| 1inestyle='–., | 点划线 |
| linestyle='：' | 点状线 |

常见标记样式如下：

表 7-8

| marker 参数设置 | 标记点 | marker 参数设置 | 标记点 |
| --- | --- | --- | --- |
| marker='.' | 实心点 | marker='+' | 加号 |
| marker='s' | 正方形 | marker='v' | 一角朝下三角形 |
| marker='o' | 圆圈 | marker='''' | 一角朝上三角形 |
| marker='*' | 星号 | marker='D' | 菱形 |
| marker='p' | 五边形 | marker='H' | 六边形 |

**【例 7–4】**读取 HY 公司资产负债表 data.xlsx、HY 公司利润表 data.xlsx 文件，根据“资产负债表项目”和“利润表项目”计算各期毛利率、营业净利率、权益净利率、总资产净利率，并计算各期毛利率、营业净利率、权益净利率、总资产净利率，并筛选 2020 年相关指标。

```
# 引入 pandas
import pandas as pd
# 读取资产负债表项目
df1=pd.read_excel（r'F：\ 理实结合实践测试 \HY 公司资产负债表 data.xlsx'）
# 读取利润表项目
df2=pd.read_excel（r'F：\ 理实结合实践测试 \HY 公司利润表 data.xlsx'）
# 调用 merge 函数连接 df1、df2
df3=pd.merge（df1，df2）
# 指标计算
df3［'毛利率'］=（df3［'营业收入'］-df3［'营业成本'］）/df3［'营业收入'］
df3［'营业净利率'］=df3［'净利润'］/df3［'营业收入'］
df3［'权益净利率'］=df3［'净利润'］/df3［'平均所有者权益'］
df3［'总资产净利率'］=df3［'净利润'］/（df3［'平均流动资产'］+df3［'平
均非流动资产'］）
# 创建 df（2020 年财务指标统计）
df=df3.loc［df3［'年'］==2020，［'年'，'月'，'营业收入'，'毛利率'，'营业
净利率'，'权益净利率'，'总资产净利率'］］
df
```

运行结果如下：

| | 年 | 月 | 营业收入 | 毛利率 | 营业净利率 | 权益净利率 | 总资产净利率 |
|---|---|---|---|---|---|---|---|
| 12 | 2020 | 1 | 262330 | 0.377898 | 0.199894 | 0.023016 | 0.009847 |
| 13 | 2020 | 2 | 375860 | 0.393863 | 0.163119 | 0.026227 | 0.011346 |
| 14 | 2020 | 3 | 290290 | 0.445821 | 0.146343 | 0.017746 | 0.007793 |
| 15 | 2020 | 4 | 206220 | 0.274532 | 0.264300 | 0.022234 | 0.010177 |
| 16 | 2020 | 5 | 321160 | 0.308748 | 0.193442 | 0.024643 | 0.011414 |
| 17 | 2020 | 6 | 246490 | 0.444993 | 0.170586 | 0.016290 | 0.007531 |
| 18 | 2020 | 7 | 253720 | 0.387243 | 0.204831 | 0.019706 | 0.007863 |
| 19 | 2020 | 8 | 368850 | 0.258454 | 0.167796 | 0.022919 | 0.009180 |
| 20 | 2020 | 9 | 282140 | 0.458500 | 0.148201 | 0.015133 | 0.006118 |
| 21 | 2020 | 10 | 298420 | 0.525387 | 0.173365 | 0.018357 | 0.007564 |
| 22 | 2020 | 11 | 322650 | 0.365143 | 0.191097 | 0.021515 | 0.008900 |
| 23 | 2020 | 12 | 247880 | 0.356156 | 0.167742 | 0.014260 | 0.005934 |

图 7-5

【例 7–5】根据［例 7–4］中 2020 年“毛利率”指标绘制折线图。

```
#创建画布
plt.figure（figsize=（8，4），dpi=100）
plt.rcParams［'font.sans-serif'］=［'SimHei'］
plt.rcParams［'axes.unicode_minus'］=False
#指定数据
plt.plot（df［'月'］，df［'毛利率'］，label='毛利率'，linewidth=1，marker='s'）
#设置标签、标题
plt.xlabel（'月'）
plt.ylabel（'比率'）
plt.title（'2020毛利率'）
plt.xticks（df［'月'］）
plt.legend（）
#显示图形
plt.show（）
```

运行结果如下：

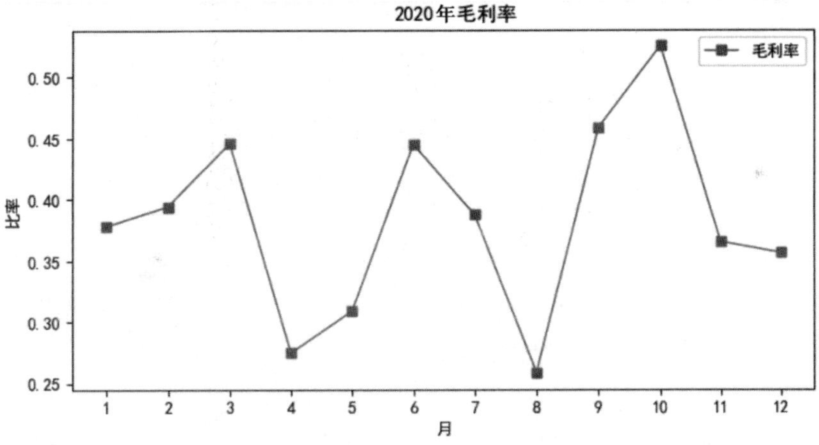


图 7–6

（2）绘制柱状图

柱状图也称为条形图，是一种以长方形长度为变量的表达图形的统计报告图，由一系列高度不等的纵向条纹表示数据分布的情况，用来比较两个或者两个以上的数值。

bar（ ）函数：绘制柱状图，函数语法如下：

```
plt.bar（x，height，width=0.8，bottom=None，*，align='center'，data=None，**kwargs）
```

常用参数如下：

表 7–9

| 常用参数 | 说明 |
| --- | --- |
| x | x 轴数据，接收数组、列表、元组等 |
| height | 柱状的高度，即 y 轴数值，接收数组、列表、元组等 |
| width | 柱状的宽度，默认 0.8 |
| bottom | 设置 y 边界坐标轴起点 |
| align | 柱状与 x 坐标的对齐方式，默认值 'center'，表示居中位置，align='edge' 表示边缘位置 |
| data | 可索引对象（如：dict、DataFrame） |
| color、edgecolor（ec） | 柱状填充颜色、图形边缘颜色 |
| alpha | 设置柱状的透明度，0.0—1.0 之间 |
| label | 图例内容，接收字符串 |

**【例 7–6】**根据［例 7–4］中 2020 年“权益净利率”指标绘制柱状图，图形并列显示。

```
from matplotlib import pyplot as plt
# 创建画布
plt.figure（figsize=（8，4），dpi=100）
# 指定数据
plt.bar（df['月'], df['权益净利率'], label='权益净利率', width=0.8）
# 设置标签、标题
plt.xlabel（'月'）
plt.ylabel（'比率'）
plt.title（'2020 年权益净利率'）
plt.xticks（df['月']）
plt.legend（）
# 显示图形
plt.show（）
```

运行结果如下：

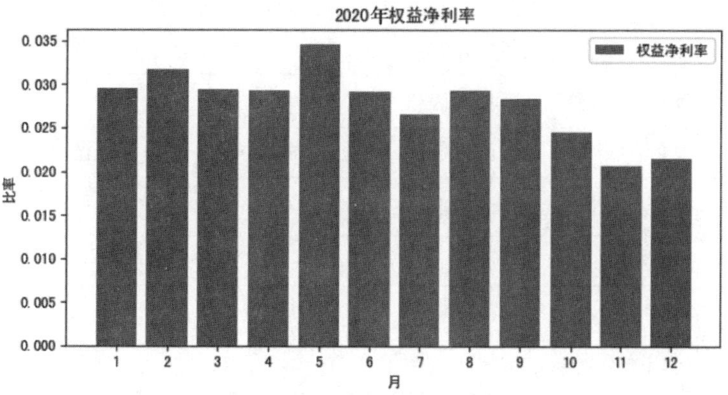


图 7–7

上述代码中包含 2 组数据，分别为“权益净利率”和“总资产净利率”，当存在两组数据时，柱状图形默认为堆叠状态，若想并列排布，可通过设置 x 轴为位置进行调整。

（3）绘制饼状图

饼图用于表示不同分类的古比情况，通过弧度大小来对比各种分类，饼图通过将一个四饼按照分类的占比分成多个区块，整个圆饼代表数据的总量，每个区块（圆弧）表示该分类占总体比例大小。

pie（）函数：绘制饼图，函数语法如下：

```
plt.pie（x，exlode=None，labe1s=None，colos=None，autopct=None，
petdistance=0.6，shadow=False，labeldistance=1.1，startangle=None，
radius=l，counterclock=True，wedgeprops=None，textprops=None，
center=（0，0），frame=False，rotatelabels=False，*，normalize=None，
data=None）
```

常用参数如下：

表 7–10

| 常用参数 | 说明 |
|---|---|
| x | 绘图数据，饼图每一“部分的比例，接收数组、列表、元组，如果 sum（x）>1 则使用 sum（x）归一化（即计算各项百分比） |
| explode | 指定每一部分偏移中心的距离（以半径为 1，按占半径的比例设置），接收列表或元组 |

续表

| 常用参数 | 说明 |
|---|---|
| labels | 设置标签，接收列表或元组 |
| colors | 设置饼图颜色，接收列表或元组 |
| autopct | 设置饼图每一部分百分数格式，如：'%2f%%'（百分数保留 2 位小数） |
| shadow | 是否显示阴影，默认 False |
| radius | 设置饼图半径，默认值为 1 |
| 1abeldistance | 标签位置相对于半径的比例，默认值为 1.1 |
| pctdistance | 饼图百分数显示位置相对于半径的比例，默认值为 0.6 |

【例 7–7】根据例 7–4 中 2020 年“营业收入”指标绘制饼图。

```
# 绘制饼图
# 创建画布
plt.figure（figsize=（5，5），dpi=100）
# 指定数据
plt.pie（df_2020［'营业收入'］，labels=df_2020［'月'］，autopct='%.2f %%'）
# 设置标题
plt.title（'2020 年营业收入'）
# 显示图形
plt.show（）
```

运行结果如下：

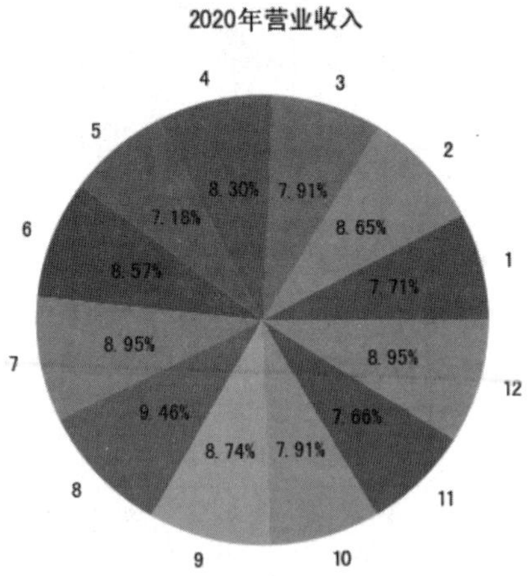


图 7–8

### 2.1.2 matplotlib 组合图绘制

【例 7–8】根据［例 7–4］中 2020 年“毛利率”和“营业净利率”指标绘制折线图。

```
#创建画布
plt.figure（figsize=（8，4），dpi=100）
plt.rcParams［'font.sans-serif'］=［'SimHei'］
plt.rcParams［'axes.unicode_minus'］=False
#指定数据
plt.plot（df［'月'］，df［'毛利率'］，label='毛利率'，linewidth=2，marker='s'）
plt.plot（df［'月'］，df［'营业净利率'］，label='营业净利率'，linewidth=2，
marker='s'）
#设置标签、标题
plt.xlabel（'月'）
plt.ylabel（'比率'）
plt.title（'2020 年毛利率 & 营业净利率'）
plt.xticks（df［'月'］）
plt.legend（）
#显示图形
plt.show（）
```

运行结果如下：

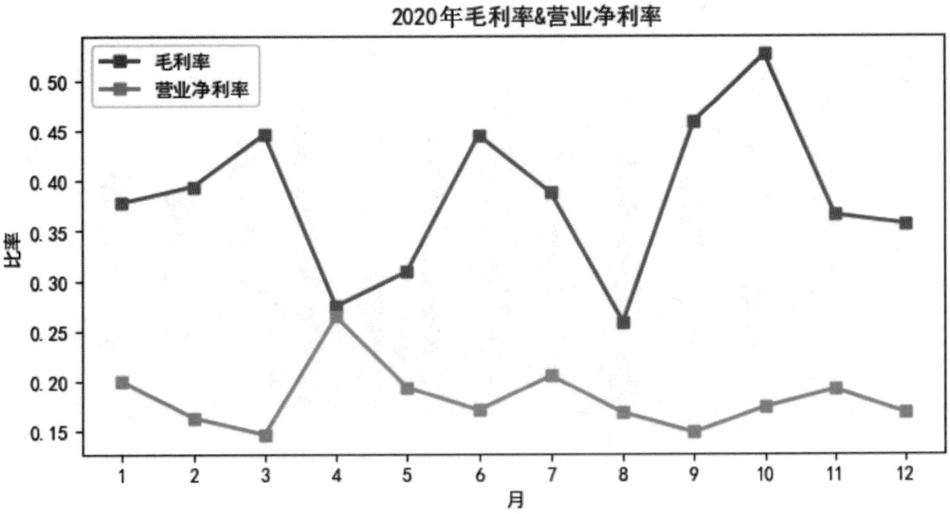


图 7–9

【例 7–9】根据［例 7–4］中 2020 年 '权益净利率' '总资产净利率' 指标绘制柱状图，图形并列显示。

```
from matplotlib import pyplot as plt
# 创建画布
plt.figure（figsize=（8，4），dpi=100）
# 指定数据
plt.show（）#x−0.2：防止图形重合
plt.bar（df［'月'］−0.2，df［'权益净利率'］，label='权益净利率'，width=0.8）
#x+0.2：防止图形重合
plt.bar（df［'月'］+0.2，df［'总资产净利率'］，label='总资产净利率'，width=0.8）
# 设置标签、标题
plt.xlabel（'月'）
plt.ylabel（'比率'）
plt.title（'2020 年权益净利率 & 总资产净利率'）
plt.xticks（df［'月'］）
plt.legend（）
# 显示图形
plt.show（）
```

运行结果如下：

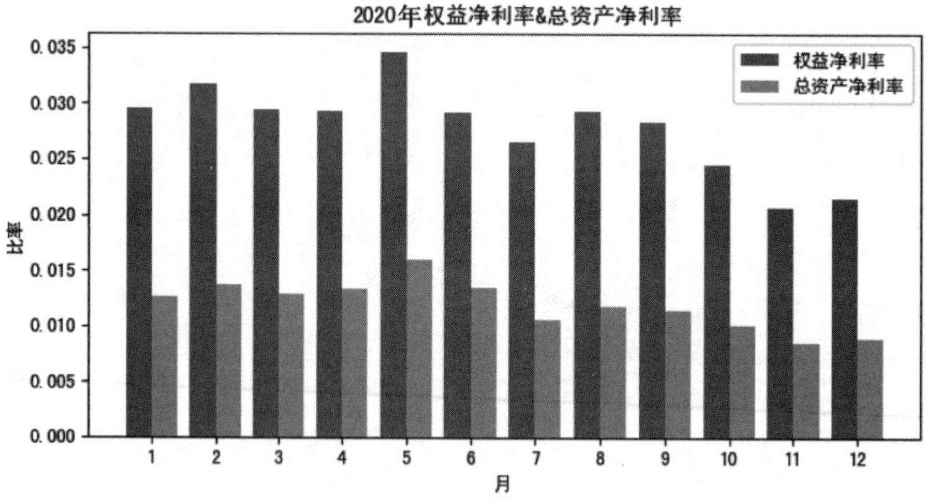


图 7–10

### 2.1.3 matplotlib 子图绘制

有些情况，需要将两个及以上图形绘制在一起，这就需要将上面的知识结合起来应用。

（1）subplot（）函数

**【例 7–10】**使用 subplot（）函数将［例 7–5］绘制的折线图和［例 7–6］绘制的柱状图组合在一起。

```
from matplotlib import pyplot as plt
plt.figure（figsize=（12，9））
# 创建折线图绘图区并绘制图形
plt.subplot（2，1，1）
plt.plot（df['月']，df['毛利率']，label='毛利率'，linewidth=2，marker='s'）
plt.plot（df['月']，df['营业净利率']，label='营业净利率'，linewidth=2，
marker='s'）
plt.xlabel（'月'）
plt.ylabel（'比率'）
plt.title（'2020 年财务指标对比'）
plt.xticks（df['月']）
plt.legend（）
# 创建柱状图绘图区并绘制图形
plt.subplot（2，1，2）
plt.bar（df['月']–0.2，df['权益净利率']，label='权益净利率'，width=0.4）
plt.bar（df['月']+0.2，df['总资产净利率']，label='总资产净利率'，width=
0.4）
plt.xlabel（'月'）
plt.ylabel（'比率'）
plt.xticks（df['月']）
plt.legend（）
# 显示图形
plt.show（）
```

运行结果如下：

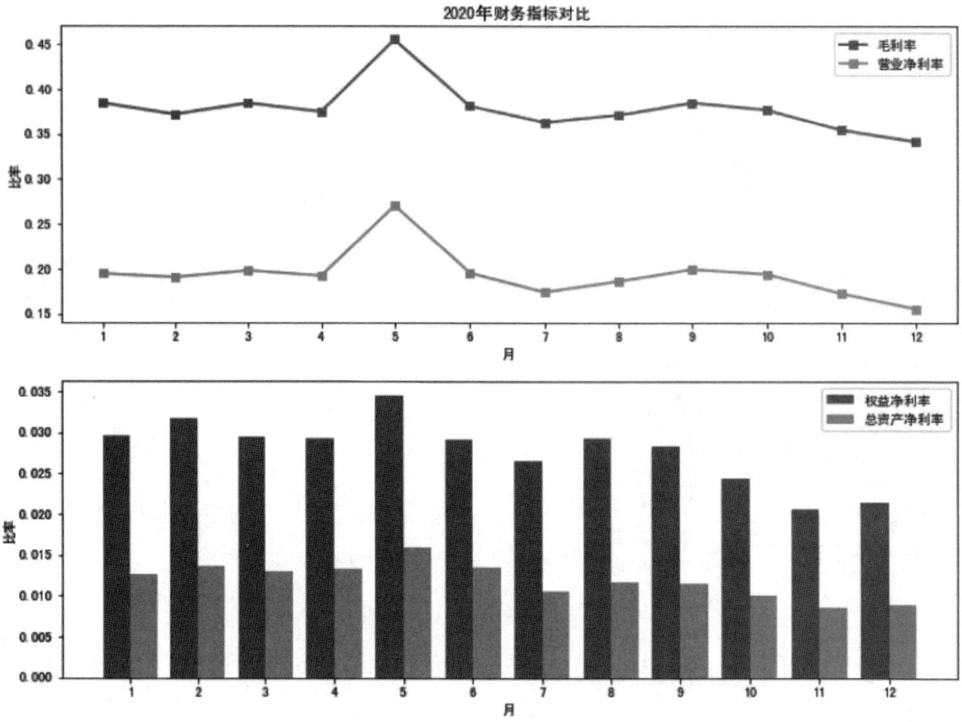


图 7-11

（2）subplots（ ）函数

创建子图除了使用 subplot（ ）函数之外，还可以使用 subplots（ ）函数。

subplots（ ）函数：快速创建多子图环境，将画布分为 n 行 m 列的绘图空间，返回一个 figure 和多个 axes（列表），需要两个变量分别接收，选择区域时使用子图的列表索引进行访问，子图索引从 0 开始，函数语法如下：

```
plt.subplots（nrows，ncols，sharex=False，sharey=False，squeeze=True，
subplot_kw=None，gridspec_kw=None，，**fig_kw）
```

函数常用参数如下：

➢ nrows、ncols：子图的行数和列数，表示绘图区域被分为 n 行 m 列

➢ sharex、sharey：是否共享 x 轴或 y 轴，默认 False 代表子图的 x、y 轴独立

➢ **fig_kw：figure 函数的参数都可以使用，如 figsize

**【例 7-11】**使用 subplots（ ）函数将［例 7-8］绘制的折线图和［例 7-9］绘制的柱状图组合在一起。

```
from matplotlib import pyplot as plt
# 创建子图，共享 x、y 轴
fig, ax=plt.subplots(2, 1, sharex=True, figsize=(12, 9))
# 绘制折线图
ax[0].plot(df['月'], df['毛利率'], label='毛利率', linewidth=2, marker='s')
ax[0].plot(df['月'], df['营业净利率'], label='营业净利率', linewidth=2,
marker='s')
ax[0].set_title('2020 年财务指标对比')
ax[0].legend()
# 绘制柱状图
ax[1].bar(df['月']-0.2, df['权益净利率'], label='权益净利率', width=0.4)
ax[1].bar(df['月']+0.2, df['总资产净利率'], label='总资产净利率',
width=0.4)
ax[1].set_xlabel('月')
ax[1].set_xticks(df['月'])
ax[1].legend()
# 显示图形
plt.show()
```

运行结果如下：

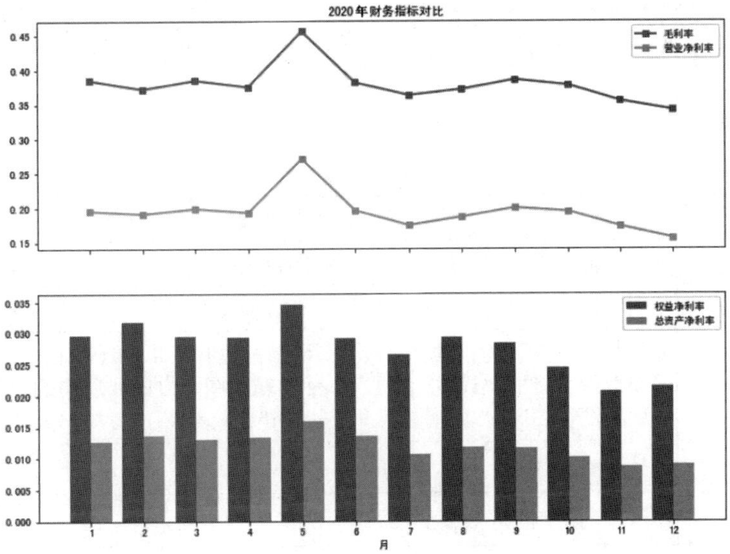


图 7–12

续表

subplot（ ）与 subplots（ ）都可以创建子图，那么，两者之间有什么区别呢？

subplot（ ）函数需要先创建画布，再创建子图，并且每次只能返回一个坐标对象，绘图时，每次都要调用 subplot 指定位置。

subplots（ ）函数在创建画布时，会一次性建立所有子图 axes，后续直接调用 axes 对象即可，使用该方法可以直接规划画布（指定画布大小等）。

此外，在确定子图编号时 subplot（ ）从 1 开始，subplots（ ）从 0 开始。

（3）pandas 作图函数 -plot

使用 Matplotlib 可以完成绝大多数作图需求，但是绘图流程非常烦琐，那有没有更简便的绘图方式呢？

Pandas 提供了 plot（ ）绘图函数，可以绘制多种图形样式，相比于 Matplotlib，可以直接对 DataFrame 调用该函数，并且函数中集成了 x、y 轴数据、图形标题、图例、样式等参数，代码比 Matplotlib 简洁许多。

需要注意的是，使用 Pandas 作图内部依赖于 Matplotlib，因此在使用 plot（ ）之前，必须引入 Matplotlib 库。

Plot（ ）函数语法如下：

```
DataFrame.plot（x-None，y-None，kind='line'，ax-None，subplots-False，
sharex-None，sharey-False，layoutNone，figsize-None，useindex-True，
title-None，grid-None，legend-True，styleaNone，1ogx-False，logy-False，
loglog-False，xticks-None，yticksmNone，x ] imNone，ylimaNone，rot*None，
secondary_y-False，sortcolumns-False，**kwargs）
```

参数如下：

表 7-11

| 参数 | 说明 |
| --- | --- |
| x | 指定 x 轴上显示的数据列，默认使用行索引 |
| y | 指定 y 轴上显示的数据列，默认所有数值型数据列 |
| kind | 绘图类型，默认为折线图 "line"，可选参数有："bar"（柱状图）、"barh"（水平条形图）、"hist"（直方图）、"box"（箱线图）、"kde"（密度估计图）、“area"（面积图）、"pie"（饼图）、“scatter"（散点图）、“hexbin"（蜂巢图） |
| ax | 选择子绘图区域，默认 None |
| subplots | 是否按列绘制子图，默认 False |
| sharex | 共享 x 轴，如果 ax=None 则默认为 True，否则为 False |

| 参数 | 说明 |
| --- | --- |
| sharey | 共享 y 轴，默认为 False |
| layout | 子图的行列布局，元组形式（行，列） |
| figsize | 图形尺寸大小，元组形式（宽度，高度） |
| useindex | 用索引做 x 轴，默认为 True |
| title | 图形的标题，字符串或列表，若传递字符串则在图顶部打印该字符串，若传递列表且含有子图，则依次在每个子图项部打印标题 |
| grid | 图表是否有网格，默认 None |
| legend | 子图的图例显示，默认为 True，可选 'reverse'，颠倒图例顺序 |
| style | 对每列折线图设置线的样式，列表或字典 |
| loge | 设置 x 轴刻度是否取对数，默认 False |
| logy | 设置 y 轴制度是否取对数，默认 False |
| loglog | 同时设置不，y 轴刻度是否取对数，默认 False |
| xticks | 设置 x 轴刻度，使用序列形式（如列表） |
| yticks | 设置 y 轴刻度，使用序列形式（如列表） |
| xlim | 设置 x 轴的数值范围，使用列表或元组形式 |
| ylim | 设置 y 轴的数值范围，使用列表或元组形式 |
| rot | 设置轴标签（轴刻度）的显示旋转度数，默认 None |
| secondary.y | 设置第二个 y 轴（右 y 轴），默认 Palse，也可以列表或元组形式指定列 |
| sort_columns | 对列名称进行排序以确定绘图顺序，默认为 False 不排序 |
| **kwargs | 在 matplotlib 绘图方法中相关参数都可以在此函数中使用，如 color.linestyle、linewidth、marker 等 |

**【例 7-12】**根据［例 7-4］中 2020 年毛利率、营业净利率、权益净利率、总资产净利率指标进行可视化展示，绘制折线图，并针对权益净利率、总资产净利率指标设置右 y 轴。

```
# 折线图
df.plot（'月'，['毛利率'，'营业净利率'，'权益净利率'，'总资产净利率'],
secondary_y= ['权益净利率'，'总资产净利率'], linewidth=2, marker='s',
title='2020 年盈利能力指标统计'，figsize=（12, 5））;
plt.show（）;
```

运行结果如下：

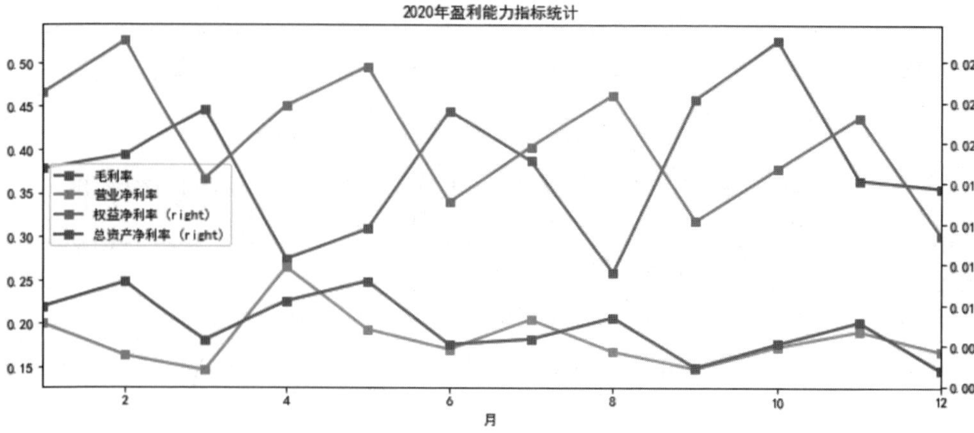


图 7-13

绘图后，在代码后加封号“；”可以隐藏图形相关信息，仅展示可视化图形。

**【例 7-13】**根据［例 7-4］中 2020 年权益净利率、总资产净利率指标绘制柱状图。

```
# 柱状图
df.plot（'月'，['权益净利率'，'总资产净利率']，kind='bar'，
title='2020 年权益净利率 & 总资产净利率'，figsize=（12，4），rot=0）；
plt.show（）
```

运行结果如下：

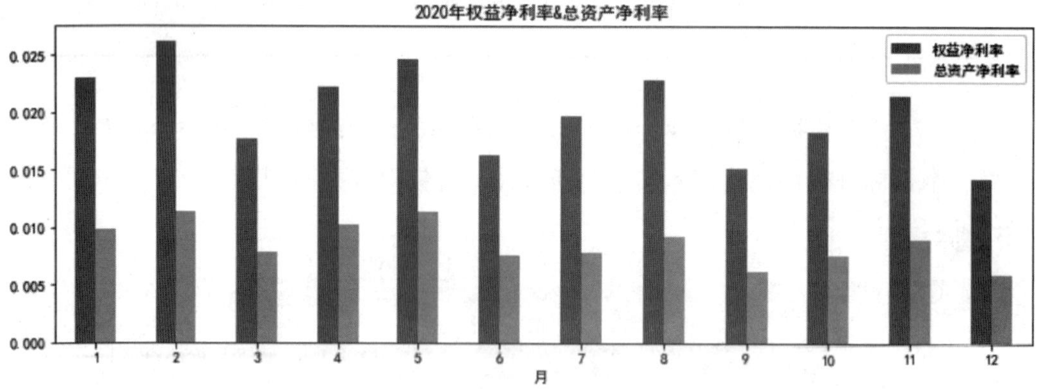


图 7-14

【例 7-14】根据［例 7-12］和［例 7-13］可视化结果，绘制组合图形

```
#创建子图
fig，ax=plt.subplots（2，1，figsize=（10，8））
#绘制“2020 年盈利能力指标统计”
df.plot（'月'，['毛利率'，'营业净利率'，'权益净利率'，'总资产净利率'],
secondary_y=['权益净利率'，'总资产净利率'], linewidth=2，marker='s',
title='2020 年盈利能力指标统计'，ax=ax[0])
#绘制“2020 年权益净利率 & 总资产净利率”
df.plot（'月'，['权益净利率'，'总资产净利率'], kind='bar'，ax=ax[1], rot=0,
title='2020 年权益净利率 & 总资产净利率'）
plt.show（）
```

运行结果如下：

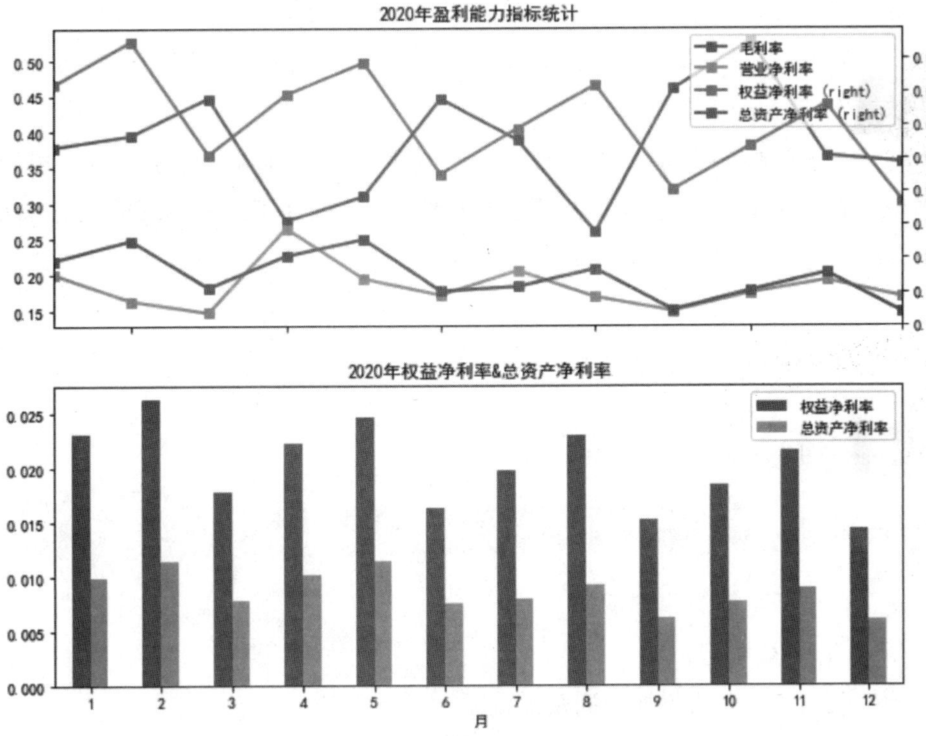


图 7-15

使用 DataFrame.plot（）函数只需要指定相应参数，即可快速绘制 matplotlib 中的图形。

# 任务三 Pyecharts 初级应用

## 3.1 Pyecharts 简介

Echarts（EnterpriseCharts，即商业级数据图表），是一个由百度开源的数据可视化库，凭借着良好的交互性、精巧的图表设计，得到了众多开发者的认可。Echarts 除了支持常规的折线图、柱状图、饼图等基本图形外，还支持树形图、地理图、3D 图以及组合图形。

Python 是一门富有表达力的语言，很适合用于数据处理，而 Pyecharts 是一个用于生成 Echarts 图表的类库，通过将 Echarts 与 Python 进行对接，实现在 Python 中直接使用数据生成 Echarts 图表的功能。

Pyecharts 支持图表类型有很多种，包括基本图表、直角坐标系图表、树型图表、地理图表、3D 图表、组合图表等，这里就不一一列举了，具体图形绘制方法可参考 Pyecharts 官方网站：https：//pyecharts.org。

## 3.2 Pyecharts 绘图逻辑

Pyecharts 图表类引入：

```
from pyecharts.charts import 图表类名
```

Pyecharts 绘图基本流程如下：

- 初始化具体类型图表
- 使用 add（ ）方法添加数据及配置项
- 使用 render（ ）生成图形（.html 文件）
- 使用 render_notebook（ ）在 notebook 中展示图形

## 3.3 Pyecharts 图表绘制

【例 7–15】甲公司 1—5 月份收入金额依次为 4000 元 380000 元、54000 元、55000 元、48000 元，成本金额依次为 31500 元、28500 元、38880 元、40700 元、35520 元。使用 Pyecharts 绘制 1—5 月收入成本对比图（图表类型为柱状图）。

```
#初始化图表类型
from pyecharts.charts import Bar
bar1 = Bar（）
#添加数据
bar1.add_xaxis（['1 月 ', '2 月 ', '3 月 ', '4 月 ', '5 月 ']）
bar1.add_yaxis（' 收入 ', [45000, 38000, 54000, 55000, 48000]）
bar1.add_yaxis（' 成本 ', [31500, 28500, 38880, 40700, 355201]）
#生成 html 文件
bar1.render（' 收入 & 成本对比 .html'）
#展示图形
bar1.render_notebook（）
```

运行结果如下：

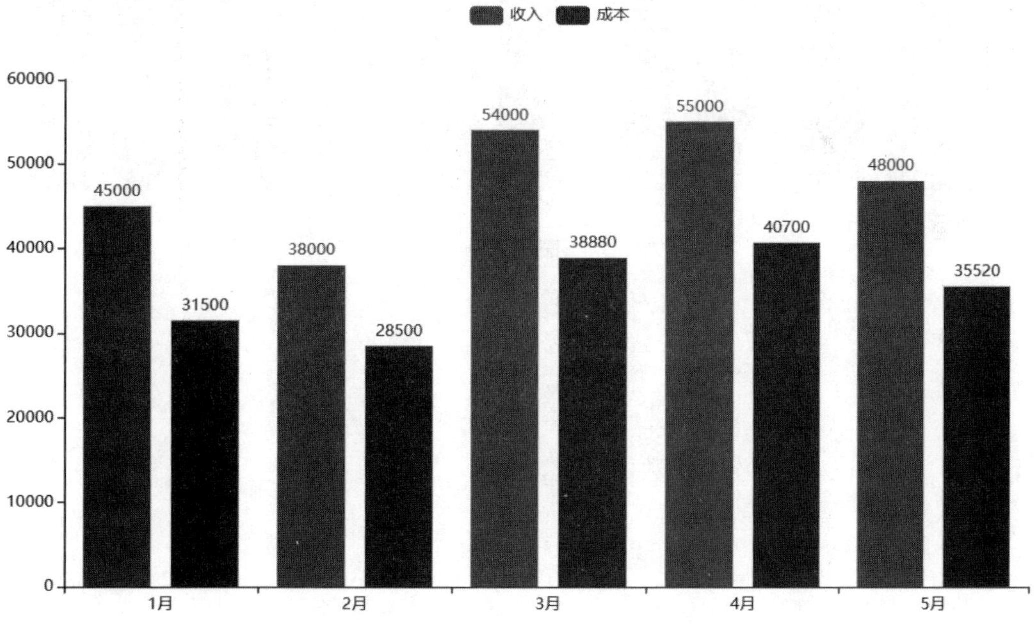


图 7–16

Pyecharts 还支持链式调用：

```
# 链式调用
from pyecharts.charts import Bar
bar1=（Bar（）.add_xaxis（['1 月 ', '2 月 ', '3 月 ', '4 月 ', '5 月 ']）.
add_yaxis（' 收入 ', [45000, 38000, 54000, 55000, 48000]）
add_yaxis（' 成本 ', [31500, 28500, 38880, 40700, 35520]））
# 展示图形
bar1.render_notebook（）
```

运行结果如下：

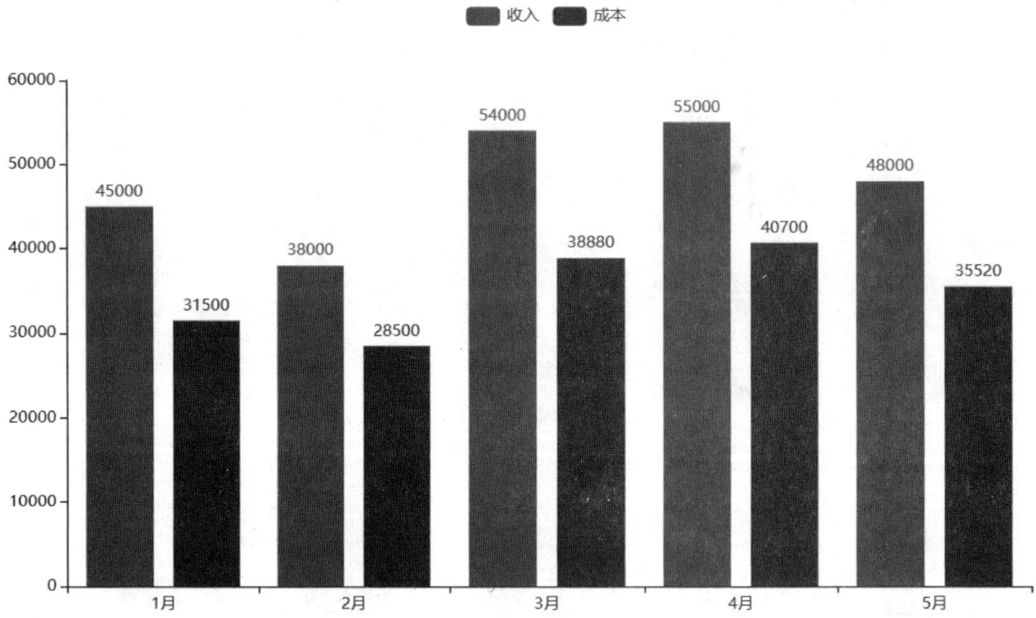


图 7–17

# 任务四 Pyecharts 绘图进阶

## 4.1 Pyecharts 样式设置

前文中使用 Pyecharts 绘制了简单的柱状图，但是通过观察可以发现，绘制出来的图形没有标题，也没有工具栏，那么如何才能使图形更加精巧？

Pyecharts 提供了丰富的配置项，包括全局配置项和系列配置项：

➢ set_global_opts（）：全局配置项，可配置标题、图例、坐标轴、工具箱等

➢ set_series_opts（）：系列配置项，可配置图元样式、文字样式、标签样式、点线样式等

Pyecharts 配置项引入方法：

```
from pyecharts import options as opts
```

### 4.1.1 初始化配置

在初始化图表类型时进行初始化配置，方法如下：

```
init_opts = opts.InitOpts（）
```

常用参数如下：

表 7-12

| 常用参数 | 说明 |
|---|---|
| width | str，图表画布宽度（像素 px），如：width='900px' |
| height | str，图表画布高度（像素 px），如：height='500px' |
| chart_id | str，图表 ID，图表唯一标识 |
| theme | 图表主题 |

pyecharts 内置提供了多种不同风格的主题，只需引入主题类型即可使用，主题类型引入方法：

```
from pyecharts.globals import ThemeType
```

设置主题方法：

```
theme = ThemeType. 主题风格
```

内置主题如下：

表 7–13

| 主题风格 | 主题风格 | 主题风格 | 主题风格 |
|---|---|---|---|
| BUILTIN THEMES | INFOGRAPHIC | ROMA | WALDEN |
| CHALK | LIGHT | ROMANTIC | WESTEROS |
| DARK | MACARONS | SHINE | WHITE |
| ESSOS | PURPLE_ PASSION | VINTAGE | WONDERLAND |

每种主题风格具体格式可参考 Pyecharts 官方网站。

【例 7–16】在［例 7–15］图形的基础上，配置宽度为 800Px，高度为 450px，主题为“DARK”。

```
# 引入表格类型、配置项、主题类型
from pyecharts.charts import Bar
from pyecharts import options as opts
from pyecharts.globals import ThemeType
# 初始化配置
bar1=Bar（init_opts=opts.InitOpts（width='800px'，height='450px'，
theme=ThemeType.DARK））
# 添加数据
bar1.add_xaxis（['1 月 '，'2 月 '，'3 月 '，'4 月 '，'5 月 ']）
bar1.add_yaxis（' 收入 '，[ 45000，38000，54000，55000，48000 ]）
bar1.add_yaxis（' 成本 '，[ 31500，28500，38880，40700，35520 ]）
# 展示图形
bar1.render_notebook（）
```

运行结果如下：

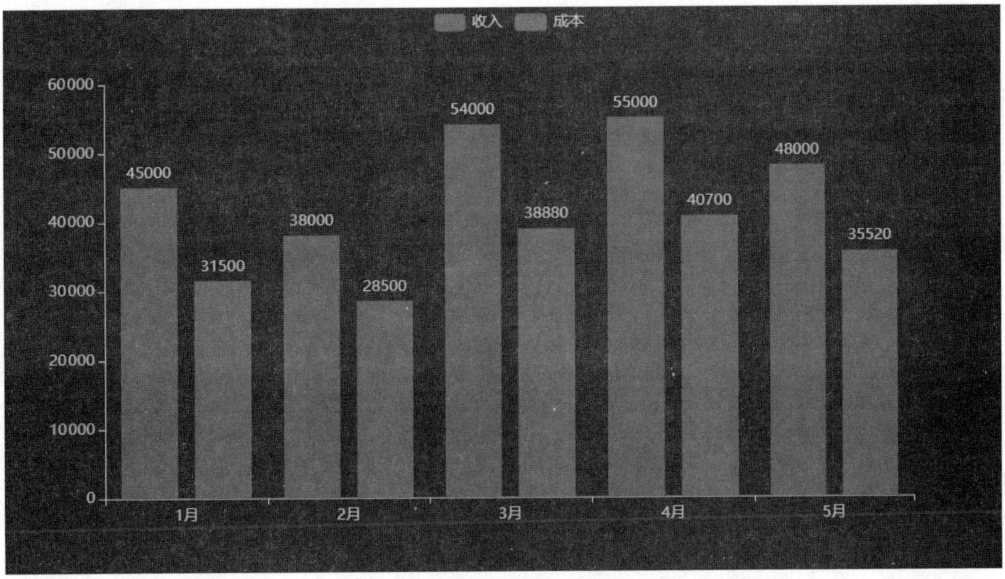


图 7–18

可以看出，进行初始化配置之后，图形看起来更加美观了，那么如果再想添加标题、图例及其他功能，则需要继续配置。

### 4.1.2 常用全局配置项

（1）标题配置项

调用标题配置项：

```
title_ opts = opts. TitleOpts ( )
```

常用参数如下：

表 7–14

| 常用参数 | 说明 |
| --- | --- |
| title | 主标题文本，支持使用 \n 换行 |
| subtitle | 副标题文本，支持使用 \n 换行 |
| pos_ left | 标题组件离容器左侧的距离，可以是具体数值，也可以是百分比，还可以是 'left'，'center'，'right'，组件会根据相应的位置自动对齐 |
| pos_ right | 标题组件离容器右侧的距离 |
| pos_ top | 标题组件离容器上侧的距离，可以是具体数值，也可以是百分比，还可以是 'top'，'middle'，'bottom'，组件会根据相应的位置自动对齐 |
| pos_ bottom | 标题组件离容器下侧的距离 |

【例 7-17】在［例 7-16］图形的基础上，设置主标题为“收入 & 成本对比”，副标题为“2020 年 1—5 月”。

```
# 引入表格类型、配置项、主题类型
from pyecharts.charts import Bar
from pyecharts import options as opts
from pyecharts.globals import ThemeType
# 初始化配置
bar1=Bar（init_opts=opts.InitOpts（width='800px', height='450px',
theme=ThemeType.DARK））
# 添加数据
bar1.add_xaxis（['1 月 ', '2 月 ', '3 月 ', '4 月 ', '5 月 ']）
bar1.add_yaxis（' 收入 ', [45000, 38000, 54000, 55000, 48000]）
bar1.add_yaxis（' 成本 ', [31500, 28500, 38880, 40700, 35520]）
# 设置全局配置项
bar1.set_global_opts（title_opts=opts.TitleOpts（title=' 收入 & 成本对比 ', subtitle=
' 2020 年 1—5 月 '））
# 展示图形
bar1.render_notebook（）
```

运行结果如下：

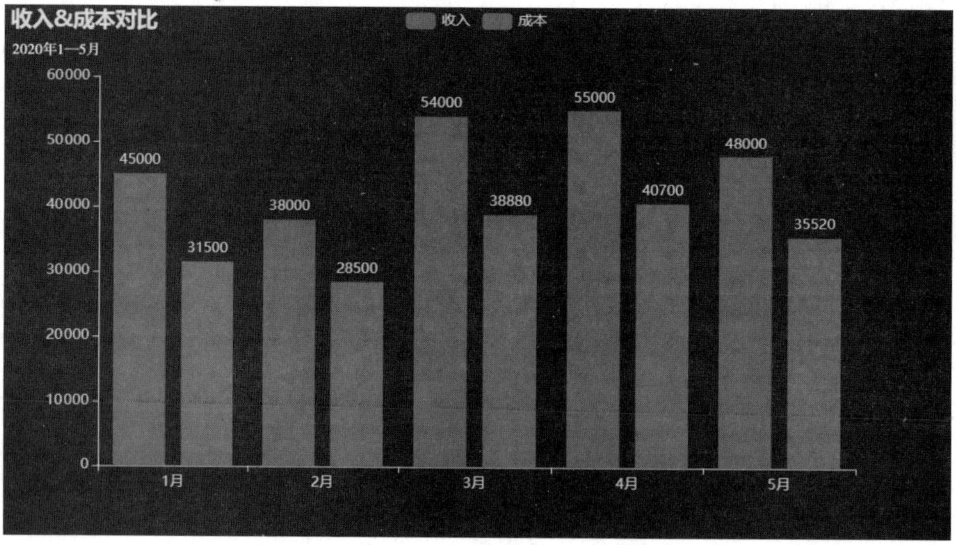


图 7-19

（2）图例配置项

调用图例配置项：

```
legend_opts=opts.LegendOpts（）
```

常用参数如下：

表 7–15

| 常用参数 | 说明 |
| --- | --- |
| type_ | 图例的类型，可选，默认 'plain'：代表普通图例，'scroll'：代表可滚动翻页的图例 |
| selected_mode | 图例选择的模式，控制是否可以通过点击图例改变系列的显示状态。默认开启图例选择，可以设成 false 关闭，也可设成 'single' 或者 'multiple' 使用单选或者多选模式 |
| is_show | 是否显示图例组件，默认为 True |
| pos_left/pos_right | 图例组件离容器左 / 右侧的距离 |
| pos_top/pos_bottom | 图例组件离容器上 / 下侧的距离 |
| orient | 图例列表的布局朝向，默认 'horizontal' 水平，可选：'vertical' 垂直调用 |

**【例 7–18】**在［例 7–17］图形的基础上，将图例垂直排布。

```
#引入表格类型、配置项、主题类型
from pyecharts.charts import Bar
from pyecharts import options as opts
from pyecharts.globals import ThemeType
#初始化配置
bar1=Bar（init_opts=opts.InitOpts（width='800px'，height='450px'，theme=
ThemeType.DARK））
#添加数据
bar1.add_xaxis（['1 月 '，'2 月 '，'3 月 '，'4 月 '，'5 月 ']）
bar1.add_yaxis（' 收入 '，[45000，38000，54000，55000，48000]）
bar1.add_yaxis（' 成本 '，[31500，28500，38880，40700，35520]）
#设置全局配置项
bar1.set_global_opts（title_opts=opts.TitleOpts（title=' 收入 & 成本对比 '，subtitle=
'2020 年 1—5 月 '），legend_opts=opts.LegendOpts（orient='vertical'））
#展示图形
bar1.render_notebook（）
```

运行结果如下：

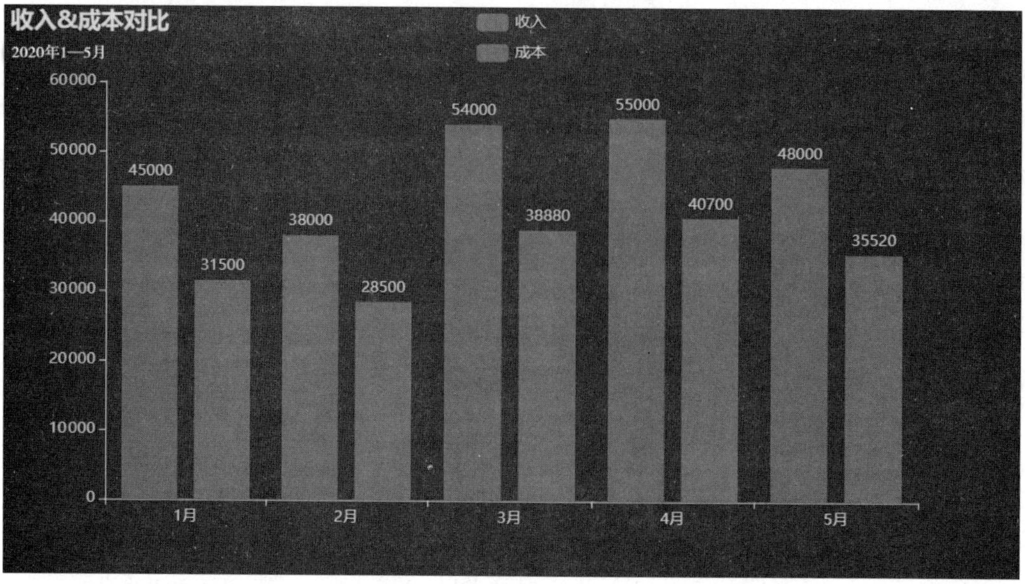


图 7–20

（3）坐标轴配置项

调用 x、y 轴配置项：

```
xaxis_opts=opts.AxisOpts（）
yaxis_opts=opts.AxisOpts（）
```

常用参数如下：

表 7–16

| 常用参数 | 说明 |
|---|---|
| name | 坐标轴名称 |
| is_show | 是否显示坐标轴，默认为 True |
| is_inverse | 是否反向坐标轴，默认为 False |
| name_ location | 坐标轴名称显示位置，可选：'start'，'middle'，'center'，'end'，默认 'end'' |
| name_ gap | 坐标轴名称与轴线之间的距离，默认 15 |
| name_ rotate | 坐标轴名称旋转角度值，解决坐标轴名称过长的问题 |
| axislabel_ opts | 坐标轴标签配置项。如：设置坐标轴标签旋转角度值，解决坐标轴标签名称过长的问题：axislabel_opts=opts.LabelOpts（rotate= –30） |

【例 7–19】在［例 7–18］图形的基础上，分别设置 x 轴和 y 轴标签为“月份”“金额（元）”，并根据图形调整标签位置。

```
#引入表格类型、配置项、主题类型
from pyecharts.charts import Bar
from pyecharts import options as opts
from pyecharts.globals import ThemeType
#初始化配置
bar1=Bar（init_opts=opts.InitOpts（width='800px', height='450px', theme=ThemeType.DARK））
#添加数据
bar1.add_xaxis（['1 月 ', '2 月 ', '3 月 ', '4 月 ', '5 月 ']）
bar1.add_yaxis（' 收入 ', [45000, 38000, 54000, 55000, 48000]）
bar1.add_yaxis（' 成本 ', [31500, 28500, 38880, 40700, 35520]）
#设置全局配置项
bar1.set_global_opts（title_opts=opts.TitleOpts（title=' 收入 & 成本对比 ', subtitle='2020 年 1—5 月 '）, legend_opts=opts.LegendOpts（orient='vertical'）, xaxis_opts=opts.AxisOpts（name=' 月 份 '）, yaxis_opts=opts.AxisOpts（name=' 金 额（ 元 ）', name_location='center', name_gap=50））
#展示图形
bar1.render_notebook（）
```

运行结果如下：

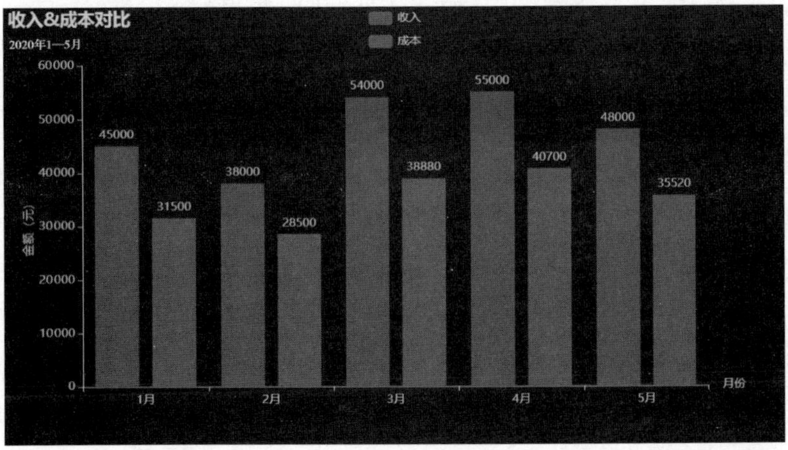


图 7–21

（4）工具箱配置

调用工具箱配置：

```
toolbox_opts=opts.ToolboxOpts（）
```

常用参数如下：

表 7–17

| 常用参数 | 说明 |
| --- | --- |
| is_show | 是否显示工具栏组件，默认 False |
| Orient | 工具栏的的布局朝向，可选：默认 'horizontal' 水平，'vertical' 垂直 |
| pos_left | 图例组件离容器左侧的距离 |
| pos_right | 图例组件离容器右侧的距离 |
| pos_top | 图例组件离容器上侧的距离 |
| pos_bottom | 图例组件离容器下侧的距离 |

**【例 7–20】**在［例 7–19］图形的基础上，添加一个工具箱。

```
#引入表格类型、配置项、主题类型
from pyecharts.charts import Bar
from pyecharts import options as opts
from pyecharts.globals import ThemeType
#初始化配置
bar1=Bar（init_opts=opts.InitOpts（width='800px'，height='450px'，theme=ThemeType.DARK））
#添加数据
bar1.add_xaxis（['1 月'，'2 月'，'3 月'，'4 月'，'5 月'］）
bar1.add_yaxis（'收入'，［45000，38000，54000，55000，48000］）
bar1.add_yaxis（'成本'，［31500，28500，38880，40700，35520］）
#设置全局配置项
bar1.set_global_opts（title_opts=opts.TitleOpts（title='收入 & 成本对比'，subtitle='2020 年 1—5 月'），legend_opts=opts.LegendOpts（orient='vertical'），xaxis_opts=opts.AxisOpts（name='月份'），yaxis_opts=opts.AxisOpts（name='金额（元）'，name_location='center'，name_gap=50），toolbox_opts=opts.ToolboxOpts（is_show=True））
#展示图形
bar1.render_notebook（）
```

运行结果如下：

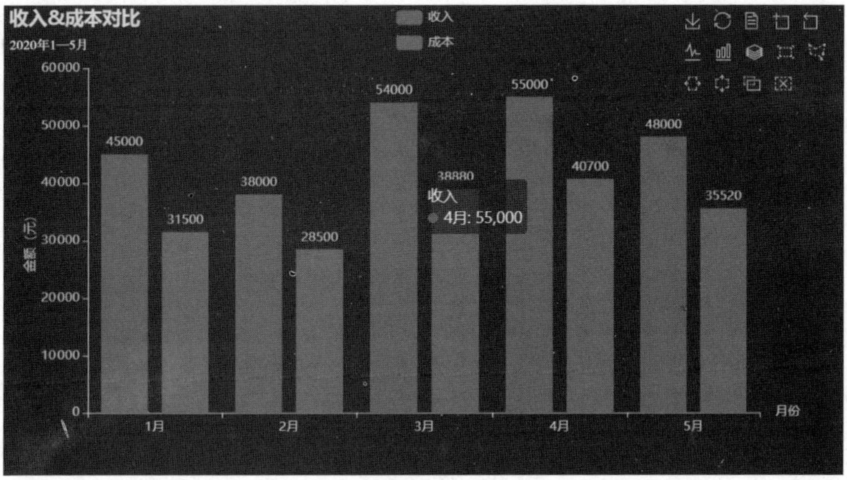


图 7-22

通过工具箱可进行图形下载、区域缩放、基本图形转换等操作。

### 4.1.3 常用系列配置项

设置系列配置项通过 set_ series. _opts（ ）设置，常用配置如下：

表 7-18

| 常用系列配置项 | 说明 |
|---|---|
| 标签配置项 | 调用配置: label_ opts=opts. LabelOpts( ), 可设置标签的字体、大小、位置、旋转角度等，常用参数：is_ _show（是否显示标签） |
| 线样式配置项 | 调用配置：linestyle_ _opts=opts. LineStyleOpts（ ），可设置线条的宽度、透明度、颜色等，常用参数：width（调整线条宽度） |
| 区域填充样式配置项 | 调用配置: areastyle_opts=opts.AreaStyleOpts( ), 可设置区域填充的透明度、颜色等，常用参数：opacity（设置透明度，0—1 的数字，可通过该参数绘制面积图） |

（1）绘制饼图

**【例 7-21】**取 HY 公司资产负债表 data.xlsx、HY 公司利润表 data.xlsx 文件，根据“资产负债表项目”和“利润表项目”计算各期毛利率、营业净利率、权益净利率、总资产净利率，并计算各期毛利率、营业净利率、权益净利率、总资产净利率，并筛选 2020 年相关指标。使用 Pyecharts 根据 2020 年营业收入指标绘制饼图。

```
# 引入 pandas
import pandas as pd
# 读取资产负债表项目
df1=pd.read_excel（r'F:\理实结合实践测试\HY 公司资产负债表 data.xlsx'）
# 读取利润表项目
df2=pd.read_excel（r'F:\理实结合实践测试\HY 公司利润表 data.xlsx'）
# 调用 merge 函数连接 df1、df2
df3=pd.merge（df1，df2）
# 指标计算
df3['毛利率']=（df3['营业收入']-df3['营业成本']）/df3['营业收入']
df3['营业净利率']=df3['净利润']/df3['营业收入']
df3['权益净利率']=df3['净利润']/df3['平均所有者权益']
df3['总资产净利率']=df3['净利润']/（df3['平均流动资产']+df3['平均非流动资产']）
# 创建 df（2020 年财务指标统计）
df=df3.loc[df3['年']==2020,['年','月','营业收入','毛利率','营业净利率','权益净利率','总资产净利率']]
df
from pyecharts.charts import Pie
from pyecharts import options as opts
df_sorted=df.sort_values（'营业收入'，ascending=False）
# 按营业收入降序排序
# 数据转换：将 DataFrame 转换为 Python 数据类型列表
x=df_sorted['月'].tolist（）
y1=df_sorted['营业收入'].tolist（）
# 系列数据项，格式为[（key1，value1），（key2，value2）]
data=[z for z in zip（x，y1）]
# 绘制饼图
pie=Pie（）
pie.add（'营业收入'，data，rosetype='area'）
pie.set_global_opts（title_opts=opts.TitleOpts（title='2020 年营业收入'），legend_opts=opts.LegendOpts（pos_left='5%'，pos_top='10%'，orient='vertical'））
pie.render_notebook（）
```

运行结果如下：

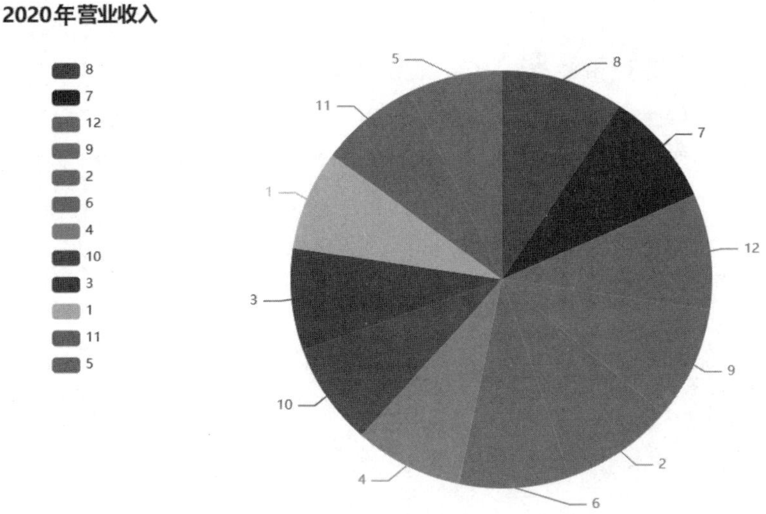


图 7-23

饼图包含两组数据，分别为“月份”和“营业收入”，两组数据的格式为［(key1，value1)，(key2，value2)］，这时可使用 zip ( ) 函数将这两组数据打包，然后转换为列表即可，案例中使用的是列表推导式，还可使用数据转换函数 list ( ) 进行强制数据转换。

（2）绘制玫瑰图

玫瑰图在饼图的基础上绘制，在使用 add ( ) 函数添加数据时，通过设置参数 rosetype='area'，即可以玫瑰图进行展示。

```
# 引入 pandas
import pandas as pd
# 读取资产负债表项目
df1=pd.read_excel（r'F:\理实结合实践测试\HY公司资产负债表data.xlsx'）
# 读取利润表项目
df2=pd.read_excel（r'F:\理实结合实践测试\HY公司利润表data.xlsx'）
# 调用 merge 函数连接 df1、df2
df3=pd.merge（df1，df2）
# 指标计算
df3［'毛利率'］=（df3［'营业收入'］-df3［'营业成本'］）/df3［'营业收入'］
df3［'营业净利率'］=df3［'净利润'］/df3［'营业收入'］
df3［'权益净利率'］=df3［'净利润'］/df3［'平均所有者权益'］
```

```
df3['总资产净利率']=df3['净利润']/(df3['平均流动资产']+df3['平均非流动资产'])
#创建df(2020年财务指标统计)
df=df3.loc[df3['年']==2020,['年','月','营业收入','毛利率','营业净利率','权益净利率','总资产净利率']]
df
from pyecharts.charts import Pie
from pyecharts import options as opts
df_sorted=df.sort_values('营业收入',ascending=False)
#按营业收入降序排序
#数据转换:将DataFrame转换为Python数据类型列表
x=df_sorted['月'].tolist()
y1=df_sorted['营业收入'].tolist()
#系列数据项,格式为[(key1,value1),(key2,value2)]
data=[z for z in zip(x,y1)]
#绘制饼图
Pie1=Pie()
Pie1.add('营业收入',data,rosetype='area')
Pie1.set_global_opts(title_opts=opts.TitleOpts(title='2020年营业收入'),legend_opts=opts.LegendOpts(pos_left='5%',pos_top='10%',orient='vertical'))
Pie1.render_notebook()
```

运行结果如下:

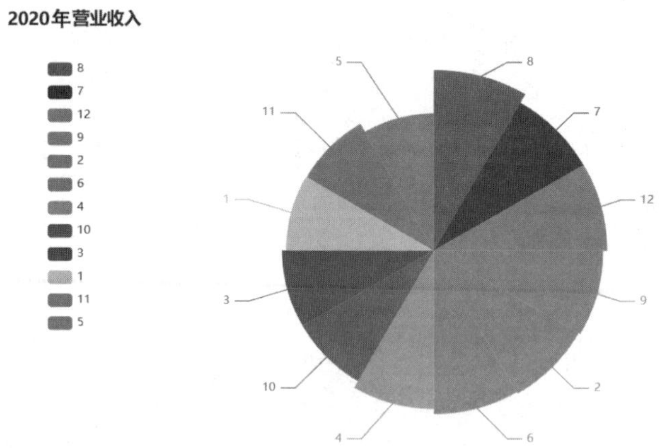


图 7-24

（3）绘制面积图

面积图是在折线图的基础上进行区域填充后的结果，通过区域填充样式配置项 areastyle_opts 即可进行区域填充，通过参数 opacity 设置区域填充的透明度。

**【例 7-22】**使用 Pyecharts 根据 2020 年毛利率、营业净利率、权益净利率、总资产净利率指标绘制面积图。

```
#引入表格类型、配置项、主题类型
from pyecharts.charts import Line
from pyecharts import options as opts
from pyecharts.globals import ThemeType
#数据转换：将 DataFrame 转换为 Python 数据类型列表
x=df_2020［'月'］.tolist（）
y2=df_2020［'毛利率'］.tolist（）
y3=df_2020［'营业净利率'］.tolist（）
y4=df_2020［'权益净利率'］.tolist（）
y5=df_2020［'总资产净利率'］.tolist（）
#初始化配置
line1=Line（init_opts=opts.InitOpts（width='900px'，height='500px'，
theme=ThemeType.ESSOS））
#添加数据
line1.add_xaxis（x）
line1.add_yaxis（'毛利率'，y2，is_smooth=True）
line1.add_yaxis（'营业净利率'，y3，is_smooth=True）
line1.add_yaxis（'权益净利率'，y4，is_smooth=True）
line1.add_yaxis（'总资产净利率'，y5，is_smooth=True）
#设置全局配置项
line1.set_global_opts（title_opts=opts.TitleOpts（title='2020 年盈利能力指标统计'，
pos_left='center'），
                    legend_opts=opts.LegendOpts（pos_left='12%'，pos_top='5%'，
orient='vertical'），
                    xaxis_opts=opts.AxisOpts（name='月份'），yaxis_opts=opts.AxisOpts
（name='比率'），
```

```
            toolbox_opts=opts.ToolboxOpts ( is_show=True ))
    # 设置系列配置项
    line1.set_series_opts ( linestyle_opts=opts.LineStyleOpts ( width=3 ), label_opts=opts.LabelOpts ( is_show=False ),
            areastyle_opts=opts.AreaStyleOpts ( opacity=0.3 ))
    # 设置图形填充透明度
    line1.render_notebook ( )
```

运行结果如下：

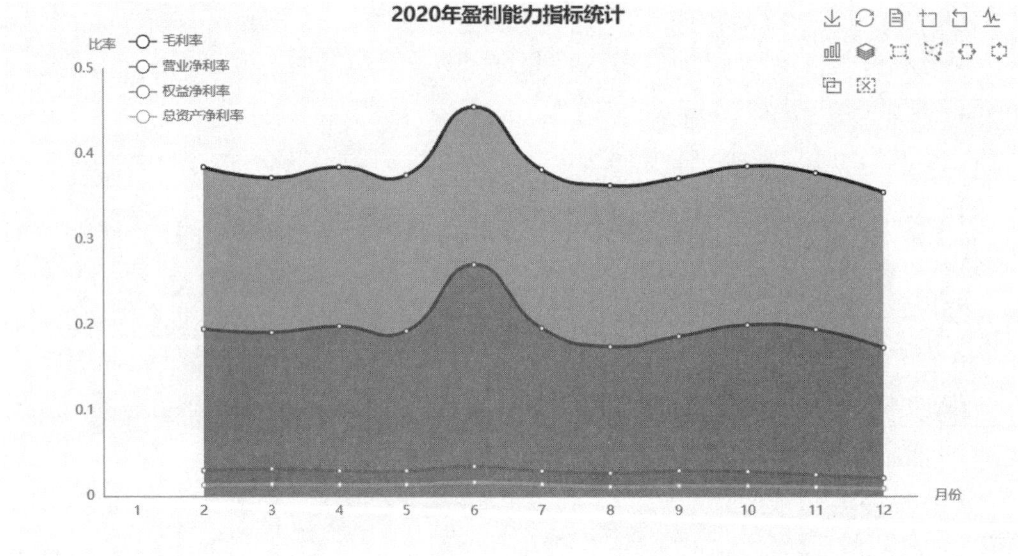


图 7-25

## 4.2 Pyecharts 组合图形

Pyecharts 也可以将多个图形组合在一起，常用组合方法如下：

➢ Grid：并行多图，在同一画布中显示多张图

➢ page：顺序多图，在同一网页中按顺序展示多图，常应用于绘制大数据看板

➢ Tab：选项卡多图，可以通过点击选项卡查看不同图形

➢ Timeline：时间线轮播多图，可以动态展示数据变化

组合图形引入方法和基本图形一致：

```
from pyecharts.charts import Grid, Page, Tab, Timeline
```

组合图形绘图流程如下：

➢ 绘制单个图形

➢ 初始化组合图形

➢ 使用 add（ ）添加需要展示的图形，并设置显示位置

➢ 展示组合图形

（1）并行多图 –Grid

Grid 常用配置项为直角坐标乐网格配置项：

```
grid_opts=opta.GridOpts（ ）
```

常用参数如下：

表 7–19

| 常用参数 | 说明 |
| --- | --- |
| is_show | 是否显示直角坐标系网格，默认 False |
| pos_left | grid 组件离容左侧的距离 |
| pos_right | grid 组件离容右侧的距离 |
| pos_top | grid 组件离容上侧的距离 |
| pos_bottom | grid 组件离容下侧的距离 |

使用 Grid 组合图形，第一个添加的图形必须为直角坐标系图表，即有 x/y 轴的图形（如折线图、柱状图），其他位置顺序任意。

**【例 7–23】**在［例 7–22］的基础上，使用 Pyecharts 绘制毛利率折线图、权益净利率 & 总资产净利率柱状图，并使用 Grid 将两个图形组合在一起（上下组合）。

```
# 引入 Grid
from pyecharts.charts import Grid
from pyecharts.charts import Bar
# 绘制毛利率折线图
line2=Line（ ）
line2.add_xaxis（x）
line2.add_yaxis（'毛利率'，y2）
line2.set_global_opts（title_opts=opts.TitleOpts（title='2020 年毛利率'，pos_left='center'），
                legend_opts=opts.LegendOpts（pos_top='5%'））
```

```
line2.set_series_opts(label_opts=opts.LabelOpts(is_show=False))
#绘制权益净利率&总资产净利率柱状图
bar2=Bar()
bar2.add_xaxis(x)
bar2.add_yaxis('权益净利率', y4)
bar2.add_yaxis('总资产净利率', y5)
bar2.set_global_opts(title_opts=opts.TitleOpts(title='2020年权益净利率&总资产净利率', pos_left='center', pos_top='48%'),
                     legend_opts=opts.LegendOpts(pos_top='53%'))
bar2.set_series_opts(label_opts=opts.LabelOpts(is_show=False))
#组合图形
grid1=Grid()
grid1.add(line2, grid_opts=opts.GridOpts(pos_bottom='60%'))
grid1.add(bar2, grid_opts=opts.GridOpts(pos_top='60%'))
#展示组合图形
grid1.render_notebook()
```

运行结果如下：

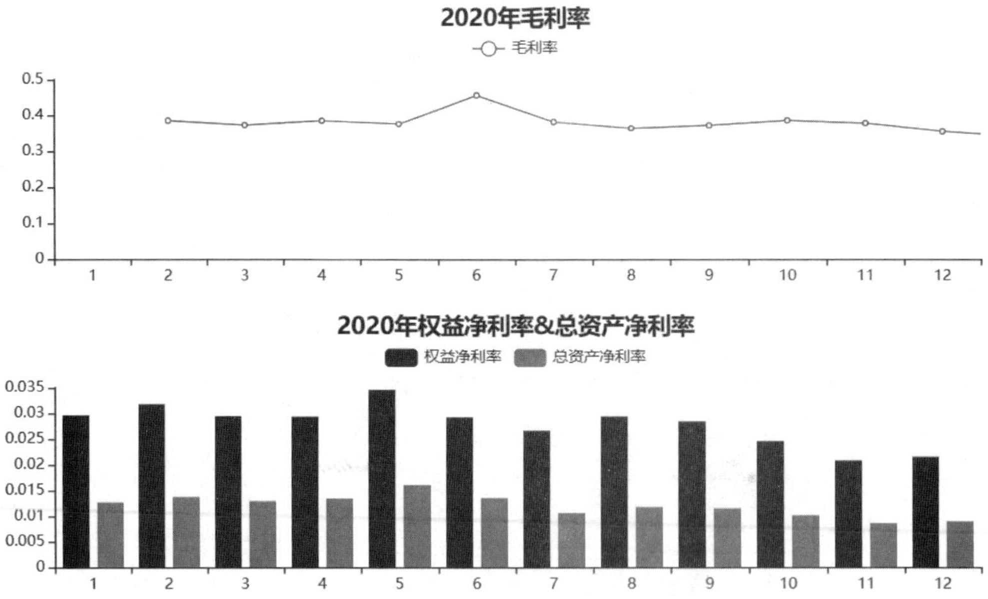


图 7-26

（2）顺序多图 –Page

Page（ ）常用参数：layout（布局配置项），即页面布局

```
layout=Page.SimplePageLayout # 简单页面布局，默认选项
layout=Page.DraggablePageLayout # 可拖动页面布局，子图可调节位置
```

**【例 7–24】**将［例 7–21］［例 7–22］［例 7–23］绘制的图形，使用 Page（ ）函数组合在一起，并设置可拖动页面布局。

```
# 引入 Page
from pyecharts.charts import Page
# 组合图形
page1=Page（layout=Page.DraggablePageLayout）
page1.add（line1，grid1，pie1）
# 生成文件
page1.render（'2020 年盈利能力指标 .html'）
```

layout 参数设置为 Page.DraggablePageLayout，生成的 html 文件可调节图形位置，图形按照添加的顺序进行排列，顺序决定图形的层级，越靠后的图形，层级越低，反之越高，可根据可视化展示需求调整图形顺序。

打开“2020 年盈利能力指标 .html”，根据可视化需求调整各图形的位置（可任意缩放大小），调节好后点击左上角 SaveConfig，如下：

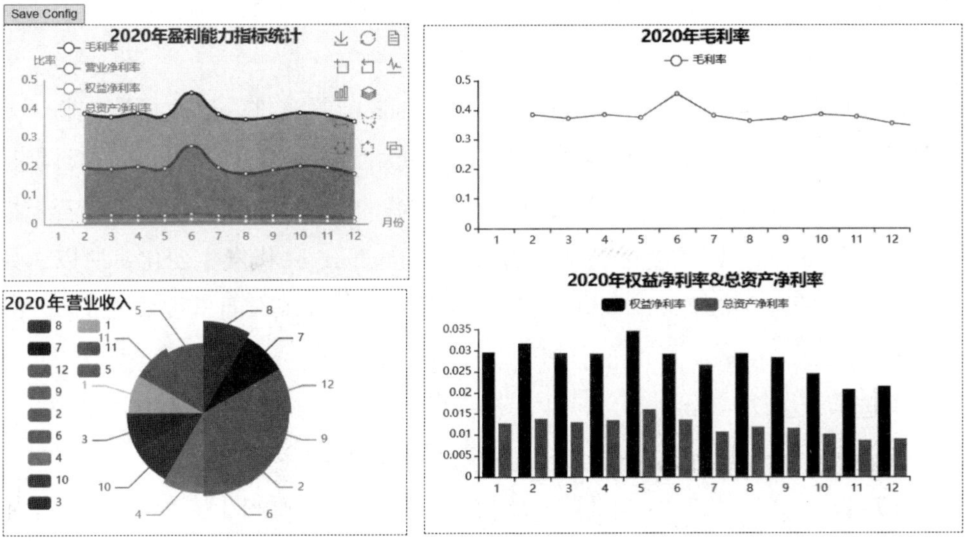


图 7–27

点击“SaveConfig”后会在此网页上下载一个 chartconfiejsneg 文件，将文件上传至 iogrr 文件夹后，按以下代码操作：

```
# 生成调整好的 html 文件
page1.save_resize_html（'2020 年盈利能力指标 .html', cfg_file='chart_config.json', dest='2020 年盈利能力指标 2.html'）
```

运行上述代码后，即生成如下图组合图形。

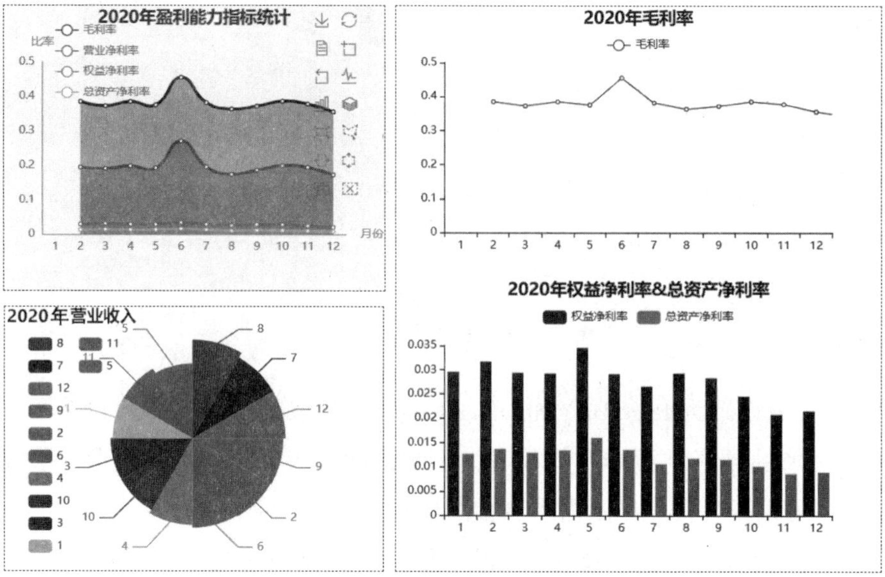


图 7–28

**▲知识点拨**

➢ 部分浏览器点击“SaveConfig" 无法下载 ison 配置文件，这时可以先将“2020 年盈利能力指标，htm!”下载到本地计算机，再使用浏览器打开文件即可进行调整

➢ 渲染配置 json 数据中是以 chart_id 来作为一个图形的唯一标识符，若未指定每个图形的 chart_id，则重复运行代码时，默认的 chart_id 将发生变化，所以，如果需要复用调整好的渲染模板，则需要指定各图形的 chart_id，且需要注意的是 chart_id 不可与 render_notebook（ ）同时使用

（3）选项卡多图 –Tab

Tab：选项卡多图，仅须将图形逐一添加即可。

**【例 7–25】**将［例 7–21］［例 7–22］［例 7–23］绘制的图形，使用 Tab（ ）函数组合在一起。

```
# 引入 Tab
from pyecharts.charts import Tab
# 选项卡多图
tab=Tab（）
tab.add（pie，'饼图'）
tad.abb（line1，'面积图'）
tab，add（grid1，'并行多图'）
# 展示图形
tab.rendernotebook（）
```

运行结果如下：

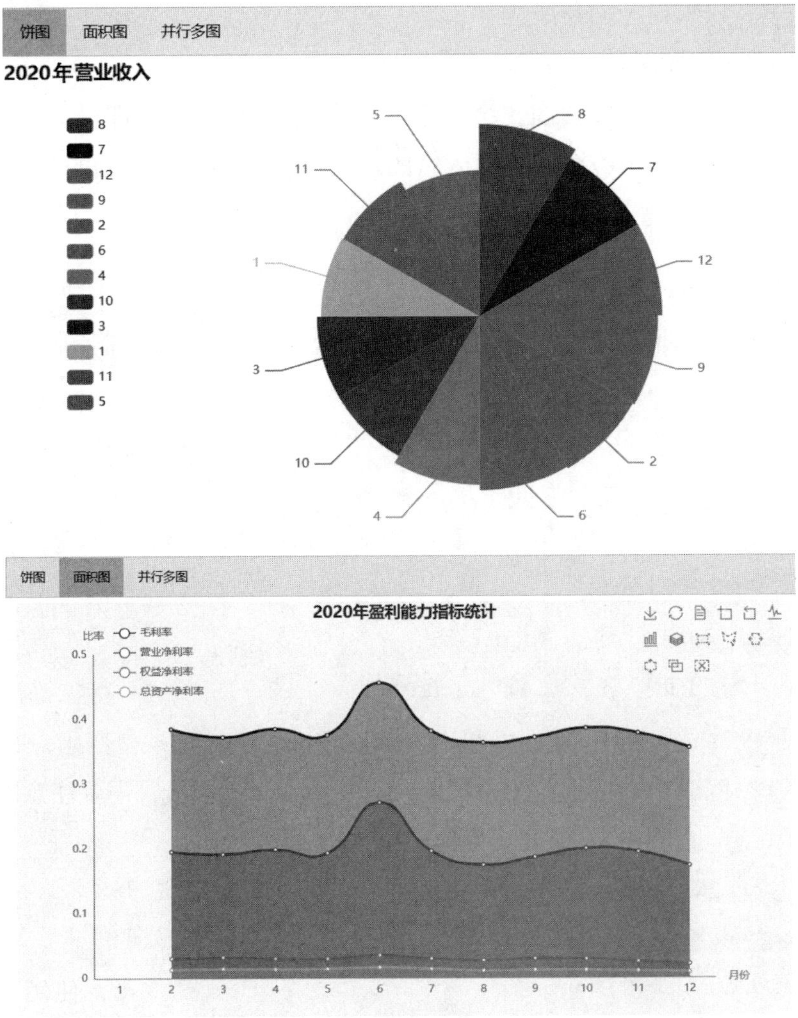


图 7-29

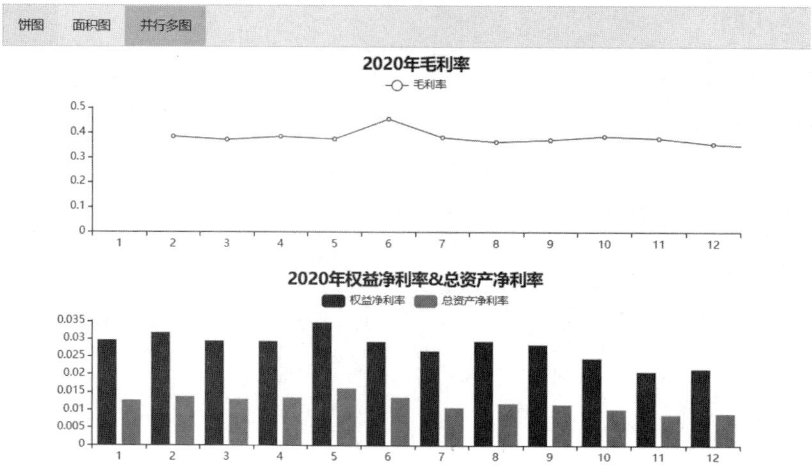


图 7-30

（4）时间线轮播多图 -Timeline

Timeline：时间线轮播多图，绘制各期图形后按时间线添加即可。

**【例 7-26】**绘制 2019 年营业收入饼图，并将［例 7-21］绘制的 2020 年营业收入饼图按时间线组合。

```
# 引入 Timeline
from pyecharts.charts import Timeline
# 数据准备
df_2019=df3.loc［df3［'年'］==2019，［'月'，'营业收入'］］.sort_values（'营业收入'，ascending=False）
df_sorted=df_2020.sort_values（'营业收入'，ascending=False）
# 绘制 2019 年饼图
x_2019=df_2019［'月'］.tolist（）
y_2019=df_2019［'营业收入'］.tolist（）
data_2019=［z for z in zip（x_2019，y_2019）］
pie_2019=Pie（）
pie_2019.add（'营业收入'，data_2019，rosetype='area'）
pie_2019.set_global_opts（title_opts=opts.TitleOpts（title='2020 年营业收入'），legend_opts=opts.LegendOpts（pos_left='5%'，pos_top='10%'，orient='vertical'））
# 绘制 2020 年饼图
x_2020=df_sorted［'月'］.tolist（）
```

```
y_2020=df_sorted['营业收入'].tolist()
data_2020=[z for z in zip(x_2020, y_2020)]
pie_2020=Pie()
pie_2020.add('营业收入', data_2020, rosetype='area')
#时间线轮播多图
timeline=Timeline()
timeline.add(pie_2019, '2019年')
timeline.add(pie_2020, '2020年')
#展示图形
timeline.render_notebook()
```

运行结果如下：

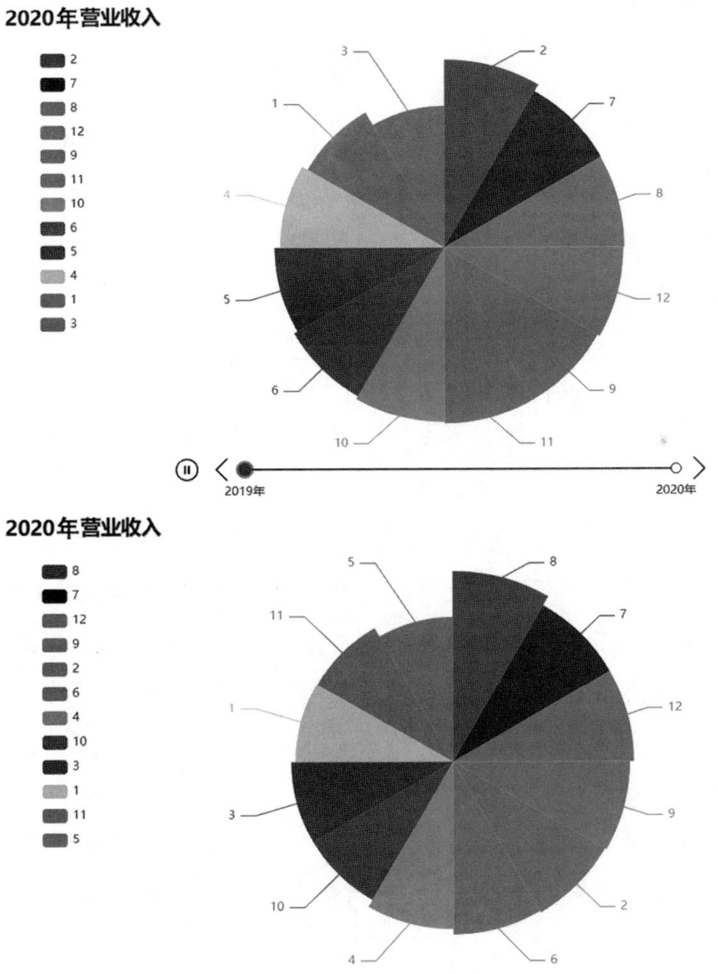


图 7–31

（5）Matplotlib 与 Pyecharts 对比

表 7-20

| 可视化工具 | 优势 | 劣势 |
| --- | --- | --- |
| Matplotlib | 1. 可直接对 DataFrame 数组作图<br>2. 绘图质量高（可以设定 dpi）<br>3. 支持分区绘图 | 不支持交互式点击查看 |
| Pyecharts | 1. 高度灵活的配置项、多种主题类型，可轻松搭配精美的图表，视觉效果美观<br>2. 支持交互式展示，提供了图例、工具箱等交互组件，可对数据进行多维度筛选缩放细节展示等交互操作 | 不支持数组作图，使用 DataFrame 数据作图前需要进行格式转换 |

## 拓展阅读

### 大数据的数据特征

那么，什么是大数据？首先看它的数据特征，可以从 4 个维度来理解，即 4V：volume（规模）、variety（多样）、value（价值）、velocity（速度）。大家对这四个维度没有什么大的争议，但是对它们的含义的理解还是有相当不同的认识的。

第一是规模，我们称之为超规模。大数据规模会很大，但是没有绝对的量纲标准，没有说一定要达到多少 G 多少 P 多少 Z 才是大数据，因为大数据的大规模和问题、领域有关。只要这个大的规模超出了这个领域和问题的传统边界，那就是大规模里的超规模。

第二是多样，即富媒体的意思。现在 80% ~ 90% 的数据都是文本、语音、图像、视频，不再是特别传统的二维的整齐的结构化的数据了。

第三是价值。我们处在数据的海洋中，四周都是数据，但是跟我们个人有关，跟我们企业有关的那种有价值的信息相对少了，因为数据量的分母太大了，即密度在降低，这个后面直接的隐喻就是要深度挖掘才能发现我们所期望的价值。

第四是速度。数据就像开着的水龙头一样，源源不断地出来，而不是我们上传下载图片要等很久。因此，大数据里的数据是一个流数据的概念。

资料来源：学习强国

# 项目八

# Python在财务会计中的应用

## 项目导读

利用大数据和人工智能提升企业预测和决策的能力，是当前财务与会计领域的重要变革之一，数据智能将成为未来企业财务的核心。传统财务会计主要依据数据、信息及资料的相关性进行分析和预测，预测的准确性主要受限于数据、信息及资料的丰富程度。而大数据技术恰恰弥补了这方面的不足，在大数据时代，人们已经不再受限于海量数据难以存储、全量数据难以运算的瓶颈，在财务分析和预测时可以全量数据代替样本数据，以数据挖掘、机器学习、深度学习等技术代替人脑分析，以客观分析结果代替主观经验判断，以可视化动态图表代替静态报表展示。

传统的财务数据大多保存在结构化的关系型数据库或数据仓库中，这些数据的处理并不需要过多的大数据技术。然而，随着企业外部环境中大量非结构化、半结构化数据快速增多，支持财务分析和预测的数据在数量、容量和并发量三个方面远超出传统数据范围，财务大数据越发细致化、多元化和多维化。这意味着企业财务可以从经济业务中提取到更加多维的数据，从而突破原有的简单辅助核算；也可以整合更加多元的数据，既包括公司内部的合同、供应商、客户、订单、存货、研发、产品、营销、销售等数据，也包括外部的行业数据、同行比较数据、竞争对手数据、宏观经济数据以及重要的行情指标数据等。利用这些财务大数据，企业便可将业财基础数据变成有价值的信息，提炼出辅助企业制定战略决策的情报，使数据真正成为有价值的数字资产。

在智能财务时代，通过建立财务自身的“大数据”，可以帮助企业将财务数据工作管得更细、更全、更好，让隐藏的数据价值体现出来，让企业经营和决策看得懂、用得着，这样才能真正实现财务会计向管理会计的转型，充分体现会计职业的价值。

★ **教学目标**

1. 掌握财务分析的基础知识
2. 掌握财务分析的基本思路

★ **教学内容**

1. 财务分析基础知识
2. 问题分析思路
3. 代码设计及解析

★ **素养目标**

1. 具有良好的思考和分析问题的能力
2. 具有良好的逻辑思维能力和数据剖析能力

# 任务一　职工薪酬计算

## 1.1　任务描述

薪酬计算是企业薪酬管理的基础。准确计算员工薪酬数据，全员全额明细申报个人所得税，合法合规计提缴纳社保，是企业健康运营的基本保障，也是保障企业纳税信用的基本要求。

HY 公司 2021 年 6 月的职工薪酬相关数据如下图所示，财务人员每个月都要计算公司所有员工的社会保险费、住房公积金、应发工资、个人所得税、实发工资等数据。

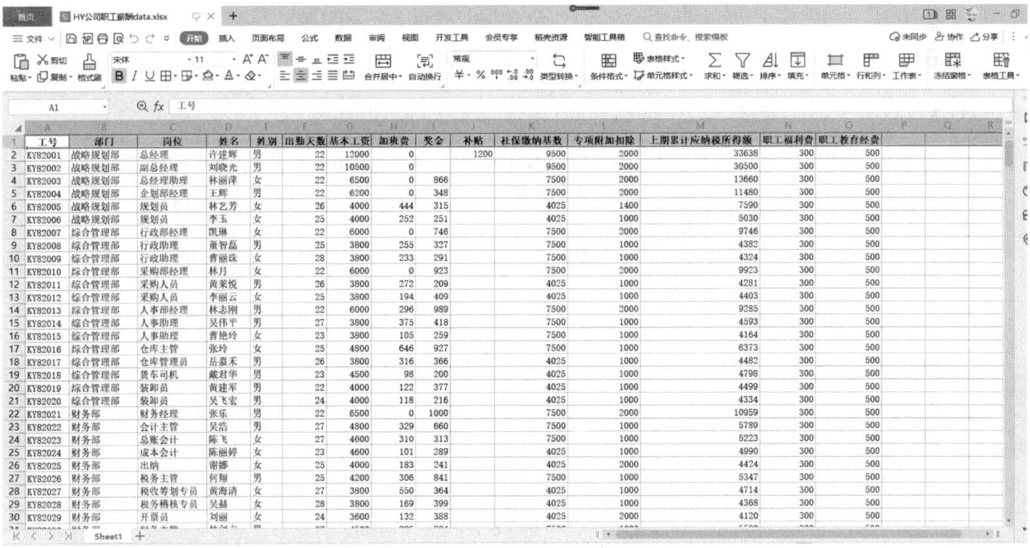

| 工号 | 部门 | 岗位 | 姓名 | 性别 | 出勤天数 | 基本工资 | 加班费 | 奖金 | 补贴 | 社保缴纳基数 | 专项附加扣除 | 上期累计应纳税所得额 | 职工福利费 | 职工教育经费 |
|---|---|---|---|---|---|---|---|---|---|---|---|---|---|---|
| KY82001 | 战略规划部 | 总经理 | 许建辉 | 男 | 22 | 12000 | 0 | | 1200 | 9500 | 2000 | 33638 | 300 | 500 |
| KY82002 | 战略规划部 | 副总经理 | 刘晓光 | 男 | 22 | 10500 | 0 | | | 9500 | 2000 | 30500 | 300 | 500 |
| KY82003 | 战略规划部 | 总经理助理 | 林丽萍 | 女 | 22 | 6500 | 0 | 866 | | 7500 | 2000 | 13660 | 300 | 500 |
| KY82004 | 战略规划部 | 企划部经理 | 王辉 | 男 | 22 | 6200 | 0 | 348 | | 7500 | 2000 | 11480 | 300 | 500 |
| KY82005 | 战略规划部 | 规划员 | 林艺芳 | 女 | 26 | 4000 | 444 | 315 | | 4025 | 1400 | 7590 | 300 | 500 |
| KY82006 | 战略规划部 | 规划员 | 李玉 | 女 | 25 | 4000 | 252 | 251 | | 4025 | 1000 | 5030 | 300 | 500 |
| KY82007 | 综合管理部 | 行政部经理 | 凯琳 | 女 | 22 | 6000 | 0 | 746 | | 7500 | 2000 | 9746 | 300 | 500 |
| KY82008 | 综合管理部 | 行政助理 | 董智磊 | 男 | 25 | 3800 | 255 | 327 | | 7500 | 1000 | 4382 | 300 | 500 |
| KY82009 | 综合管理部 | 行政助理 | 曹丽珠 | 女 | 28 | 3800 | 233 | 291 | | 7500 | 1000 | 4324 | 300 | 500 |
| KY82010 | 综合管理部 | 采购部经理 | 林月 | 女 | 22 | 6000 | 0 | 923 | | 7500 | 2000 | 9923 | 300 | 500 |
| KY82011 | 综合管理部 | 采购人员 | 黄莱悦 | 男 | 26 | 3800 | 272 | 209 | | 4025 | 1000 | 4281 | 300 | 500 |
| KY82012 | 综合管理部 | 采购人员 | 李丽云 | 女 | 25 | 3800 | 194 | 409 | | 4025 | 1000 | 4403 | 300 | 500 |
| KY82013 | 综合管理部 | 人事部经理 | 林志刚 | 男 | 22 | 6000 | 296 | 989 | | 7500 | 2000 | 9285 | 300 | 500 |
| KY82014 | 综合管理部 | 人事助理 | 吴伟平 | 男 | 27 | 3800 | 375 | 418 | | 7500 | 1000 | 4593 | 300 | 500 |
| KY82015 | 综合管理部 | 人事助理 | 曹艳玲 | 女 | 23 | 3800 | 105 | 259 | | 7500 | 1000 | 4164 | 300 | 500 |
| KY82016 | 综合管理部 | 仓库主管 | 张玲 | 女 | 25 | 4800 | 646 | 927 | | 7500 | 1000 | 6373 | 300 | 500 |
| KY82017 | 综合管理部 | 仓库管理员 | 岳嘉禾 | 男 | 26 | 3800 | 316 | 366 | | 4025 | 1000 | 4482 | 300 | 500 |
| KY82018 | 综合管理部 | 货车司机 | 戴君华 | 男 | 23 | 4500 | 98 | 200 | | 4025 | 1000 | 4798 | 300 | 500 |
| KY82019 | 综合管理部 | 装卸员 | 黄建军 | 男 | 22 | 4000 | 122 | 377 | | 4025 | 1000 | 4499 | 300 | 500 |
| KY82020 | 综合管理部 | 装卸员 | 吴飞宏 | 男 | 24 | 4000 | 118 | 216 | | 4025 | 1000 | 4334 | 300 | 500 |
| KY82021 | 财务部 | 财务经理 | 张乐 | 男 | 22 | 6500 | 0 | 1000 | | 7500 | 2000 | 10959 | 300 | 500 |
| KY82022 | 财务部 | 会计主管 | 吴浩 | 男 | 27 | 4800 | 329 | 660 | | 7500 | 1000 | 5789 | 300 | 500 |
| KY82023 | 财务部 | 总账会计 | 陈飞 | 女 | 27 | 4600 | 310 | 313 | | 7500 | 1000 | 5223 | 300 | 500 |
| KY82024 | 财务部 | 成本会计 | 陈丽婷 | 女 | 23 | 4600 | 101 | 289 | | 4025 | 1000 | 4990 | 300 | 500 |
| KY82025 | 财务部 | 出纳 | 谢娜 | 女 | 25 | 4000 | 183 | 241 | | 4025 | 2000 | 4424 | 300 | 500 |
| KY82026 | 财务部 | 税务主管 | 何翔 | 男 | 25 | 4200 | 306 | 841 | | 7500 | 1000 | 5347 | 300 | 500 |
| KY82027 | 财务部 | 税收筹划专员 | 黄海清 | 女 | 27 | 3800 | 550 | 364 | | 4025 | 1000 | 4714 | 300 | 500 |
| KY82028 | 财务部 | 税务稽核专员 | 吴赫 | 女 | 28 | 3800 | 169 | 399 | | 4025 | 1000 | 4368 | 300 | 500 |
| KY82029 | 财务部 | 开票员 | 刘丽 | 女 | 24 | 3600 | 132 | 388 | | 4025 | 2000 | 4120 | 300 | 500 |

**【知识准备】**

职工薪酬是指企业为获得职工提供的服务或解除劳动关系而给予各种形式的报酬或补偿。具体包括：短期薪酬、离职后福利、辞退福利和其他长期职工福利。企业提供给职工配偶、子女受赡养人、已故员工遗属及其他受益人等的福利，也属于职工薪酬。

根据《企业会计准则第 9 号——职工薪酬》，职工薪酬包括：

（1）职工工资、奖金、津贴和补贴；

（2）职工福利费；

（3）医疗保险费、养老保险费、失业保险费、工伤保险费和生育保险费等社会保险费；

（4）住房公积金；

（5）工会经费和职工教育经费；

（6）非货币性福利；

（7）因解除与职工的劳动关系给予的补偿；

（8）其他与获得职工提供的服务相关的支出。

## 1.2 任务需求：职工薪酬计算

（1）计算应发工资

应发工资 = 基本工资 + 加班费 + 奖金 + 津贴 – 缺勤扣款

（2）计算四险一金

个人部分三险一金，三险一金（个人）= 社保缴纳基数 × 缴交比例

公司部分四险一金，四险一金（单位）= 社保缴纳基数 × 缴交比例

（3）计算个人应纳税所得额

本期应纳税所得额 = 应发工资 –5000– 三险一金（个人）– 专项附加扣除

累计应纳税所得额 = 本期应纳税所得额 + 上期累计应纳税所得额

累计应纳税额

当月应纳税额

（4）计算实发工资

实发工资 = 应发工资 – 三险一金（个人）– 当月应纳税额

## 1.3 任务实践

### 1.3.1 引入数据

读取本地计算机 F: \ 理实结合实践测试 \HY 公司职工薪酬 data.xlsx 的数据。

```
# 引入 pandas 模块
```

```
import pandas as pd
# 读取职工薪酬表，表内数据为空值的使用 0 填充
df=pd.read_excel（r'F:\理实结合实践测试\HY公司职工薪酬 data.xlsx'）
df.fillna（0，inplace=True）
df.head（）
```

运行结果如下：

| | 工号 | 部门 | 岗位 | 姓名 | 姓别 | 出勤天数 | 基本工资 | 加班费 | 奖金 | 补贴 | 社保缴纳基数 | 专项附加扣除 | 上期累计应纳税所得额 | 职工福利费 | 职工教育经费 |
|---|---|---|---|---|---|---|---|---|---|---|---|---|---|---|---|
| 0 | KY82001 | 战略规划部 | 总经理 | 许建辉 | 男 | 22 | 12000.0 | 0.0 | 0.0 | 1200.0 | 9500 | 2000 | 33638.0 | 300 | 500 |
| 1 | KY82002 | 战略规划部 | 副总经理 | 刘晓光 | 男 | 22 | 10500.0 | 0.0 | 0.0 | 0.0 | 9500 | 2000 | 30500.0 | 300 | 500 |
| 2 | KY82003 | 战略规划部 | 总经理助理 | 林丽萍 | 女 | 22 | 6500.0 | 0.0 | 866.0 | 0.0 | 7500 | 2000 | 13660.0 | 300 | 500 |
| 3 | KY82004 | 战略规划部 | 企划部经理 | 王辉 | 男 | 22 | 6200.0 | 0.0 | 348.0 | 0.0 | 7500 | 2000 | 11480.0 | 300 | 500 |
| 4 | KY82005 | 战略规划部 | 规划员 | 林艺芳 | 女 | 26 | 4000.0 | 444.0 | 315.0 | 0.0 | 4025 | 1400 | 7590.0 | 300 | 500 |

图 8–1

### 1.3.2 计算应发工资

计算缺勤扣款及应发工资，计算公式如下：

日工资 = 基本工资 ÷ 30

缺勤扣款 =（实际工作日 – 出勤天数）× 日工资

应发工资 = 基本工资 + 加班费 + 奖金 + 津贴 – 缺勤扣款

```
# 计算缺勤工资，缺勤扣款 =（实际天数 – 出勤天数）* 日工资
# 日工资 = 基本工资 /30
df['缺勤扣款'] = round((28 – df['出勤天数'])*(df['基本工资']/30),2)
# 计算应发工资，并获取前 5 行数据
# 应发工资 = 基本工资 + 加班费 + 奖金 + 津贴 – 缺勤扣款
df['应发工资'] =df['基本工资'] +df['加班费'] +df['奖金'] +df['补贴']-
df['缺勤扣款']
df.head（）
```

运行结果如下：

| | 工号 | 部门 | 岗位 | 姓名 | 姓别 | 出勤天数 | 基本工资 | 加班费 | 奖金 | 补贴 | 社保缴纳基数 | 专项附加扣除 | 上期累计应纳税所得额 | 职工福利费 | 职工教育经费 | 缺勤扣款 | 应发工资 |
|---|---|---|---|---|---|---|---|---|---|---|---|---|---|---|---|---|---|
| 0 | KY82001 | 战略规划部 | 总经理 | 许建辉 | 男 | 22 | 12000.0 | 0.0 | 0.0 | 1200.0 | 9500 | 2000 | 33638.0 | 300 | 500 | 2400.00 | 10800.00 |
| 1 | KY82002 | 战略规划部 | 副总经理 | 刘晓光 | 男 | 22 | 10500.0 | 0.0 | 0.0 | 0.0 | 9500 | 2000 | 30500.0 | 300 | 500 | 2100.00 | 8400.00 |
| 2 | KY82003 | 战略规划部 | 总经理助理 | 林丽萍 | 女 | 22 | 6500.0 | 0.0 | 866.0 | 0.0 | 7500 | 2000 | 13660.0 | 300 | 500 | 1300.00 | 6066.00 |
| 3 | KY82004 | 战略规划部 | 企划部经理 | 王辉 | 男 | 22 | 6200.0 | 0.0 | 348.0 | 0.0 | 7500 | 2000 | 11480.0 | 300 | 500 | 1240.00 | 5308.00 |
| 4 | KY82005 | 战略规划部 | 规划员 | 林艺芳 | 女 | 26 | 4000.0 | 444.0 | 315.0 | 0.0 | 4025 | 1400 | 7590.0 | 300 | 500 | 266.67 | 4492.33 |

图 8–2

### 1.3.3 计算三险一金（个人）和四险一金（单位）金额

个人和单位承担的社会保险费和住房公积金，计算公式如下：

三险一金（个人）= 社保缴纳基数 × 个人缴纳比例（10.7%）

四险一金（单位）= 社保缴纳基数 × 公司缴纳比例（29.5%）

每个地区的缴纳基数上下限额及缴纳比例都有不同的规定，本例中的 16.7% 和 33.4% 仅供参考。

表 8–1

| 社保缴费比例 | 公司 | 个人 |
|---|---|---|
| 养老保险 | 16.00% | 8.00% |
| 医疗保险 | 8.70% | 2.00% |
| 失业保险 | 0.70% | 0.70% |
| 工伤保险 | 2.00% | 无须 |
| 四险合计 | 27.40% | 10.70% |
| 公积金比例 | 6.00% | 6.00% |
| 四险一金合计 | 33.4% | 16.70% |

```
# 计算个人缴交的三险一金，单位缴交的四险一金
# 三险一金（个人）= 社保缴纳基数 * 缴交比例，四险一金（单位）= 社保缴纳基数 * 缴交比例
df['三险一金（个人）'] = round(df['社保缴纳基数'] * 0.167, 2)
df['四险一金（单位）'] = round(df['社保缴纳基数'] * 0.334, 2)
df.head()
```

运行结果如下：

| | 工号 | 部门 | 岗位 | 姓名 | 姓别 | 出勤天数 | 基本工资 | 加班费 | 奖金 | 补贴 | 社保缴纳基数 | 专项附加扣除 | 上期累计应纳税所得额 | 职工福利费 | 职工教育经费 | 缺勤扣款 | 应发工资 | 三险一金(个人) | 四险一金(单位) |
|---|---|---|---|---|---|---|---|---|---|---|---|---|---|---|---|---|---|---|---|
| 0 | KY82001 | 战略规划部 | 总经理 | 许建辉 | 男 | 22 | 12000.0 | 0.0 | 0.0 | 1200.0 | 9500 | 2000 | 33638.0 | 300 | 500 | 2400.00 | 10800.00 | 1586.50 | 3173.00 |
| 1 | KY82002 | 战略规划部 | 副总经理 | 刘晓光 | 男 | 22 | 10500.0 | 0.0 | 0.0 | 0.0 | 9500 | 2000 | 30500.0 | 300 | 500 | 2100.00 | 8400.00 | 1586.50 | 3173.00 |
| 2 | KY82003 | 战略规划部 | 总经理助理 | 林丽萍 | 女 | 22 | 6500.0 | 0.0 | 866.0 | 0.0 | 7500 | 2000 | 13660.0 | 300 | 500 | 1300.00 | 6066.00 | 1252.50 | 2505.00 |
| 3 | KY82004 | 战略规划部 | 企划部经理 | 王辉 | 男 | 22 | 6200.0 | 0.0 | 348.0 | 0.0 | 7500 | 2000 | 11480.0 | 300 | 500 | 1240.00 | 5308.00 | 1252.50 | 2505.00 |
| 4 | KY82005 | 战略规划部 | 规划员 | 林艺芳 | 女 | 26 | 4000.0 | 444.0 | 315.0 | 0.0 | 4025 | 1400 | 7590.0 | 300 | 500 | 266.67 | 4492.33 | 672.18 | 1344.35 |

图 8–3

为便于查看，提取工号、姓名、应发工资、三险一金（个人）、四险一金（单位）等数据。

```
pd.concat([df['工号'], df['姓名'], df.loc[:, '应发工资':]], axis=1).head()
```

运行结果如下：

| | 工号 | 姓名 | 应发工资 | 三险一金(个人) | 四险一金(单位) |
|---|---|---|---|---|---|
| 0 | KY82001 | 许建辉 | 10800.00 | 1586.50 | 3173.00 |
| 1 | KY82002 | 刘晓光 | 8400.00 | 1586.50 | 3173.00 |
| 2 | KY82003 | 林丽萍 | 6066.00 | 1252.50 | 2505.00 |
| 3 | KY82004 | 王辉 | 5308.00 | 1252.50 | 2505.00 |
| 4 | KY82005 | 林艺芳 | 4492.33 | 672.18 | 1344.35 |

图 8–4

### 1.3.4 计算本期应纳税所得额及累计应纳税所得额

计算公式如下：

本期应纳税所得额 = 应发工资 – 5000 – 三险一金（个人）– 专项附加扣除

累计应纳税所得额 = 本期应纳税所得额 + 上期累计应纳税所得额

```
# 计算本期应纳税所得额，并进行判断，如果计算出来的结果小于等于 0 则取 0
# 本期应纳税所得额 = 应发工资 -5000- 三险一金（个人）- 专项附加扣除
df['本期应纳税所得额']=(df['应发工资']-5000-df['三险一金（个人）']
-df['专项附加扣除']).map(lambda x: x if x>0 else 0)
# 计算累计应纳税所得额，并获取前 5 行数据
# 累计应纳税所得额 = 本期应纳税所得额 + 上期累计应纳税所得额
df['累计应纳税所得额']=df['本期应纳税所得额']+df['上期累计应纳税
所得额']
df.head()
```

运行结果如下：

| | 工号 | 部门 | 岗位 | 姓名 | 姓别 | 出勤天数 | 基本工资 | 加班费 | 奖金 | 补贴 | ... | 专项附加扣除 | 上期累计应纳税所得额 | 职工福利费 | 职工教育经费 | 缺勤扣款 | 应发工资 | 三险一金(个人) | 四险一金(单位) | 本期应纳税所得额 | 累计应纳税所得额 |
|---|---|---|---|---|---|---|---|---|---|---|---|---|---|---|---|---|---|---|---|---|---|
| 0 | KY82001 | 战略规划部 | 总经理 | 许建辉 | 男 | 22 | 12000.0 | 0.0 | 0.0 | 1200.0 | ... | 2000 | 33638.0 | 300 | 500 | 2400.00 | 10800.00 | 1586.50 | 3173.00 | 2213.5 | 35851.5 |
| 1 | KY82002 | 战略规划部 | 副总经理 | 刘晓光 | 男 | 22 | 10500.0 | 0.0 | 0.0 | 0.0 | ... | 2000 | 30500.0 | 300 | 500 | 2100.00 | 8400.00 | 1586.50 | 3173.00 | 0.0 | 30500.0 |
| 2 | KY82003 | 战略规划部 | 总经理助理 | 林丽萍 | 女 | 22 | 6500.0 | 0.0 | 866.0 | 0.0 | ... | 2000 | 13660.0 | 300 | 500 | 1300.00 | 6066.00 | 1252.50 | 2505.00 | 0.0 | 13660.0 |
| 3 | KY82004 | 战略规划部 | 企划部经理 | 王辉 | 男 | 22 | 6200.0 | 0.0 | 348.0 | 0.0 | ... | 2000 | 11480.0 | 300 | 500 | 1240.00 | 5308.00 | 1252.50 | 2505.00 | 0.0 | 11480.0 |
| 4 | KY82005 | 战略规划部 | 规划员 | 林艺芳 | 女 | 26 | 4000.0 | 444.0 | 315.0 | 0.0 | ... | 1400 | 7590.0 | 300 | 500 | 266.67 | 4492.33 | 672.18 | 1344.35 | 0.0 | 7590.0 |

5 rows × 21 columns

图 8–5

为便于查看，提取工号、姓名、应发工资、累计应纳税所得额等数据。

```
pd.concat([df['工号'], df['姓名'], df.loc[:,'应发工资':]], axis=1).
head()
```

运行结果如下：

| | 工号 | 姓名 | 应发工资 | 三险一金(个人) | 四险一金(单位) | 本期应纳税所得额 | 累计应纳税所得额 |
|---|---|---|---|---|---|---|---|
| 0 | KY82001 | 许建辉 | 10800.00 | 1586.50 | 3173.00 | 2213.5 | 35851.5 |
| 1 | KY82002 | 刘晓光 | 8400.00 | 1586.50 | 3173.00 | 0.0 | 30500.0 |
| 2 | KY82003 | 林丽萍 | 6066.00 | 1252.50 | 2505.00 | 0.0 | 13660.0 |
| 3 | KY82004 | 王辉 | 5308.00 | 1252.50 | 2505.00 | 0.0 | 11480.0 |
| 4 | KY82005 | 林艺芳 | 4492.33 | 672.18 | 1344.35 | 0.0 | 7590.0 |

图 8–6

### 1.3.5 计算个人所得税及当月应纳税额

（1）计算个人所得税

个人所得税税率（综合所得适用）如下表：

表 8–2 个人所得税税率（综合所得适用）

| 级数 | 全年应纳税所得额 | 税率（%） | 速算扣除数 |
|---|---|---|---|
| 1 | 不超过 36000 元的 | 3 | 0 |
| 2 | 超过 36000 元至 144000 元的部分 | 10 | 2520 |
| 3 | 超过 144000 元至 300000 元的部分 | 20 | 16920 |
| 4 | 超过 300000 元至 420000 元的部分 | 25 | 31920 |
| 5 | 超过 420000 元至 660000 元的部分 | 30 | 52920 |
| 6 | 超过 660000 元至 960000 元的部分 | 35 | 85920 |
| 7 | 超过 960000 元的部分 | 45 | 181920 |

```
#根据个人所得税税率表级次，进行函数定义
#使用多条件判断语句 if–elif–elif–else
def tax（x）:
  if x > 960000:
    return round（x * 0.45 – 181920, 2）
  elif x > 660000:
    return round（x * 0.35 – 85920, 2）
  elif x > 420000:
    return round（x * 0.3 – 52920, 2）
```

```
    elif x > 300000:
        return round(x * 0.25 - 31920, 2)
    elif x > 144000:
        return round(x * 0.2 - 16920, 2)
    elif x > 36000:
        return round(x * 0.1 - 2520, 2)
    else:
        return round(x * 0.03, 2)
```

（2）计算当月应纳税额

调用自定义 tax（ ）函数，计算当月应纳税额，计算公式如下：

当月应纳税额 = 累计应纳税额 − 上期累计应纳税额

```
# 调用自定义 tax 函数，计算上期累计应纳税额
df['上期累计应纳税额'] = df['上期累计应纳税所得额'].map(tax)
# 计算累计应纳税额
df['累计应纳税额'] = df['累计应纳税所得额'].map(tax)
# 计算当月应纳税额，并获取前 5 行数据
df['当月应纳税额'] = df['累计应纳税额'] - df['上期累计应纳税额']
df.head()
```

运行结果如下：

| | 工号 | 部门 | 岗位 | 姓名 | 姓别 | 出勤天数 | 基本工资 | 加班费 | 奖金 | 补贴 | ... | 职工教育经费 | 缺勤扣款 | 应发工资 | 三险一金(个人) | 四险一金(单位) | 本期应纳税所得额 | 累计应纳税所得额 | 上期累计应纳税额 | 累计应纳税额 | 当月应纳税额 |
|---|---|---|---|---|---|---|---|---|---|---|---|---|---|---|---|---|---|---|---|---|---|
| 0 | KY82001 | 战略规划部 | 总经理 | 许建辉 | 男 | 22 | 12000.0 | 0.0 | 0.0 | 1200.0 | ... | 500 | 2400.00 | 10800.00 | 1586.50 | 3173.00 | 2213.5 | 35851.5 | 1009.14 | 1075.55 | 66.41 |
| 1 | KY82002 | 战略规划部 | 副总经理 | 刘晓光 | 男 | 22 | 10500.0 | 0.0 | 0.0 | 0.0 | ... | 500 | 2100.00 | 8400.00 | 1586.50 | 3173.00 | 0.0 | 30500.0 | 915.00 | 915.00 | 0.00 |
| 2 | KY82003 | 战略规划部 | 总经理助理 | 林丽萍 | 女 | 22 | 6500.0 | 0.0 | 866.0 | 0.0 | ... | 500 | 1300.00 | 6066.00 | 1252.50 | 2505.00 | 0.0 | 13660.0 | 409.80 | 409.80 | 0.00 |
| 3 | KY82004 | 战略规划部 | 企划部经理 | 王辉 | 男 | 22 | 6200.0 | 0.0 | 348.0 | 0.0 | ... | 500 | 1240.00 | 5308.00 | 1252.50 | 2505.00 | 0.0 | 11480.0 | 344.40 | 344.40 | 0.00 |
| 4 | KY82005 | 战略规划部 | 规划员 | 林艺芳 | 女 | 26 | 4000.0 | 444.0 | 315.0 | 0.0 | ... | 500 | 266.67 | 4492.33 | 672.18 | 1344.35 | 0.0 | 7590.0 | 227.70 | 227.70 | 0.00 |

图 8–7

为便于查看，提取工号、姓名、应发工资、当月应纳税额等数据。

```
pd.concat([df['工号'], df['姓名'], df.loc[ :, '应发工资': ]], axis=1).head()
```

运行结果如下：

| | 工号 | 姓名 | 应发工资 | 三险一金(个人) | 四险一金(单位) | 本期应纳税所得额 | 累计应纳税所得额 | 上期累计应纳税额 | 累计应纳税额 | 当月应纳税额 |
|---|---|---|---|---|---|---|---|---|---|---|
| 0 | KY82001 | 许建辉 | 10800.00 | 1586.50 | 3173.00 | 2213.5 | 35851.5 | 1009.14 | 1075.55 | 66.41 |
| 1 | KY82002 | 刘晓光 | 8400.00 | 1586.50 | 3173.00 | 0.0 | 30500.0 | 915.00 | 915.00 | 0.00 |
| 2 | KY82003 | 林丽萍 | 6066.00 | 1252.50 | 2505.00 | 0.0 | 13660.0 | 409.80 | 409.80 | 0.00 |
| 3 | KY82004 | 王辉 | 5308.00 | 1252.50 | 2505.00 | 0.0 | 11480.0 | 344.40 | 344.40 | 0.00 |
| 4 | KY82005 | 林艺芳 | 4492.33 | 672.18 | 1344.35 | 0.0 | 7590.0 | 227.70 | 227.70 | 0.00 |

图 8–8

### 1.3.6 计算实发工资

计算实发工资，计算公式如下：

实发工资 = 应发工资 – 三险一金（个人）– 当月应纳税额

```
# 计算实发工资，并获取前 5 行数据
# 实发工资 = 应发工资 – 三险一金（个人）– 当月应纳税额
df['实发工资']=df['应发工资']–df['三险一金（个人)']–df['当月应纳税额']
df.head()
```

运行结果如下：

| | 工号 | 部门 | 岗位 | 姓名 | 姓别 | 出勤天数 | 基本工资 | 加班费 | 奖金 | 补贴 | ... | 缺勤扣款 | 应发工资 | 三险一金(个人) | 四险一金(单位) | 本期应纳税所得额 | 累计应纳税所得额 | 上期累计应纳税额 | 累计应纳税额 | 当月应纳税额 | 实发工资 |
|---|---|---|---|---|---|---|---|---|---|---|---|---|---|---|---|---|---|---|---|---|---|
| 0 | KY82001 | 战略规划部 | 总经理 | 许建辉 | 男 | 22 | 12000.0 | 0.0 | 0.0 | 1200.0 | ... | 2400.00 | 10800.00 | 1586.50 | 3173.00 | 2213.5 | 35851.5 | 1009.14 | 1075.55 | 66.41 | 9147.09 |
| 1 | KY82002 | 战略规划部 | 副总经理 | 刘晓光 | 男 | 22 | 10500.0 | 0.0 | 0.0 | 0.0 | ... | 2100.00 | 8400.00 | 1586.50 | 3173.00 | 0.0 | 30500.0 | 915.00 | 915.00 | 0.00 | 6813.50 |
| 2 | KY82003 | 战略规划部 | 总经理助理 | 林丽萍 | 女 | 22 | 6500.0 | 0.0 | 866.0 | 0.0 | ... | 1300.00 | 6066.00 | 1252.50 | 2505.00 | 0.0 | 13660.0 | 409.80 | 409.80 | 0.00 | 4813.50 |
| 3 | KY82004 | 战略规划部 | 企划部经理 | 王辉 | 男 | 22 | 6200.0 | 0.0 | 348.0 | 0.0 | ... | 1240.00 | 5308.00 | 1252.50 | 2505.00 | 0.0 | 11480.0 | 344.40 | 344.40 | 0.00 | 4055.50 |
| 4 | KY82005 | 战略规划部 | 规划员 | 林艺芳 | 女 | 26 | 4000.0 | 444.0 | 315.0 | 0.0 | ... | 266.67 | 4492.33 | 672.18 | 1344.35 | 0.0 | 7590.0 | 227.70 | 227.70 | 0.00 | 3820.15 |

图 8–9

为便于查看，提取工号、姓名、应发工资、实发工资等数据。

```
pd.concat ([ df [ '工号 '], df [ '姓名 '], df.loc [ : , '应发工资': ]], axis=1 ).
head ( )
```

运行结果如下：

| | 工号 | 姓名 | 应发工资 | 三险一金(个人) | 四险一金(单位) | 本期应纳税所得额 | 累计应纳税所得额 | 上期累计应纳税额 | 累计应纳税额 | 当月应纳税额 | 实发工资 |
|---|---|---|---|---|---|---|---|---|---|---|---|
| 0 | KY82001 | 许建辉 | 13200.00 | 1586.50 | 3173.00 | 4613.5 | 38251.5 | 1009.14 | 1305.15 | 296.01 | 11317.49 |
| 1 | KY82002 | 刘晓光 | 10500.00 | 1586.50 | 3173.00 | 1913.5 | 32413.5 | 915.00 | 972.40 | 57.40 | 8856.10 |
| 2 | KY82003 | 林丽萍 | 7366.00 | 1252.50 | 2505.00 | 0.0 | 13660.0 | 409.80 | 409.80 | 0.00 | 6113.50 |
| 3 | KY82004 | 王辉 | 6548.00 | 1252.50 | 2505.00 | 0.0 | 11480.0 | 344.40 | 344.40 | 0.00 | 5295.50 |
| 4 | KY82005 | 林艺芳 | 5494.63 | 672.18 | 1344.35 | 0.0 | 7590.0 | 227.70 | 227.70 | 0.00 | 4822.45 |

图 8–10

将计算结果保存为 Excel 文件，命名为“HY 公司 2021 年 6 月职工薪酬 data.xlsx"。

```
# 利用 to_excel ( ) 将计算结果输出到 Excel 中，方便数据分析
df.to_excel ('HY 公司 2021 年 6 月职工薪酬 data.xlsx' )
```

薪酬计算方法有很多，ERP 工资薪金管理系统、Excel 等都提供了不同的计算方式。本业务场景提供了基于 Python 计算薪酬的方法，企业可结合自身的规模、现有管理信息系统软件的应用等实际情况，灵活调用不同工具，从而提高薪酬计算效率，提升财务管理水平。

# 任务二 职工薪酬分析

薪酬管理是企业管理的重要模块之一，也是企业吸引、激励和留住人才的重要手段。对职工薪酬数据进行分析，有助于企业优化薪酬结构，及时调整薪酬方案，以及设置有效的绩效目标。

企业应结合职工薪酬分析结果，在控制运营成本的同时，兼顾激发员工的工作积极性，最终实现企业利益最大化。

## 2.1 任务描述

HY 公司管理人员想了解单位工资的构成情况，财务人员按照图 8-13 所示的职工薪酬税前扣除标准，对 2021 年 6 月的职工薪酬相关数据进行处理，同时也分别按部门、职工薪酬项目等维度对薪酬数据进行分析。

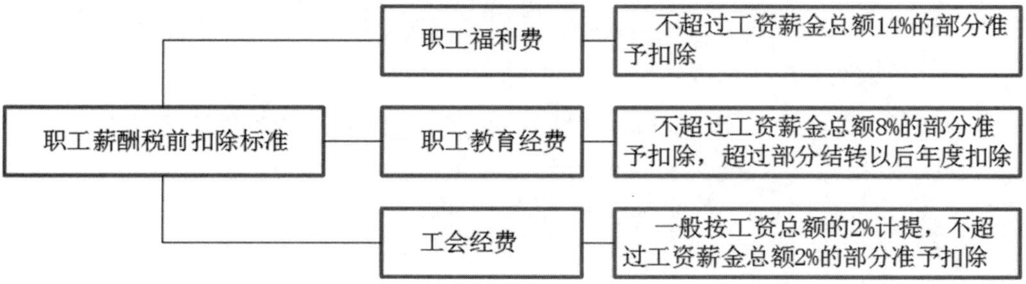


图 8–13

**【知识准备】**

薪酬管理是企业人力资源管理的核心内容。在现代企业管理中，由于薪酬在吸引、保持和激励员工方面的重要作用，薪酬已不仅是具有传统的企业生产成本支出功能的载体，而且是已经与企业发展和人力资源开发战略紧密相联的管理要素。因此，企业管理人员必须充分认识到新酬管理对企业发展的重要影响，并进行有效的工资制度设计和福利制度设计，以推动企业战略目标的实现。

## 2.2 任务需求

1. 按部门分析职工薪酬
2. 按项目分析职工薪酬

## 2.3 任务实践

### 2.3.1 引入数据

读取任务一中的计算结果，即“HY 公司 2021 年 6 月职工薪酬 data.xlsx”。

```
# 引入 pandas 模块
import pandas as pd
file='HY 公司 2021 年 6 月职工薪酬 data.xlsx'
df=pd.read_excel（file）
# 将缺失值填充为 0
df.fillna（0，inplace=True）
# 查看前 5 条记录
df.head（）
```

运行结果如下：

| | 工号 | 一级部门 | 岗位 | 姓名 | 性别 | 出勤天数 | 基本工资 | 加班费 | 奖金 | 补贴 | ... | 缺勤扣款 | 应发工资 | 三险一金(个人) | 四险一金(单位) | 本期应纳税所得额 | 累计应纳税所得额 | 上期累计应纳税额 | 累计应纳税额 | 当月应纳税额 | 实发工资 |
|---|---|---|---|---|---|---|---|---|---|---|---|---|---|---|---|---|---|---|---|---|---|
| 0 | KY82001 | 战略规划部 | 总经理 | 许建辉 | 男 | 22 | 12000.0 | 0.0 | 0 | 1200 | ... | 0.00 | 13200.00 | 1586.50 | 3173.00 | 4613.5 | 38251.5 | 1009.14 | 1305.15 | 296.01 | 11317.49 |
| 1 | KY82002 | 战略规划部 | 副总经理 | 刘晓光 | 男 | 22 | 10500.0 | 0.0 | 0 | 0 | ... | 0.00 | 10500.00 | 1586.50 | 3173.00 | 1913.5 | 32413.5 | 915.00 | 972.40 | 57.40 | 8856.10 |
| 2 | KY82003 | 战略规划部 | 总经理助理 | 林丽萍 | 女 | 22 | 6500.0 | 0.0 | 866 | 0 | ... | 0.00 | 7366.00 | 1252.50 | 2505.00 | 0.0 | 13660.0 | 409.80 | 409.80 | 0.00 | 6113.50 |
| 3 | KY82004 | 战略规划部 | 企划部经理 | 王辉 | 男 | 22 | 6200.0 | 0.0 | 348 | 0 | ... | 0.00 | 6548.00 | 1252.50 | 2505.00 | 0.0 | 11480.0 | 344.40 | 344.40 | 0.00 | 5295.50 |
| 4 | KY82005 | 战略规划部 | 规划员 | 林艺芳 | 女 | 26 | 4000.0 | 444.0 | 315 | 0 | ... | -735.63 | 5494.63 | 672.18 | 1344.35 | 0.0 | 7590.0 | 227.70 | 227.70 | 0.00 | 4822.45 |

5 rows × 25 columns

图 8–14

### 2.3.2 计提工会经费

按照应发工资的 2% 计提工会经费，为方便查看，只保留部分关键数据。

```
# 计算工会经费，结果保留 2 位小数，并获取前 5 行数据
# 工会经费 = 应发工资 * 工会经费比例
df['工会经费'] =round(df['应发工资'] * 0.02, 2)
pd.concat([df['工号'], df['姓名'], df.loc[ : , '应发工资': ]], axis=1).head()
```

运行结果如下：

| | 工号 | 姓名 | 应发工资 | 三险一金(个人) | 四险一金(单位) | 本期应纳税所得额 | 累计应纳税所得额 | 上期累计应纳税额 | 累计应纳税额 | 当月应纳税额 | 实发工资 | 工会经费 |
|---|---|---|---|---|---|---|---|---|---|---|---|---|
| 0 | KY82001 | 许建辉 | 13200.00 | 1586.50 | 3173.00 | 4613.5 | 38251.5 | 1009.14 | 1305.15 | 296.01 | 11317.49 | 264.00 |
| 1 | KY82002 | 刘晓光 | 10500.00 | 1586.50 | 3173.00 | 1913.5 | 32413.5 | 915.00 | 972.40 | 57.40 | 8856.10 | 210.00 |
| 2 | KY82003 | 林丽萍 | 7366.00 | 1252.50 | 2505.00 | 0.0 | 13660.0 | 409.80 | 409.80 | 0.00 | 6113.50 | 147.32 |
| 3 | KY82004 | 王辉 | 6548.00 | 1252.50 | 2505.00 | 0.0 | 11480.0 | 344.40 | 344.40 | 0.00 | 5295.50 | 130.96 |
| 4 | KY82005 | 林艺芳 | 5494.63 | 672.18 | 1344.35 | 0.0 | 7590.0 | 227.70 | 227.70 | 0.00 | 4822.45 | 109.89 |

图 8–15

### 2.3.3 按部门分析职工薪酬

（1）筛选数据

根据计算结果，获取员工工号、部门、应发工资、四险一金（单位）、工会经费、职工福利费、职工教育经费等数据。

```
department= df[['工号', '一级部门', '应发工资', '四险一金(单位)', '工会经费', '职工福利费', '职工教育经费']]
department.head()
```

运行结果如下：

| | 工号 | 一级部门 | 应发工资 | 四险一金(单位) | 工会经费 | 职工福利费 | 职工教育经费 |
|---|---|---|---|---|---|---|---|
| 0 | KY82001 | 战略规划部 | 13200.00 | 3173.00 | 264.00 | 300 | 500 |
| 1 | KY82002 | 战略规划部 | 10500.00 | 3173.00 | 210.00 | 300 | 500 |
| 2 | KY82003 | 战略规划部 | 7366.00 | 2505.00 | 147.32 | 300 | 500 |
| 3 | KY82004 | 战略规划部 | 6548.00 | 2505.00 | 130.96 | 300 | 500 |
| 4 | KY82005 | 战略规划部 | 5494.63 | 1344.35 | 109.89 | 300 | 500 |

图 8–16

（2）按部门汇总公司的职工薪酬

薪酬合计 = 应发工资 + 四险一金（单位）+ 工会经费 + 职工福利费 + 职工教育经费

```
dept = pd.pivot_table（department，index='一级部门'，aggfunc='sum'）
dept［'薪酬合计'］= dept［'应发工资'］+dept［'四险一金（单位）'］+dept［'工会经费'］+dept［'职工福利费'］+dept［'职工教育经费'］
dept
```

运行结果如下：

| 一级部门 | 四险一金(单位) | 工会经费 | 应发工资 | 职工教育经费 | 职工福利费 | 薪酬合计 |
|---|---|---|---|---|---|---|
| 基本生产车间 | 468927.65 | 26292.28 | 1314612.77 | 167500 | 100500 | 2077832.70 |
| 战略规划部 | 14044.70 | 963.26 | 48163.35 | 3000 | 1800 | 67971.31 |
| 综合管理部 | 28106.10 | 1547.33 | 77366.32 | 7000 | 4200 | 118219.75 |
| 财务部 | 24624.15 | 1582.75 | 79137.35 | 7000 | 4200 | 116544.25 |
| 辅助生产车间 | 25050.00 | 1054.15 | 52707.10 | 5000 | 3000 | 86811.25 |
| 销售部 | 15764.80 | 1326.00 | 66300.00 | 5000 | 3000 | 91390.80 |

图 8–17

（3）图形展示

为了更直观地看到各部门薪资合计的情况，将以上数据绘制成柱形图。

绘制柱形图，展示不同部门薪资合计。

```
from matplotlib import pyplot as plt
# 设置中文字体为黑体
plt.rcParams［'font.family'］='SimHei'
# 中文状态下负号正常显示
plt.rcParams［'axes.unicode_minus'］=False
# 设置图表的大小
plt.figure（figsize=（10，8），dpi=200）
# 设置 x 轴为部门名称
x =dept.index
# 设置 y 轴为部门薪酬合计数据
y =dept［'薪酬合计'］
# 设置图形数据、宽度和颜
plt.bar（range（len（x）），y，tick_label=x，width=0.5，color=［'b'，'r'，'g'，'y'，'c'］）
```

```
# 设置图表名称
plt.xlabel（'部门'）
plt.ylabel（'薪资合计'）
plt.title（'各部门薪资合计比较'）
plt.show（）
```

运行结果如下：

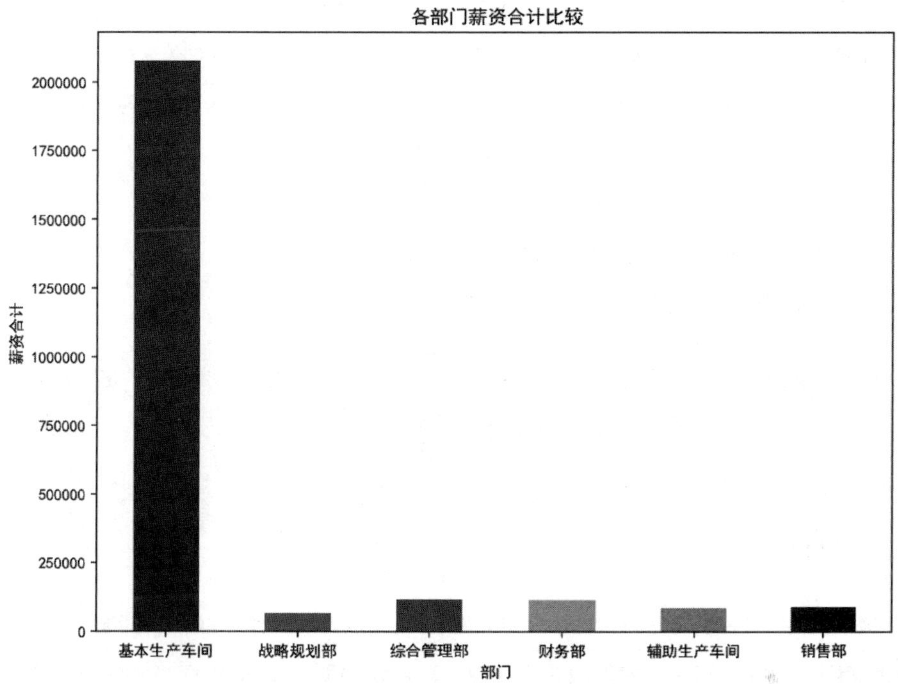


图 8-18　各部门薪资合计比较图

### 2.3.4　按项目分析职工薪酬

计算各部门的职工薪酬支出占总职工薪酬支出的比例。这里通过自定义 formatPercent（）函数，按百分比输出职工薪酬支出占总职工薪酬支出的比例。

（1）自定义 formatPercent（）函数

```
def formatPercent（x）:
  return"{: .2f}%".format（x*100）
# 调用自定义函数 formatPerent（），格式化输出占比
dept['占比']=( dept['薪酬合计']/dept['薪酬合计'].sum( )).map( formatPercent )
dept
```

运行结果如下：

| | 四险一金(单位) | 工会经费 | 应发工资 | 职工教育经费 | 职工福利费 | 薪酬合计 | 占比 |
|---|---|---|---|---|---|---|---|
| 一级部门 | | | | | | | |
| 基本生产车间 | 468927.65 | 26292.28 | 1314612.77 | 167500 | 100500 | 2077832.70 | 81.20% |
| 战略规划部 | 14044.70 | 963.26 | 48163.35 | 3000 | 1800 | 67971.31 | 2.66% |
| 综合管理部 | 28106.10 | 1547.33 | 77366.32 | 7000 | 4200 | 118219.75 | 4.62% |
| 财务部 | 24624.15 | 1582.75 | 79137.35 | 7000 | 4200 | 116544.25 | 4.55% |
| 辅助生产车间 | 25050.00 | 1054.15 | 52707.10 | 5000 | 3000 | 86811.25 | 3.39% |
| 销售部 | 15764.80 | 1326.00 | 66300.00 | 5000 | 3000 | 91390.80 | 3.57% |

图 8–19

（2）按职工薪酬项目汇总公司的职工薪酬支出

按职工薪酬项目汇总公司的职工薪酬支出：

```
dept1=department.pivot_table（index='一级部门', aggfunc='sum', fill_value=0,
margins=True, margins_name='合计'）.T
dept1
```

运行结果如下：

| 一级部门 | 基本生产车间 | 战略规划部 | 综合管理部 | 财务部 | 辅助生产车间 | 销售部 | 合计 |
|---|---|---|---|---|---|---|---|
| 四险一金(单位) | 468927.65 | 14044.70 | 28106.10 | 24624.15 | 25050.00 | 15764.8 | 576517.40 |
| 工会经费 | 26292.28 | 963.26 | 1547.33 | 1582.75 | 1054.15 | 1326.0 | 32765.77 |
| 应发工资 | 1314612.77 | 48163.35 | 77366.32 | 79137.35 | 52707.10 | 66300.0 | 1638286.89 |
| 职工教育经费 | 167500.00 | 3000.00 | 7000.00 | 7000.00 | 5000.00 | 5000.0 | 194500.00 |
| 职工福利费 | 100500.00 | 1800.00 | 4200.00 | 4200.00 | 3000.00 | 3000.0 | 116700.00 |

图 8–20

计算各项目支出占总职工薪酬支出的比例。调用自定义函数 formatPercent（），格式化输出占比。

```
#计算各项目支出占总职工薪酬支出的比例
dept1['比例']=(dept1['合计']/dept1['合计'].sum()).map(formatPercent)
dept1
```

运行结果如下：

| 一级部门 | 基本生产车间 | 战略规划部 | 综合管理部 | 财务部 | 辅助生产车间 | 销售部 | 合计 | 比例 |
|---|---|---|---|---|---|---|---|---|
| 四险一金(单位) | 468927.65 | 14044.70 | 28106.10 | 24624.15 | 25050.00 | 15764.8 | 576517.40 | 22.53% |
| 工会经费 | 26292.28 | 963.26 | 1547.33 | 1582.75 | 1054.15 | 1326.0 | 32765.77 | 1.28% |
| 应发工资 | 1314612.77 | 48163.35 | 77366.32 | 79137.35 | 52707.10 | 66300.0 | 1638286.89 | 64.03% |
| 职工教育经费 | 167500.00 | 3000.00 | 7000.00 | 7000.00 | 5000.00 | 5000.0 | 194500.00 | 7.60% |
| 职工福利费 | 100500.00 | 1800.00 | 4200.00 | 4200.00 | 3000.00 | 3000.0 | 116700.00 | 4.56% |

图 8–21

（3）图形展示

为了更直观地看到薪酬项目的构成情况，绘制饼图。

```
from matplotlib import pyplot as plt
# 设置中文字体为黑体
plt.rcParams［'font.family'］='SimHei'
# 中文状态下负号正常显示
plt.rcParams［'axes.unicode_minus'］=False
# 设置标签
labels=［'四险一金（单位）'，'工会经费'，'应发工资'，'职工教育经费'，'职工福利费'］
# 计算比例
percent=dept1［'合计'］/dept1［'合计'］.sum（）
# 绘制饼图
plt.pie（percent，labels=labels，autopct='%1.2f %%'，shadow=False，startangle=150）
# 设置图表标题
plt.title（"薪酬项目构成"）
plt.show（）
```

运行结果如下：

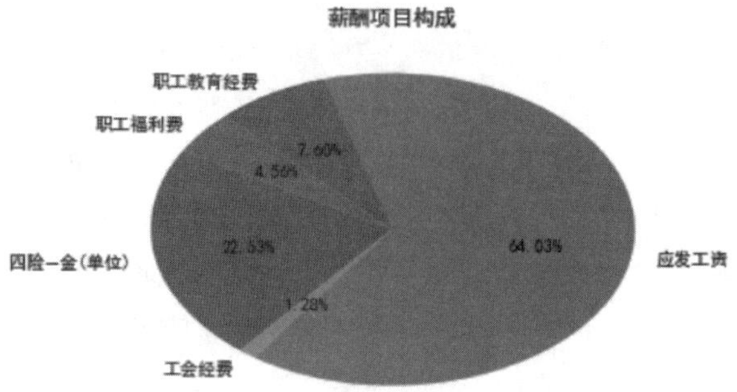


图 8–22

采用嵌套的 for 循环语句，批量读取不同部门的薪酬项目数据，批量完成多个图表的绘制。

```
import matplotlib.pyplot as plt
%matplotlib inline
# 设置中文字体为黑体
plt.rcParams['font.family']='SimHei'
# 中文状态下负号正常显示
plt.rcParams['axes.unicode_minus'] =False
labels = dept1.index
yitem = ('合计', '生产部', '行政部', '财务部', '采购部', '销售部')
fig, axs= plt.subplots(nrows=2, ncols=3, figsize=(18, 12))
index=0
for i in range(2):
    for j in range(3):
        item=yitem[index]
        axs[i, j].set_title('薪酬项目构成 -'+str(item), fontsize=20)
        patches, l_text, p_text=axs[i, j].pie(percent, labels=labels, autopct=
'%1.2f %%', shadow=False, startangle=150)
        for t in l_text:
          t.set_size(10)
        for t in p_text:
          t.set_size(15)
```

运行结果如下：

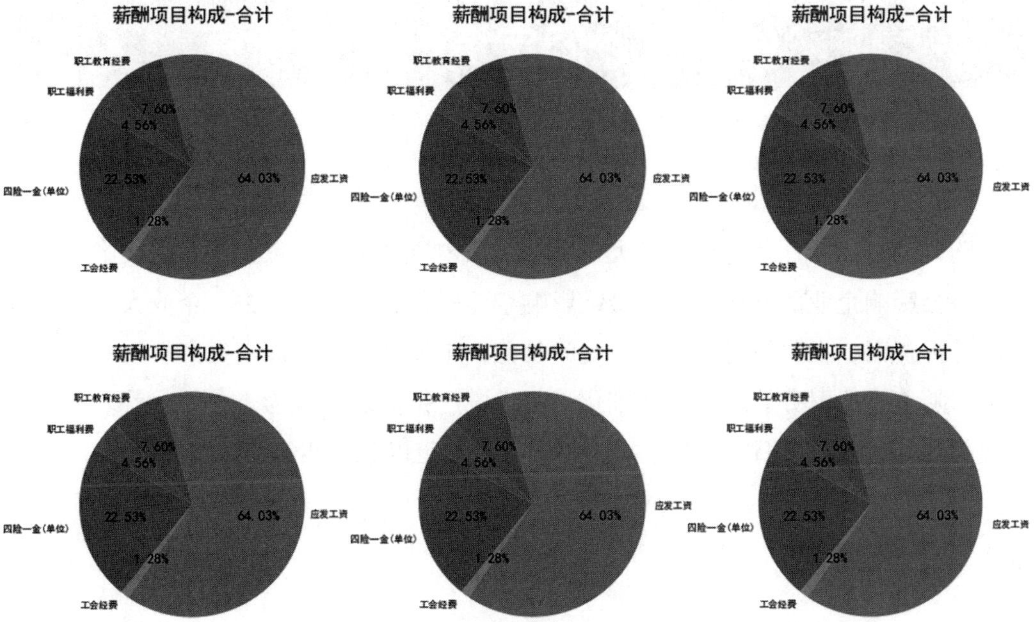
薪酬项目构成-合计
职工教育经费
职工福利费
7.60%
4.56%
22.53%
64.03%
应发工资
四险一金(单位)
1.28%
工会经费

图 8-23

# 任务三　固定资产折旧计算

购置固定资产往往需要占用大量资金，固定资产折旧关系到企业的成本和费用支出，会影响企业的利润水平，最终影响企业所得税税负。过去，企业大多采用直线法计提折旧，在决策时忽略货币时间价值，未能准确预测固定资产折旧对纳税的影响。随着企业财务管理日趋精细化，固定资产折旧逐渐成为企业税收筹划的重要组成部分，包括对折旧方法的选择、折旧年限确定以及净残值的计算等。

## 3.1　任务描述

HY 公司的固定资产占资产总额比重较大，每年的固定资产累计折旧对企业所得税税负的影响较大，这将直接影响企业的净利润。2021 年 1 月，HY 公司购置了一台原值为 80000 元的机器设备，预计使用 10 年，净残值率为 5%，期望年化收益率为 8%，企业所得税税率为 25%，现希望比较几种不同折旧方法的折旧额情况。

**【知识准备】**

固定资产与无形资产，是用来生产产品的，也是有成本的。它的价值，就是他的成本，需要计入产品的成本中去，需要摊销。这就是固定资产为什么要计提折旧的原因。

企业计提固定资产折旧的方法有多种，基本上即可以分为两类，即直线法（包括年限平均法和工作量法）和加速折旧法（包括年数总和法和双倍余额递减法），企业应当根据固定资产所含经济利益预期实现方式选择不同的方法，企业折旧方法不同，计提折旧额相差很大。

## 3.2　任务需求

1. 用直线法计算年折旧额
2. 用双倍余额递减法计算年折旧额
3. 用年数总和法计算折旧额

## 3.3 任务实践

### 3.3.1 用直线法计算年折旧额

导入 pandas、warnings 模块

```
# 导入 pandas、warnings 模块
import pandas as pd
pd.options.display.float_ format="{: .2f}%".format
import warnings
warnings.filterwarnings ( "ignore" )
```

自定义 dep_line ( ) 函数，采用直线法计算年折旧额

```
# 自定义函数，采用直线法计算折旧额
# 传入参数：原值、预计使用年限、净残值率、期望年化收益率、企业所得税税率
def dep_line ( amount, life, salvage, benefit, ratio ):
# 计算直线法下的年折旧额
# 折旧抵税
    lose=amount* ( 1-salvage ) /life
# 折旧抵税现值
    getback=lose*ratio
# 初始累计折旧抵税现值
    getback_all=0
    list_line= [ ]
    for i in range ( 1, life+1 ):
      # 折现系数
      dicount=1/ ( 1+benefit ) **i
      getback_year=getback*dicount
      getback_all=getback_all+getback_year
      list_line.append ([ i, lose, lose*i, getback, dicount, getback_year, getback_all ])
    return pd.DataFrame ( list_line, columns= [ '年份', '折旧', '累计折旧', '折旧抵税', '折现系数', '折旧抵税现值', '累计折旧抵税现值' ])
```

```
# 输入参数，用直线法计算年折旧额
dt_line=dep_line（800000，10，0.05，0.08，0.25）
dt_line
```

运行结果如下：

| | 年份 | 折旧 | 累计折旧 | 折旧抵税 | 折现系数 | 折旧抵税现值 | 累计折旧抵税现值 |
|---|---|---|---|---|---|---|---|
| 0 | 1 | 76000.00 | 76000.00 | 19000.00 | 0.93 | 17592.59 | 17592.59 |
| 1 | 2 | 76000.00 | 152000.00 | 19000.00 | 0.86 | 16289.44 | 33882.03 |
| 2 | 3 | 76000.00 | 228000.00 | 19000.00 | 0.79 | 15082.81 | 48964.84 |
| 3 | 4 | 76000.00 | 304000.00 | 19000.00 | 0.74 | 13965.57 | 62930.41 |
| 4 | 5 | 76000.00 | 380000.00 | 19000.00 | 0.68 | 12931.08 | 75861.49 |
| 5 | 6 | 76000.00 | 456000.00 | 19000.00 | 0.63 | 11973.22 | 87834.71 |
| 6 | 7 | 76000.00 | 532000.00 | 19000.00 | 0.58 | 11086.32 | 98921.03 |
| 7 | 8 | 76000.00 | 608000.00 | 19000.00 | 0.54 | 10265.11 | 109186.14 |
| 8 | 9 | 76000.00 | 684000.00 | 19000.00 | 0.50 | 9504.73 | 118690.87 |
| 9 | 10 | 76000.00 | 760000.00 | 19000.00 | 0.46 | 8800.68 | 127491.55 |

图 8-25

### 3.3.2 用双倍余额递减法计算年折旧额

自定义 dep_double（）函数，采用双倍余额递减法计算年折旧额

```
# 自定义函数，采用双倍余额递减法计算年折旧额
# 传入参数：原值、预计使用年限、净残值率、期望年化收益率、企业所得税税率
def dep_double（amount，life，salvage，benefit，ratio）：
# 计算双倍余额递减法下的年折旧额
# 初始累计折旧初始值
    lose_all=0
# 初始累计折旧抵税现值
    getback_all=0
    list_double=［］
    for i in range（1，life+1）：
# 剩余折旧年数大于 2 时
    if life+1−i>2：
```

```
            lose=（amount-lose_all）*2/life
    # 折旧抵税
            getback=lose*ratio
            lose_all = lose_all+lose
    # 最后 2 年折旧金额
        elif life+1-i==2:
            lose=（amount-lose_all-amount*salvage）/2
    # 折旧抵税
            getback=lose*ratio
            lose_all=lose_all+lose
    # 最后 1 年折旧金额
        elif life+1-i==1:
            lose=（amount-lose_all-amount*salvage）
    # 折旧抵税
            getback=lose*ratio
            lose_all=lose_all+lose
        else:
            print（"已足额计提折旧，或者折旧年份错误"）
    # 计算折旧抵税现值
    # 折现系数
        dicount=1/（1+benefit）**i
        getback_year=getback*dicount
        getback_all=getback_all+getback_year
        list_double.append（[i, lose, lose_all, getback, dicount, getback_year,
getback_all]）
        return pd.DataFrame（list_double, columns=['年份','折旧','累计折旧','
折旧抵税','折现系数','折旧抵税现值','累计折旧抵税现值']）
    # 输入参数，用双倍余额递减法计算年折旧额
    dt_double=dep_double（800000, 10, 0.05, 0.08, 0.25）
    dt_double
```

运行结果如下：

| | 年份 | 折旧 | 累计折旧 | 折旧抵税 | 折现系数 | 折旧抵税现值 | 累计折旧抵税现值 |
|---|---|---|---|---|---|---|---|
| 0 | 1 | 160000.00 | 160000.00 | 40000.00 | 0.93 | 37037.04 | 37037.04 |
| 1 | 2 | 128000.00 | 288000.00 | 32000.00 | 0.86 | 27434.84 | 64471.88 |
| 2 | 3 | 102400.00 | 390400.00 | 25600.00 | 0.79 | 20322.11 | 84793.98 |
| 3 | 4 | 81920.00 | 472320.00 | 20480.00 | 0.74 | 15053.41 | 99847.40 |
| 4 | 5 | 65536.00 | 537856.00 | 16384.00 | 0.68 | 11150.68 | 110998.07 |
| 5 | 6 | 52428.80 | 590284.80 | 13107.20 | 0.63 | 8259.76 | 119257.83 |
| 6 | 7 | 41943.04 | 632227.84 | 10485.76 | 0.58 | 6118.34 | 125376.17 |
| 7 | 8 | 33554.43 | 665782.27 | 8388.61 | 0.54 | 4532.10 | 129908.27 |
| 8 | 9 | 47108.86 | 712891.14 | 11777.22 | 0.50 | 5891.54 | 135799.81 |
| 9 | 10 | 47108.86 | 760000.00 | 11777.22 | 0.46 | 5455.13 | 141254.94 |

图 8–26

### 3.3.3 用年数总和法计算折旧额

自定义 dep_sum（ ）函数，采用年数总和法法计算年折旧额。

```
# 传入参数原值、预计使用年限净残值率、期望年化收益率、企业所得税税率
def dep_sum（amount，life，salvage，benefit，ratio）:
# 计算年数总和法下的年折旧额
# 初始累计折旧初始值
    lose_all=0
# 初始累计折旧抵税现值
    getback_all=0
    list_sum= [ ]
    for i in range（1，life+1）:
# 年数总和
        sumyear=sum（i for i in range（1，life+1））
# 年折旧
        lose=amount*（1−salvage）*（life+1−i）/sumyear
# 折旧抵税
        lose_all=lose_all+lose
# 折旧抵税现值
        getback=lose*ratio
```

```
    # 折现系数
            dicount=1/（1+benefit）**i
            getback_year=getback*dicount
            getback_all=getback_all+getback_year
            list_sum.append（[ i, lose, lose_all, getback, dicount, getback_year,
getback_all ]）
        return pd.DataFrame（list_sum, columns= [ '年份', '折旧', '累计折旧', '
折旧抵税', '折现系数', '折旧抵税现值', '累计折旧抵税现值' ]）
    # 输入参数，用双倍余额递减法计算年折旧额
    dt_sum=dep_sum（800000, 10, 0.05, 0.08, 0.25）
    dt_sum
```

运行结果如下：

| | 年份 | 折旧 | 累计折旧 | 折旧抵税 | 折现系数 | 折旧抵税现值 | 累计折旧抵税现值 |
|---|---|---|---|---|---|---|---|
| **0** | 1 | 138181.82 | 138181.82 | 34545.45 | 0.93 | 31986.53 | 31986.53 |
| **1** | 2 | 124363.64 | 262545.45 | 31090.91 | 0.86 | 26655.44 | 58641.98 |
| **2** | 3 | 110545.45 | 373090.91 | 27636.36 | 0.79 | 21938.64 | 80580.61 |
| **3** | 4 | 96727.27 | 469818.18 | 24181.82 | 0.74 | 17774.36 | 98354.97 |
| **4** | 5 | 82909.09 | 552727.27 | 20727.27 | 0.68 | 14106.63 | 112461.60 |
| **5** | 6 | 69090.91 | 621818.18 | 17272.73 | 0.63 | 10884.75 | 123346.35 |
| **6** | 7 | 55272.73 | 677090.91 | 13818.18 | 0.58 | 8062.78 | 131409.13 |
| **7** | 8 | 41454.55 | 718545.45 | 10363.64 | 0.54 | 5599.15 | 137008.28 |
| **8** | 9 | 27636.36 | 746181.82 | 6909.09 | 0.50 | 3456.27 | 140464.54 |
| **9** | 10 | 13818.18 | 760000.00 | 3454.55 | 0.46 | 1600.12 | 142064.67 |

图 8-27

# 任务四　固定资产折旧分析

## 4.1　任务描述

HY 公司希望比较直线法、双倍余额递减法、年数总和法 3 种不同折旧方法对企业税负的影响，从中选择最优的折旧方案。

**【知识准备】**

固定资产折旧对税负的影响：当企业选择的折旧年限与税法规定最低年限存在差异的，需纳税调整。固定资产的预计使用年限是一个估计值，它要受到科技发展、使用环境、使用强度及维护情况等因素的影响，而会计准则和税法对其确定都赋予了较大的弹性空间。企业可通过选择折旧年限，最大限度地列支折旧费用，充分发挥折旧的抵税作用。

## 4.2　任务需求

1. 比较直线法下、双倍余额递减法下、年数总和法下的年折旧额视图化
2. 计算直线法下、双倍余额递减法下、年数总和法下对税负的影响差额
3. 对税负的影响差额视图化

## 4.3　任务实践

### 4.3.1　比较三种折旧方法下的累计折旧

为了更好地呈现采用 3 种不同折旧方法进行累计折旧和累计折旧抵税的对比，将累计折旧和累计折旧抵税现值分别绘制成折线图和柱形图。

```
import matplotlib.pyplot as plt
# 设置中文字体为黑体
plt.rcParams['font.family']='SimHei'
```

```
# 中文状态下负号正常显示
plt.rcParams['axes.unicode_minus']=False
# 设置图表的大小
plt.figure(figsize=(10, 8), dpi=200)
# 绘制折线图，呈现 3 种不同方法的累计折旧
plt.subplot(2, 1, 1)
# 读取直线法的累计折旧，使用 marker 设置标记形状
plt.plot(dt_line['年份'], dt_line['累计折旧'], label=['直线法累计折旧'],
linewidth=2, marker='s')
# 读取双倍余额递减法的累计折旧，使用 marker 设置标记形状
plt.plot(dt_double['年份'], dt_double['累计折旧'], label=['双倍余额递减
法累计折旧'], linewidth=2, marker='o')
# 读取年数总和法的累计折旧，使用 marker 设置标记形状
plt.plot(dt_sum['年份'], dt_sum['累计折旧'], label=['年数总和法累计折
旧'], linewidth=2, marker='x')
plt.xticks(dt_line['年份'])
# 设置图表名称
plt.title('不同折旧方法每年累计折旧比较')
plt.legend()
# 绘制柱形图，呈现 3 种不同方法的累计折旧抵税现值
plt.subplot(2, 1, 2)
# 读取直线法的累计折旧抵税现值
plt.bar(dt_line['年份']-0.2,dt_line['累计折旧'],label=['直线法累计折旧'],
width=0.2)
# 读取双倍余额递减法的累计折旧抵税现值
plt.bar(dt_double['年份'], dt_double['累计折旧'], label=['双倍余额递减
法累计折旧'], width=0.2)
# 读取年数总和法的累计折旧抵税现值
plt.bar(dt_sum['年份']+0.2, dt_sum['累计折旧'], label=['年数总和法累
计折旧'], width=0.2)
# 设置 x 标签
plt.xlabel('年份')
```

```
plt.xticks (dt_line ['年份'])
# 设置图表名称
plt.title ('不同折旧方法年累计折旧抵税现值比较')
plt.legend ( )
plt.show ( )
```

运行结果如下：

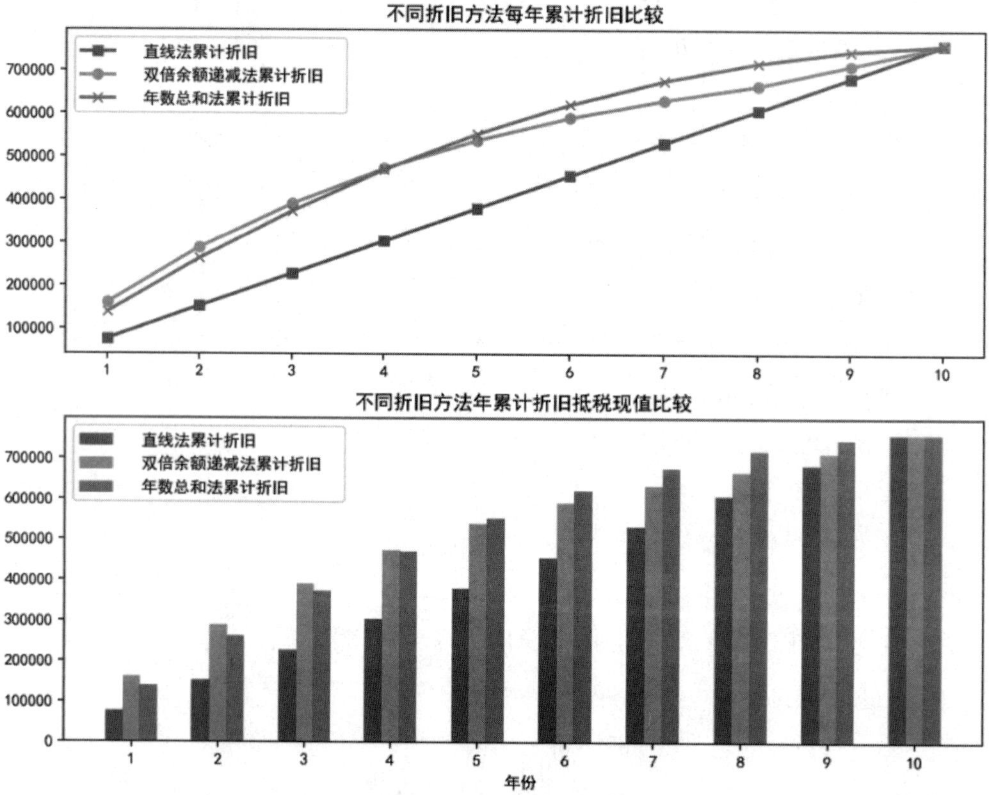


图 8–28 不同折旧方法的比较

从图 8-4-1 中的折线图可以看出，对 HY 公司的机器设备而言，如果设备的使用寿命为变量，使用寿命在 5 年内的设备采用双倍余额递减法得到的累计折旧数值大于年数总和法；使用寿命在 5 年及以上时，采用年数总和法得到的累计折旧数值大于双倍余额递减法。

同时从图 8–28 中的柱形图可以看出，这 3 种折旧方法有不同的抵税效果，直线法折旧抵税的效果最差。

### 4.3.2 比较三种折旧方法下对税负的影响

（1）计算年数总和法和直线法对税负的影响差额

对具体的抵税效果进行两两比较，先计算年数总和法和直线法对税负的影响差额。为了保证显示效果，变量命名后缀“L”表示直线法，“D”表示双倍余额递减法，“S"表示年数总和法（下同）。

```
# 比较年数总和法和直线法的抵税效果
dt=dt_line [['年份','折现系数']]
dt ['折旧差 S-L'] =dt_sum ['折旧'] -dt_line ['折旧']
dt['折旧抵税现值差 S-L']=dt_sum['折旧抵税现值']-dt_line['折旧抵税现值']
dt ['累计折旧抵税现值差 S-L'] =dt_sum ['累计折旧抵税现值'] -dt_line
['累计折旧抵税现值']
dt
```

运行结果如下：

| | 年份 | 折现系数 | 折旧差S-L | 折旧抵税现值差S-L | 累计折旧抵税现值差S-L |
|---|---|---|---|---|---|
| 0 | 1 | 0.93 | 62181.82 | 14393.94 | 14393.94 |
| 1 | 2 | 0.86 | 48363.64 | 10366.01 | 24759.95 |
| 2 | 3 | 0.79 | 34545.45 | 6855.82 | 31615.77 |
| 3 | 4 | 0.74 | 20727.27 | 3808.79 | 35424.56 |
| 4 | 5 | 0.68 | 6909.09 | 1175.55 | 36600.11 |
| 5 | 6 | 0.63 | -6909.09 | -1088.47 | 35511.64 |
| 6 | 7 | 0.58 | -20727.27 | -3023.54 | 32488.10 |
| 7 | 8 | 0.54 | -34545.45 | -4665.96 | 27822.14 |
| 8 | 9 | 0.50 | -48363.64 | -6048.46 | 21773.67 |
| 9 | 10 | 0.46 | -62181.82 | -7200.55 | 14573.12 |

图 8–29

（2）计算双倍余额递减法与直线法年数总和法对税负的影响差额

分别计算双倍余额递减法和直线法、双倍余额递减法和年数总和法对税负的影响差额，比较双倍余额递减法与直线法、年数总和法的抵税作用。

```
dt['折旧差D-L']=dt_double['折旧']-dt_line['折旧']
dt['折旧抵税现值差D-L']=dt_double['折旧抵税现值']-dt_line['折旧抵税现值']
dt['累计折旧抵税现值差D-L']=dt_double['累计折旧抵税现值']-dt_line['累计折旧抵税现值']
dt['折旧差D-S']=dt_double['折旧']-dt_sum['折旧']
dt['折旧抵税现值差D-S']=dt_double['折旧抵税现值']-dt_sum['折旧抵税现值']
dt['累计折旧抵税现值差D-S']=dt_double['累计折旧抵税现值']-dt_sum['累计折旧抵税现值']
dt
```

运行结果如下：

| | 年份 | 折现系数 | 折旧差S-L | 折旧抵税现值差S-L | 累计折旧抵税现值差S-L | 折旧差D-L | 折旧抵税现值差D-L | 累计折旧抵税现值差D-L | 折旧差D-S | 折旧抵税现值差D-S | 累计折旧抵税现值差D-S |
|---|---|---|---|---|---|---|---|---|---|---|---|
| 0 | 1 | 0.93 | 62181.82 | 14393.94 | 14393.94 | 84000.00 | 19444.44 | 19444.44 | 21818.18 | 5050.51 | 5050.51 |
| 1 | 2 | 0.86 | 48363.64 | 10366.01 | 24759.95 | 52000.00 | 11145.40 | 30589.85 | 3636.36 | 779.40 | 5829.90 |
| 2 | 3 | 0.79 | 34545.45 | 6855.82 | 31615.77 | 26400.00 | 5239.29 | 35829.14 | -8145.45 | -1616.53 | 4213.37 |
| 3 | 4 | 0.74 | 20727.27 | 3808.79 | 35424.56 | 5920.00 | 1087.84 | 36916.99 | -14807.27 | -2720.95 | 1492.43 |
| 4 | 5 | 0.68 | 6909.09 | 1175.55 | 36600.11 | -10464.00 | -1780.41 | 35136.58 | -17373.09 | -2955.96 | -1463.53 |
| 5 | 6 | 0.63 | -6909.09 | -1088.47 | 35511.64 | -23571.20 | -3713.46 | 31423.12 | -16662.11 | -2624.99 | -4088.52 |
| 6 | 7 | 0.58 | -20727.27 | -3023.54 | 32488.10 | -34056.96 | -4967.98 | 26455.14 | -13329.69 | -1944.44 | -6032.96 |
| 7 | 8 | 0.54 | -34545.45 | -4665.96 | 27822.14 | -42445.57 | -5733.00 | 20722.13 | -7900.11 | -1067.05 | -7100.00 |
| 8 | 9 | 0.50 | -48363.64 | -6048.46 | 21773.67 | -28891.14 | -3613.19 | 17108.94 | 19472.50 | 2435.27 | -4664.73 |
| 9 | 10 | 0.46 | -62181.82 | -7200.55 | 14573.12 | -28891.14 | -3345.55 | 13763.40 | 33290.68 | 3855.01 | -809.72 |

图 8–30

（3）筛选出对税负有影响的差额数据

比较双倍余额递减法和直线法、年数总和法的抵税效果。

```
dt[['年份','折现系数','累计折旧抵税现值差S-L','累计折旧抵税现值差D-L','累计折旧抵税现值差D-S']]
```

运行结果如下：

| | 年份 | 折现系数 | 累计折旧抵税现值差S-L | 累计折旧抵税现值差D-L | 累计折旧抵税现值差D-S |
|---|---|---|---|---|---|
| 0 | 1 | 0.93 | 14393.94 | 19444.44 | 5050.51 |
| 1 | 2 | 0.86 | 24759.95 | 30589.85 | 5829.90 |
| 2 | 3 | 0.79 | 31615.77 | 35829.14 | 4213.37 |
| 3 | 4 | 0.74 | 35424.56 | 36916.99 | 1492.43 |
| 4 | 5 | 0.68 | 36600.11 | 35136.58 | -1463.53 |
| 5 | 6 | 0.63 | 35511.64 | 31423.12 | -4088.52 |
| 6 | 7 | 0.58 | 32488.10 | 26455.14 | -6032.96 |
| 7 | 8 | 0.54 | 27822.14 | 20722.13 | -7100.00 |
| 8 | 9 | 0.50 | 21773.67 | 17108.94 | -4664.73 |
| 9 | 10 | 0.46 | 14573.12 | 13763.40 | -809.72 |

图 8-31

（4）对税负的影响差额视图化

将不同折旧方法的累计折旧抵税现值差以可视化方式呈现：

```
import matplotlib.pyplot as plt
# 设置中文字体为黑体
plt.rcParams［'font.family'］='SimHei'
# 中文状态下负号正常显示
plt.rcParams［'axes.unicode_minus'］=False
# 设置图表的大小
plt.figure（figsize=（10，8），dpi=200）
# 读取数据，使用 marker 设置标记形状
plt.plot（dt［'年份'］，dt［'累计折旧抵税现值差 S-L'］，label="'年数总和法－直线法'累计折旧抵税现值差"，linewidth=2，marker='s'）
plt.plot（dt［'年份'］，dt［'累计折旧抵税现值差 D-L'］，label="'双倍余额递减法－直线法'累计折旧抵税现值差"，linewidth=2，marker='o'）
plt.plot（dt［'年份'］，dt［'累计折旧抵税现值差 D-S'］，label="'双倍余额递减法－年数总和法'累计折旧抵税现值差"，linewidth=2，marker='x'）
# 设置 x 标签
```

```
plt.xlabel ('年份')
plt.xticks (dt_line ['年份'])
# 设置图表名称
plt.title ('不同折旧方法的累计折旧抵税现值差')
plt.legend (loc='lower left')
plt.show ()
```

运行结果如下：

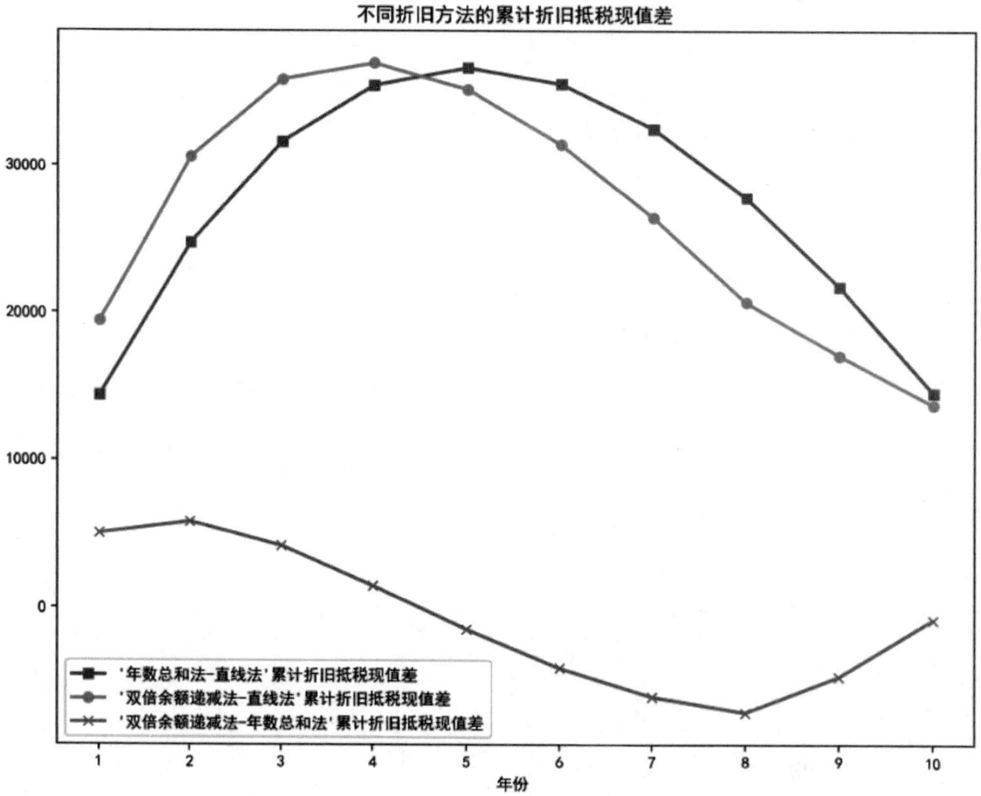


图 8–32

从图 8–32 中的折线图可以看出，对 HY 公司而言，使用寿命在 5 年内的设备采用双倍余额递减法和年数总和法比直线法对税负的影响大，其中双倍余额递减法的影响大于年数总和法；使用寿命在 5 年及以上时，采用年数总和法得到的累计折旧数值大于双倍余额递减法。3 种折旧方法有不同的抵税效果，直线法折旧抵税的效果最差。

## 拓展阅读

### 大数据冲击各行各业

我们作为个人不仅是数据的接收者，也是数据的生产者。一方面我们下载、阅读、浏览，是在消费数据；另一方面，我们上传、撰写、参加各种活动，留下很多痕迹，实际就是在生产数据。在这样一个既是消费又是生产的环境中，我们已经和数据分不开了。

比如经济金融领域。股价的预测其实一直是个难题，传统的股价预测，实际是通过一些专业的模型来估计风险、收益、评价企业，有专门的理论和方法来估计股价。但是影响股价的除了这些因素之外还有人们的“期望”，而估计“期望”是非常难的，因为“期望”既涉及外部因素，又涉及心理预期。现在一个新视角是考虑公众关注，比如搜索。若对某些企业比较关心，可能就搜索其企业状况、新闻事件，这种搜索体现了大众对具体企业的股票价格和价值走向的关心。这是一个跟过去特别不同的角度，因为这不是特别专业的角度，它是从专业外人士的行为来估计的角度。这种关注和搜索与股价的走势有相当强的关联度。但是，要特别指出，仅用这一个因素来估计股价是不够的，还有大量的因素需要专业模型。因此，一方面能够扩展或者冲击传统的定式和视角，另一方面应该把其他视角引入进来，大数据的股价预测应该是包括内部与外部、专业与非专业因素的模型构建。

大数据也开始在改变会计学。传统的会计学衡量企业的状况是通过三张报表：资产负债表、现金流量表、利润表。这三张报表反映了一个企业的运营能力、偿债能力和盈利能力。虽然这三张报表是非常基础和非常重要的，但是大家又发现，有一大类企业，特别是一些IT企业、创业企业、新行业企业，是高风险的长期负债，同时有非常高的市值，人们又对其有非常强的忠诚度，如果用这三张报表衡量，似乎不能完全体现它的价值，也就是说，传统会计学的三张报表现在可能就不够用了。因此，人们正在呼唤“第四张报表”的出现，业界和学界都在做这方面的研究。长周期、高负债、高不确定性企业的价值可能受到的是口碑、忠诚度、品牌、公允价值，包括无形资产的影响。这些东西，我们可以称之为数据资产。

大数据也在为体育界带来变革。篮球项目，如美职篮 NBA，就做得非常好，他们通过收集肌肉、血液、心脏、动作、战术、团队等全景式的数据来帮助训练和比赛，因为这些因素，都有可能影响整个比赛的结果。科技体育这几年有巨大的空间，传统的师傅带徒弟，师傅的传帮带确实非常重要，但是应该有更细粒度、更多角度、更全景式的手段，采用大数据技术来提升整体的竞赛水平。

大数据在艺术上也有很多影响。传统绘画，不管是古典的还是现代的，都有自己的素材和表现形式。现在出现了一种新的素材——数据素材，也就有了新的表现形式。比如飞机航班的数据轨迹就可以构成一幅新颖的画。

大数据在其他领域也有非常多的应用，比如农业方面就有蔬菜革命、精准扶贫。在医疗健康领域，医院内医院外，得病和未得病之间的关联，也是大数据问题。文学上通过大数据技术对一些词语、作者、关系、背景等进行分析。这些都是利用大数据的例子。

哲学里一个重要的方向是认识论和方法论，这里包括我们近些年提炼出来的新的研究成果。传统的哲学认识论追求探索因果关系，因此基本叫作模型驱动范式，也就是说通过刻画变量之间的联系，比如自变量和因变量，通过构建这两个之间的函数关系，比如线性、非线性等，可以知道一个自变量一个单位的变化会导致因变量有几个单位的变化，这里试图反映变量之间的逻辑的因果上的机理。但是，这个模型驱动的范式，在大数据时代会受到一些挑战，或者说它碰到一些问题时会捉襟见肘。比如，当数据变量的组合数特别多时，当很多变量是潜变量和隐变量时，当很多变量虽然重要，但是不可测不可获时，还有当数据的样本规模特别大时，这些问题用传统的模型驱动做法就会比较困难。因此，就出现了一个新的范式转变，催生了大数据驱动范式。这个范式想表达的是，对于管理决策，我们希望能够实现既有关联又有因果的诉求，这个新范式简单地说是由外部嵌入、技术增强和使能创新三方面构成。外部嵌入是指引入视角之外的变量，有些变量我们知道重要，但是没有办法放进模型里，比如我知道股价，我预测股价有个计量模型，但是如果今天这个公司出了一件事情，或者是有个关联新闻，或者行业里有个新的政策，我们觉得可能会影响股价，但是这些变化很可能是视频、语音或者文本，没有办法融入传统的模型中去。所以，需要引入外部视角。

这些图像、视频、新闻文本要引入，就是要使得我们引入的变量可测、可获，这就需要技术上的增强。当这些变量引入的时候，我的变量空间就发生了变化，这时候我们可能会研究新的X到Y的转换，也就是变量关系和映射要重新定义和审视，这就是创新。

历史学其实也和大数据密不可分。传统的历史记录内容都是帝王将相、英雄豪杰、国家、政治、重大的军事事件等，很难在历史中看到平民和我们自己。一是过去的粒度不够，二是手段也不行，存不下来。大数据环境下就可能自下而上反映历史。比如国家图书馆互联网信息战略保存项目，就是和新浪网合作，把新浪公开的相关博客文章作为历史资料记录下来，通过自上而下与自下而上的史学观的融合，能够让我们在更细粒度上反映历史和社会，同时也可以获得更加全面的历史画面。

法律也和大数据相关。比如说，我作为一个消费者，在网上购物、浏览，我的网络痕迹、数据脚印都被相关公司采集了，那么，我有没有权利要求你把我的这些痕迹抹掉、遗忘掉？这就是“被遗忘权”。所谓被遗忘权，是指数据主体有权要求数据控制者永久删除有关数据主体的个人数据，有权被互联网遗忘，除非数据的保留有合法的理由。2018年欧盟出台了《通用数据保护条例》，强调了被遗忘权，我们国家2018年的高考II卷一篇阅读文章的题目，也是要考生来思考、评论这个被遗忘权的问题。

资料来源：学习强国

# 项目九

# Python在管理会计中的应用

## 项目导读

数字经济时代，业务、财务数据呈爆炸式增长，驱动企业财务管理从传统的核算型、管理型向战略型转型。以优化财务、业务流程为基础，以实现高附加值的经营分析、风险管理、绩效管理等为手段，以支持战略决策为目标的管理会计，成为企业财务转型的重要方向。

Python 的出现，使财务会计和管理会计工作发生了重大变革。本项目以企业业务数据为基础，对数据采集方式、数据处理方法、数据处理效率、数据处理流程等进行优化，从而改进传统管理会计分析模型，挖掘数据价值。

★ **教学目标**

1. 掌握财务分析的基础知识
2. 掌握财务分析的基本思路

★ **教学内容**

1. 财务分析基础知识
2. 问题分析思路
3. 代码设计及解析

★ **素养目标**

1. 具有良好的思考和分析问题的能力
2. 具有良好的逻辑思维能力和数据剖析能力，以及解决问题的能力

# 任务一 货币时间价值

## 1.1 任务描述

HY 公司有一个投资资金池，项目经理需要通过计算相应财务指标，对项目综合评估，考虑风险、收益，最终做出投资决策。但是，由于项目的投资金额和投资时点往往不固定，直接套用复利、年金等公式计算的传统方式满足不了项目投资决策的需求。

**【知识准备】**

货币的时间价值的定义：从量的规定性来看，货币的时间价值是没有风险和没有通货膨胀下的社会平均资金利润率。在计量货币时间价值时，风险报酬和通货膨胀因素不应该包括在内。

货币的时间价值是：指货币经过一定时间的投资和再投资所增加的价值，称为资金的时间价值。货币的时间价值不产生于生产与制造领域，产生于社会资金的流通领域。

## 1.2 任务需求

1. 分步计算货币时间价值
2. 自定义函数计算货币时间价值

## 1.3 任务实践

### 1.3.1 分步计算货币时间价值

#### 1.3.1.1 定义变量并赋值

```
import pandas as pd
import datetime as dt
```

```
投资回报率 =0.08
目标时点 ='2022-12-31'
```

#### 1.3.1.2 读取数据

读取 HY 公司的“投资数据 .xlsx”数据，并显示。

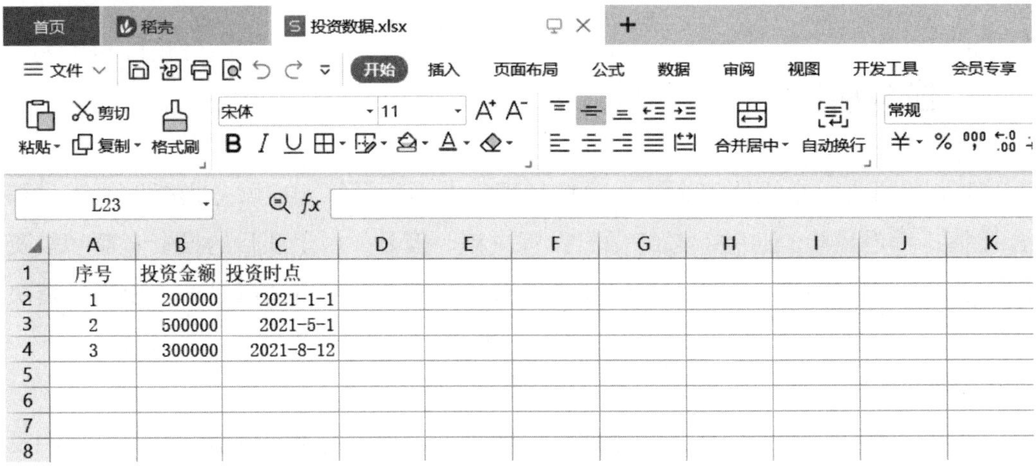

| | A | B | C | D | E | F | G | H | I | J | K |
|---|---|---|---|---|---|---|---|---|---|---|---|
| 1 | 序号 | 投资金额 | 投资时点 | | | | | | | | |
| 2 | 1 | 200000 | 2021-1-1 | | | | | | | | |
| 3 | 2 | 500000 | 2021-5-1 | | | | | | | | |
| 4 | 3 | 300000 | 2021-8-12 | | | | | | | | |
| 5 | | | | | | | | | | | |
| 6 | | | | | | | | | | | |
| 7 | | | | | | | | | | | |
| 8 | | | | | | | | | | | |

图 9–1

```
data=pd.read_excel（r'F:\理实结合实践测试\投资数据 .xlsx'）
data
```

运行结果如下：

| | 序号 | 投资金额 | 投资时点 |
|---|---|---|---|
| **0** | 1 | 200000 | 2021-01-01 |
| **1** | 2 | 500000 | 2021-05-01 |
| **2** | 3 | 300000 | 2021-08-12 |

图 9–2

#### 1.3.1.3 转化数据格式

将文本格式的投资时点、目标时点转换为 datetime 格式，以便计算两者之间的间隔天数。

```
data['投资时点']=pd.to_datetime（data['投资时点']）
目标 =dt.datetime.strptime（目标时点，'%Y-%m-%d'）
data.dtypes
```

运行结果如下：

```
序号                 int64
投资金额              int64
投资时点     datetime64[ns]
dtype: object
```

图 9-3

1.3.1.4 计算投资金额回报

（1）计算间隔天数

```
data['间隔天数']=(目标-data['投资时点']).dt.days
data
```

运行结果如下：

| | 序号 | 投资金额 | 投资时点 | 间隔天数 |
|---|---|---|---|---|
| **0** | 1 | 200000 | 2021-01-01 | 729 |
| **1** | 2 | 500000 | 2021-05-01 | 609 |
| **2** | 3 | 300000 | 2021-08-12 | 506 |

图 9-4

（2）计算系数

将投资回报率转化为日利率，根据日利率和间隔天数，计算系数。

```
日利率=(1+投资回报率)/365-1
data['系数']=(1+日利率)*data['间隔天数']
data
```

运行结果如下：

| | 序号 | 投资金额 | 投资时点 | 间隔天数 | 系数 |
|---|---|---|---|---|---|
| **0** | 1 | 200000 | 2021-01-01 | 729 | 2.157041 |
| **1** | 2 | 500000 | 2021-05-01 | 609 | 1.801973 |
| **2** | 3 | 300000 | 2021-08-12 | 506 | 1.497205 |

图 9-5

（3）计算投资回报

```
data['投资金额_终值']=data['投资金额']*data['系数']
data
```

运行结果如下：

| | 序号 | 投资金额 | 投资时点 | 间隔天数 | 系数 | 投资金额_终值 |
|---|---|---|---|---|---|---|
| 0 | 1 | 200000 | 2021-01-01 | 729 | 2.157041 | 431408.219178 |
| 1 | 2 | 500000 | 2021-05-01 | 609 | 1.801973 | 900986.301370 |
| 2 | 3 | 300000 | 2021-08-12 | 506 | 1.497205 | 449161.643836 |

图 9–6

利用 Excel 中内置的财务函数可以直接计算货币时间价值。以上分步骤计算投资项目资金时间价值的方式稍显繁冗，我们可以用自定义函数进行优化，提高代码的复用性。

### 1.3.2 分步计算货币时间价值

HY 公司的投资资金池专门为优质项目设置，项目经理经常需要根据企业战略目标从多个项目中做出投资决策。因此，可以自定义一个计算货币时间价值的函数，以便面对新项目时能快速读取数据，计算出不同投资项目资金的时间价值，为项目决策提供支持。

（1）自定义函数

定义 Tvm（）函数，通过传入投资回报率，目标时点，投资情况参数，返回投资金额的时间价值及其合计数。

```
def Tvm(投资回报率，目标时点，投资金额)：
    日利率 =（1+ 投资回报率）/365-1
    目标 =dt.datetime.strptime（目标时点，'%Y-%m-%d'）
    data=pd.DataFrame（投资金额，columns=['投资金额','投资时点']）
    data['投资时点']=pd.to_datetime（data['投资时点']）
    data['间隔天数']=（目标 -data['投资时点']）.dt.days
    data['系数']=（1+ 日利率）*data['间隔天数']
```

```
    data['投资金额_时间价值']=data['投资金额']*data['系数']
    return data，data['投资金额_时间价值'].sum() data
```

（2）传入数据，计算投资金额回报

将 HY 公司的项目投资的相关数据传入自定义函数 Tvm（）中，计算项目投资金额的终值。

```
import pandas as pd
import datetime as dt
data_终值，sum_终值=Tvm(0.08，'2022-12-31'，[[200000，'2021-01-01'],
[500000，'2021-05-01'],[300000，'2021-08-12']])
round(sum_终值，2)
```

运行结果如下：

```
1781556.16
```

货币时间价值是财务管理的基础，里面涉及大量计算，但基本都是围绕复利和年金问题展开的，公式基本固定，可直接复用。企业可结合自身需求，利用 Python 自定义函数封装常用的计算公式，提高计算的效率和准确性。

# 任务二 项目投资决策

## 2.1 任务描述

HY 公司的投资资金池中有一个芯片项目，项目经理需要评估投资计划是否可行。项目总投资 2000 万元，建设期 2 年，第 1 年年初投资 1 200 万元，第二年年初投资 800 万元。项目投产后，预计每年年末销售收入、付现成本及折旧与摊销如表 9-1 所示。HY 公司适用的企业所得税税率为 15%，项目预期投资回报率为 8%。

表 9-1 销售收入、付现成本及折旧与摊销 单位：万元

| 投产后每年年末 | 销售收入 | 付现成本 | 折旧与摊销 |
|---|---|---|---|
| 1 | 1200 | 800 | 300 |
| 2 | 1600 | 1000 | 300 |
| 3 | 2000 | 1200 | 300 |
| 4 | 2400 | 1400 | 300 |
| 5 | 2500 | 1600 | 300 |
| 6 | 2200 | 1800 | 300 |

**【知识准备】**

项目投资是一种以特定项目为对象，直接与新建项目或更新改造项目有关的长期投资行为。项目投资按其涉及内容还可进一步细分为单纯固定资产投资和完整工业投资项目。单纯固定资产投资项目特点在于：在投资中只包括为取得固定资产而发生的垫支资本投入而不涉及周转资本的投入；完整工业投资项目则不仅包括固定资产投资，还涉及流动资金投资，甚至包括其他长期资产项目（如无形资产、长期待摊费用等）的投资。

与其他形式的投资相比，项目投资具有投资内容独特（每个项目都至少涉及一项固定资产投资）、投资数额多、影响时间长（至少一年或一个营业周期以上）、发生频率低、变现能力差和投资风险大的特点。

投资决策是企业所有决策中最为关键、最为重要的决策，因此我们常说：投资决策失误是企业最大的失误，一个重要的投资决策失误往往会使一个企业陷入困境，甚至破产。因此，财务管理的一项极为重要的职能就是为企业当好参谋把好投资决策关。

所谓投资决策是指投资者为了实现其预期的投资目标，运用一定的科学理论、方法和手段，通过一定的程序，对若干个可行性的投资方案进行研究论证，从中选出最满意的投资方案的过程。投资决策分为宏观投资决策、中观投资决策和微观投资决策三部分。

投资方案评价时使用的指标分为贴现指标和非贴现指标。贴现指标是指考虑了时间价值因素的指标，主要包括净现值、现值指数、内含报酬率等。非贴现指标是指没有考虑时间价值因素的指标，主要包括回收期、会计收益期等。相应地将投资决策方法分为贴现的方法和非贴现的方法。

项目投资决策是企业财务管理的重要环节，是对投资活动进行分析，做出最后决断的过程。在实际业务中，企业需要考虑货币时间价值，选择合适的财务分析指标，对项目进行综合评价，最后完成投资决策。常用的项目投资决策方法有两种：净现值法和投资回收期法。

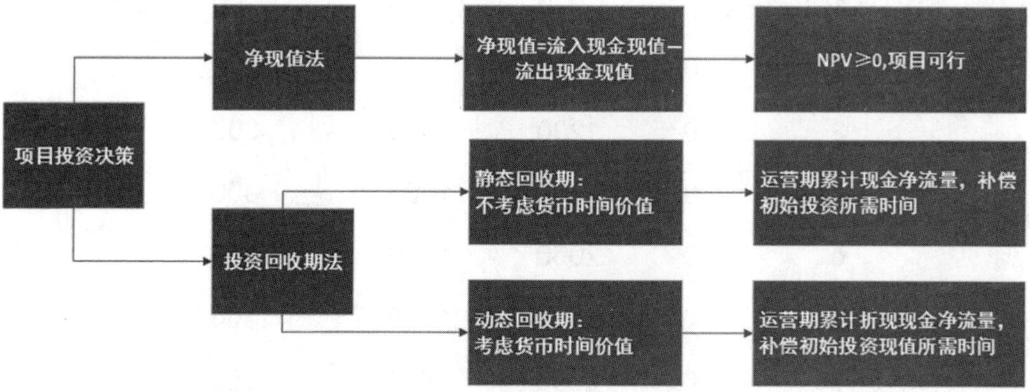


图 9-7

## 2.2 任务需求

1. 使用净值法评估投资项目的可行性
2. 使用投资回收期法评估投资项目的可行性

## 2.3 任务实践

### 2.3.1 使用净值法评估投资项目的可行性

2.3.1.1 导入模块

```
import pandas as pd
pd.options.display.float_format='{: .2f}'.format
```

2.3.1.2 引入数据

读取 HY 公司的“项目投资 data.xlsx”数据。

```
data=pd.read_excel（r'F:\理实结合实践测试\项目投资 data.xlsx'）
data
```

运行结果如下：

| | 初始投资 | 销售收入 | 付现成本 | 折旧与摊销 |
|---|---|---|---|---|
| 0 | 1200 | 0 | 0 | 0 |
| 1 | 800 | 0 | 0 | 0 |
| 2 | 0 | 0 | 0 | 0 |
| 3 | 0 | 1200 | 800 | 300 |
| 4 | 0 | 1600 | 1000 | 300 |
| 5 | 0 | 2000 | 1200 | 300 |
| 6 | 0 | 2400 | 1400 | 300 |
| 7 | 0 | 2500 | 1600 | 300 |
| 8 | 0 | 2200 | 1800 | 300 |

图 9-8

2.3.1.3 计算数据

（1）计算各年营业利润

```
df['营业利润']=df['销售收入']-df['付现成本']-df['折旧与摊销']
df
```

运行结果如下：

| | 初始投资 | 销售收入 | 付现成本 | 折旧与摊销 | 营业利润 |
|---|---|---|---|---|---|
| 0 | 1200 | 0 | 0 | 0 | 0 |
| 1 | 800 | 0 | 0 | 0 | 0 |
| 2 | 0 | 0 | 0 | 0 | 0 |
| 3 | 0 | 1200 | 800 | 300 | 100 |
| 4 | 0 | 1600 | 1000 | 300 | 300 |
| 5 | 0 | 2000 | 1200 | 300 | 500 |
| 6 | 0 | 2400 | 1400 | 300 | 700 |
| 7 | 0 | 2500 | 1600 | 300 | 600 |
| 8 | 0 | 2200 | 1800 | 300 | 100 |

图 9–9

（2）计算各年所得税费用

```
df['所得税费用']=df['营业利润']*0.15
df
```

运行结果如下：

| | 初始投资 | 销售收入 | 付现成本 | 折旧与摊销 | 营业利润 | 所得税费用 |
|---|---|---|---|---|---|---|
| 0 | 1200 | 0 | 0 | 0 | 0 | 0.00 |
| 1 | 800 | 0 | 0 | 0 | 0 | 0.00 |
| 2 | 0 | 0 | 0 | 0 | 0 | 0.00 |
| 3 | 0 | 1200 | 800 | 300 | 100 | 15.00 |
| 4 | 0 | 1600 | 1000 | 300 | 300 | 45.00 |
| 5 | 0 | 2000 | 1200 | 300 | 500 | 75.00 |
| 6 | 0 | 2400 | 1400 | 300 | 700 | 105.00 |
| 7 | 0 | 2500 | 1600 | 300 | 600 | 90.00 |
| 8 | 0 | 2200 | 1800 | 300 | 100 | 15.00 |

图 9–10

（3）计算各年税后营业利润

```
df['税后营业利润']=df['营业利润']-df['所得税费用']
df
```

运行结果如下：

| | 初始投资 | 销售收入 | 付现成本 | 折旧与摊销 | 营业利润 | 所得税费用 | 税后营业利润 |
|---|---|---|---|---|---|---|---|
| 0 | 1200 | 0 | 0 | 0 | 0 | 0.00 | 0.00 |
| 1 | 800 | 0 | 0 | 0 | 0 | 0.00 | 0.00 |
| 2 | 0 | 0 | 0 | 0 | 0 | 0.00 | 0.00 |
| 3 | 0 | 1200 | 800 | 300 | 100 | 15.00 | 85.00 |
| 4 | 0 | 1600 | 1000 | 300 | 300 | 45.00 | 255.00 |
| 5 | 0 | 2000 | 1200 | 300 | 500 | 75.00 | 425.00 |
| 6 | 0 | 2400 | 1400 | 300 | 700 | 105.00 | 595.00 |
| 7 | 0 | 2500 | 1600 | 300 | 600 | 90.00 | 510.00 |
| 8 | 0 | 2200 | 1800 | 300 | 100 | 15.00 | 85.00 |

图 9–11

（4）计算各年现金净流量

```
df['现金净流量']=df['税后营业利润']+df['折旧与摊销']-df['初始投资']
df
```

运行结果如下：

| | 初始投资 | 销售收入 | 付现成本 | 折旧与摊销 | 营业利润 | 所得税费用 | 税后营业利润 | 现金净流量 |
|---|---|---|---|---|---|---|---|---|
| 0 | 1200 | 0 | 0 | 0 | 0 | 0.00 | 0.00 | -1200.00 |
| 1 | 800 | 0 | 0 | 0 | 0 | 0.00 | 0.00 | -800.00 |
| 2 | 0 | 0 | 0 | 0 | 0 | 0.00 | 0.00 | 0.00 |
| 3 | 0 | 1200 | 800 | 300 | 100 | 15.00 | 85.00 | 385.00 |
| 4 | 0 | 1600 | 1000 | 300 | 300 | 45.00 | 255.00 | 555.00 |
| 5 | 0 | 2000 | 1200 | 300 | 500 | 75.00 | 425.00 | 725.00 |
| 6 | 0 | 2400 | 1400 | 300 | 700 | 105.00 | 595.00 | 895.00 |
| 7 | 0 | 2500 | 1600 | 300 | 600 | 90.00 | 510.00 | 810.00 |
| 8 | 0 | 2200 | 1800 | 300 | 100 | 15.00 | 85.00 | 385.00 |

图 9–12

（5）计算折现系数

折现系数的计算公式为（1+i）-t，i 为利率，t 为相应的年数，t 的值可以取行索引［0，1，2，3，4，5，6，7］。

```
df['折现系数']=(1+0.08)**(-df.index)
df
```

运行结果如下：

| | 初始投资 | 销售收入 | 付现成本 | 折旧与摊销 | 营业利润 | 所得税费用 | 税后营业利润 | 现金净流量 | 折现系数 |
|---|---|---|---|---|---|---|---|---|---|
| **0** | 1200 | 0 | 0 | 0 | 0 | 0.00 | 0.00 | -1200.00 | 1.00 |
| **1** | 800 | 0 | 0 | 0 | 0 | 0.00 | 0.00 | -800.00 | 0.93 |
| **2** | 0 | 0 | 0 | 0 | 0 | 0.00 | 0.00 | 0.00 | 0.86 |
| **3** | 0 | 1200 | 800 | 300 | 100 | 15.00 | 85.00 | 385.00 | 0.79 |
| **4** | 0 | 1600 | 1000 | 300 | 300 | 45.00 | 255.00 | 555.00 | 0.74 |
| **5** | 0 | 2000 | 1200 | 300 | 500 | 75.00 | 425.00 | 725.00 | 0.68 |
| **6** | 0 | 2400 | 1400 | 300 | 700 | 105.00 | 595.00 | 895.00 | 0.63 |
| **7** | 0 | 2500 | 1600 | 300 | 600 | 90.00 | 510.00 | 810.00 | 0.58 |
| **8** | 0 | 2200 | 1800 | 300 | 100 | 15.00 | 85.00 | 385.00 | 0.54 |

图 9–13

（6）计算各年折现现金净流量

```
df['折现现金净流量']=df['现金净流量']*df['折现系数']
df
```

运行结果如下：

| | 初始投资 | 销售收入 | 付现成本 | 折旧与摊销 | 营业利润 | 所得税费用 | 税后营业利润 | 现金净流量 | 折现系数 | 折现现金净流量 |
|---|---|---|---|---|---|---|---|---|---|---|
| **0** | 1200 | 0 | 0 | 0 | 0 | 0.00 | 0.00 | -1200.00 | 1.00 | -1200.00 |
| **1** | 800 | 0 | 0 | 0 | 0 | 0.00 | 0.00 | -800.00 | 0.93 | -740.74 |
| **2** | 0 | 0 | 0 | 0 | 0 | 0.00 | 0.00 | 0.00 | 0.86 | 0.00 |
| **3** | 0 | 1200 | 800 | 300 | 100 | 15.00 | 85.00 | 385.00 | 0.79 | 305.63 |
| **4** | 0 | 1600 | 1000 | 300 | 300 | 45.00 | 255.00 | 555.00 | 0.74 | 407.94 |
| **5** | 0 | 2000 | 1200 | 300 | 500 | 75.00 | 425.00 | 725.00 | 0.68 | 493.42 |
| **6** | 0 | 2400 | 1400 | 300 | 700 | 105.00 | 595.00 | 895.00 | 0.63 | 564.00 |
| **7** | 0 | 2500 | 1600 | 300 | 600 | 90.00 | 510.00 | 810.00 | 0.58 | 472.63 |
| **8** | 0 | 2200 | 1800 | 300 | 100 | 15.00 | 85.00 | 385.00 | 0.54 | 208.00 |

图 9–14

#### 2.3.1.4 计算净现值，判断项目可行性

```
NPV=format（df［'折现现金净流量'］.sum（），'.2f'）
print（'项目净现值NPV为：'，NPV）
if float（NPV）>=0：
  print（'NPV>=0，项目具备财务可行性。'）
else：
  print（'NPV<0，项目不具备财务可行性。'）
```

运行结果如下：

```
项目净现值NPV为：510.88
NPV>=0，项目具备财务可行性。
```

### 2.3.2 使用投资回收期法评估投资项目的可行性

回收期分静态回收期和动态回收期，两者的区别在于动态回收期考虑了货币时间价值。静态回收期是以现金净流量为基准计算的，而动态回收期以折现现金净流量为基准计算，使用 cumsum（）函数求解。

延用净值法的数据，计算现金净流量，折现现金净流量累计和。

```
df［［'现金净流量'，'折现现金净流量'］］.cumsum（）
```

运行结果如下：

| | 现金净流量 | 折现现金净流量 |
|---|---|---|
| 0 | -1200.00 | -1200.00 |
| 1 | -2000.00 | -1940.74 |
| 2 | -2000.00 | -1940.74 |
| 3 | -1615.00 | -1635.12 |
| 4 | -1060.00 | -1227.17 |
| 5 | -335.00 | -733.75 |
| 6 | 560.00 | -169.75 |
| 7 | 1370.00 | 302.88 |
| 8 | 1755.00 | 510.88 |

图 9–15

根据运行结果，我们可以看到：采用静态回收期，在项目周期的第 5 或第 6 年间可以回本；如果考虑货币时间价值的动态回收期，则需要在项目周期的第 6 或第 7 年间方能回本。

项目投资决策的常用方法有净现值法、投资回收期法、内含报酬率法等，这些方法在 Excel 中都有相应的内置函数。但当企业涉及决策项目较多时，构建统一的数据基础表，批量读取表中的项目信息，将常用的项目投资决策方法封装为函数，会方便很多。那么，每次投资决策的计算过程就可以简化为：读取数据——调用函数——输出结果。这样可以大大提升计算的效率和准确性，这也是 Python 在处理量大、重复性高的数据时的优势所在。

## 拓展阅读

### 大数据与人工智能的交会

大数据的冲击力量现在看来还在加剧，其中有一个力量非常值得关注，那就是人工智能。

当人工智能遇到大数据的时候，现在井喷式的发展才变成了可能。其实人工智能是现在这个时代中很多技术的一类，它本身已经发展了好几十年，但是为什么在近些年才得到快速发展？其实人工智能技术和这几个关键词有关，那就是“学习、训练、推理、演化、智能、智慧”，也就是说，它是关于这些关键词的一类技术。特别重要的一点，它要根据大量的数据来进行学习和预测，就是从数据中学习，建立模型，并用于预测未来。过去数据的粒度不够，进入大数据时代，当数据有足够的粒度和像素时它才成为可能，因为人工智能的主流技术首先是要基于大规模数据进行学习。其次，人工智能算法本身需要非常强的计算能力，只有在大数据时代，有了云计算平台、数据传输、数据的流通、数据的管理，诸如 5G 技术等，才能为人工智能的发展提供非常好的支持。我们身边其实已经有很多人工智能产品了，比如工业机器人、财务机器人、下棋机器人、能作诗作画作曲的机器人等，这些机器人可以做很多我们过去认为不可能的事情。

人工智能在未来会波涛汹涌，一浪高过一浪地发展。但是它本身也有局限，目前的人工智能技术特别是深度神经网络这样的技术，基本上属于“黑盒子”技术，可以算得非常准，但是“为什么”还说不大清楚。在这种情况下，在一些重要的应用领域就受到局限，因为如果不知道“为什么”就不敢用这个方法做重要决策，如果不能通过非常清楚的机理来说明，实际它未来的应用也是有局限的。现在，业界和学界都在攻关“可解释人工智能”，实际就是人工智能在输入和输出之间，在数据和预测的结果之间，从数学上来讲需要一点定理，一些形式化的机理。从认识论上来讲需要一些因果关系。

不管怎么说，人工智能的应用已经深刻地影响到我们了。作为人类，我们自己创造了一个“亚种”叫作机器人。机器人的行为是不是都在我们人类的设想之中呢？会不会干一些我们想不到的事情呢？似乎这个担忧是必要的。所以机器行为学应运而生。传统社会学、管理学、经济学、心理学等都在研究人、由人构成的组织的行为，由人形成的网络的行为。随着各式各样的机器人越来越多地替代人的工作，越来越多地挑战人们在智力、计算上的能力，这样的研究是非常必要的。所以，我们要研究机器如何塑造人类的行为，人类如何塑造机器的行为，以及人机协作的行为。

资料来源：学习强国

# 项目十

# Python在财务中的综合应用

## 项目导读

**上市公司财务数据可视化分析与应用**

随着大数据、人工智能、移动互联、云计算、物联网、区块链等新技术的发展，数字化和智能化将是未来财务转型的趋势。大数据是一项新技术，具有体量浩大、种类繁多、生成快速、价值巨大但密度很低等特点。中小企业经营大数据分析，虽然数据量较小，但是具有较灵活的分析需求。利用大数据技术可以对数据进行针对性处理，完成可视化操作并形成相应的大屏展示仪表盘，为企业战略经营决策提供可靠的量化参考。项目坚持从洞察需求、大数据分析思维、函数工具运用、动手操作等方面的能力出发，以学生为中心、任务为导向，能力发展为培养目标，培养出具有大数据框架思维与大数据工具应用的人才。

★ **教学目标**

1. 掌握财务综合知识

2. 掌握财务分析的基本思路

★ **教学内容**

1. 财务综合知识

2. 问题分析思路

3. 代码设计及解析

★ **素养目标**

1. 具有良好的思考和分析问题的能力

2. 具有良好的逻辑思维能力和数据剖析能力，以及解决问题的能力

# 任务一 财务报表分析

## 1.1 任务描述

以HY公司（股票代码：60089）为例，通过完整的数据分析流程，对HY公司近10年来的经营情况进行分析和可视化呈现。公司数据从网站https://s.askci.com爬取。

**【知识准备】**

财务报表是根据统一规范编制的反映企业经营成果、财务状况及现金流量的会计报表。它们包括：资产负债表、利润表、现金流量表、附表和附注、文字说明等。

获取上市公司年报数据的常用途径：证券交易所更新速度快，且可以查到更多资讯商业网站，如巨潮资讯、网易财经等。

财务报表的使用人有许多种，包括权益投资人、债权人、经理人员、政府机构和其他与企业有利益关系的人士。他们出于不同的目的使用财务报表，需要不同的信息，采用不同的分析程序。

## 1.2 任务需求

1. 数据采集：通过baostock数据接口采集数据。
2. 数据加工：对采集数据进行整理、清洗和加工。
3. 数据分析：通过计算、模型构建、可视化等方式进行数据分析。
4. 数据应用：利用数据分析结果提供决策支持。

## 1.3 任务实践

### 1.3.1 采集数据

通过爬虫数据读取“公司600689”2012—2021年度的资产负债表及利润表数

据，并对近 10 年资产负债表结构、近 10 年利润表主要项目“环比增长率”进行可视化呈现。

爬取“公司 600689”2012—2021 年度的资产负债表及利润表数据，并以 Excel 形式保存。

```
import pandas as pd
# 爬取“公司 600689”2012—2021 年度的资产负债表数据，并以 Excel 形式保存
资产负债表 =pd.DataFrame（）
ur1="https：//s.askci.com/stock/financialreport/600698/"
资产负债表 =pd.concat（[ 资产负债表，pd.read_html（ur1）[ 0 ]]）
# 保存到 Exce1
资产负债表 .to_excel（r"C：\Users\huangxiaofen\600689 资产负债表 .xlsx"，index=0）
# 爬取“公司 600689”2012-2021 年度的利润表数据，并以 excel 形式保存
利润表 =pd.DataFrame（）
ur1="https：//s.askci.com/stock/financialreport/600698/profit/"
利润表 =pd.concat（[ 利润表，pd.read_html（ur1）[ 0 ]]）
# 保存到 Exce1
利润表 .to_excel（r"C：\Users\huangxiaofen\600689 利润表 .xlsx"，index=0）
```

运行结果如下：

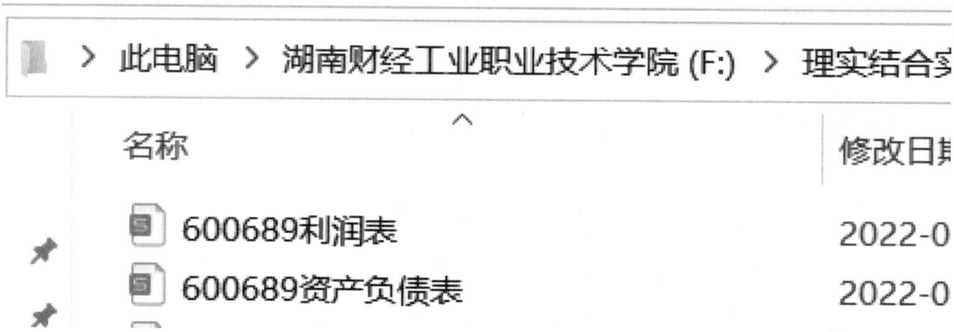


图 10–1

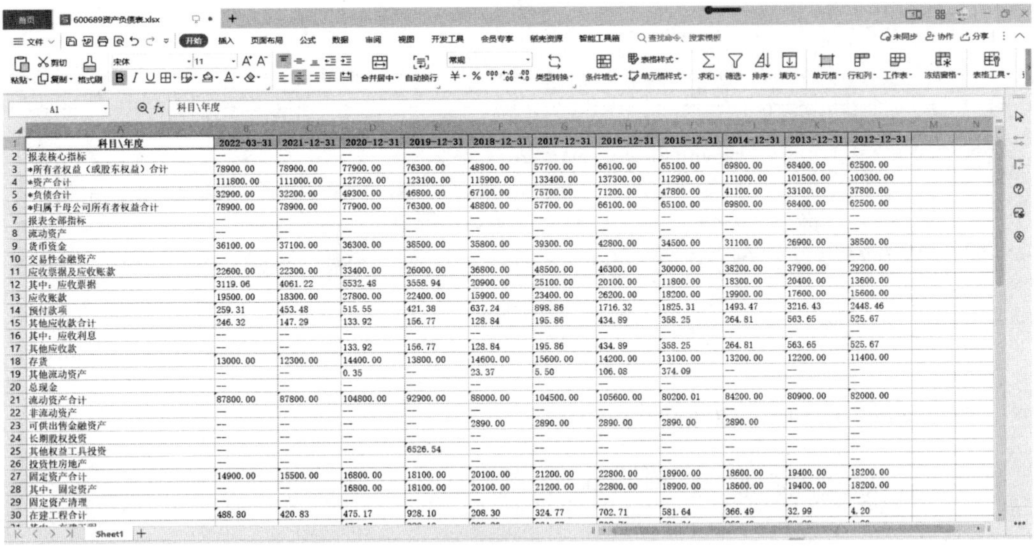

| 科目\年度 | 2022-03-31 | 2021-12-31 | 2020-12-31 | 2019-12-31 | 2018-12-31 | 2017-12-31 | 2016-12-31 | 2015-12-31 | 2014-12-31 | 2013-12-31 | 2012-12-31 |
|---|---|---|---|---|---|---|---|---|---|---|---|
| 报表核心指标 | — | — | — | — | — | — | — | — | — | — | — |
| *所有者权益（或股东权益）合计 | 78900.00 | 78900.00 | 77900.00 | 76300.00 | 48800.00 | 57700.00 | 66100.00 | 65100.00 | 69800.00 | 68400.00 | 62500.00 |
| *资产合计 | 111800.00 | 111000.00 | 127200.00 | 123100.00 | 115900.00 | 133400.00 | 137300.00 | 112900.00 | 111000.00 | 101500.00 | 100300.00 |
| *负债合计 | 32900.00 | 32200.00 | 49300.00 | 46800.00 | 67100.00 | 75700.00 | 71200.00 | 47800.00 | 41100.00 | 33100.00 | 37800.00 |
| *归属于母公司所有者权益合计 | 78900.00 | 78900.00 | 77900.00 | 76300.00 | 48800.00 | 57700.00 | 66100.00 | 65100.00 | 69800.00 | 68400.00 | 62500.00 |
| 报表全部指标 | — | — | — | — | — | — | — | — | — | — | — |
| 流动资产 | — | — | — | — | — | — | — | — | — | — | — |
| 货币资金 | 36100.00 | 37100.00 | 36300.00 | 38500.00 | 35800.00 | 39300.00 | 42800.00 | 34500.00 | 31100.00 | 26900.00 | 38500.00 |
| 交易性金融资产 | — | — | — | — | — | — | — | — | — | — | — |
| 应收票据及应收账款 | 22600.00 | 22300.00 | 33400.00 | 26000.00 | 36800.00 | 48500.00 | 46300.00 | 30000.00 | 38200.00 | 37900.00 | 29200.00 |
| 其中：应收票据 | 3119.06 | 4061.22 | 5532.48 | 3558.94 | 20900.00 | 25100.00 | 20100.00 | 11800.00 | 18300.00 | 20400.00 | 13600.00 |
| 应收账款 | 19500.00 | 18300.00 | 27800.00 | 22400.00 | 15900.00 | 23400.00 | 26200.00 | 18200.00 | 19900.00 | 17600.00 | 15600.00 |
| 预付款项 | 259.31 | 453.48 | 515.55 | 421.38 | 637.24 | 898.86 | 1716.32 | 1825.31 | 1493.47 | 3216.43 | 2448.46 |
| 其他应收款合计 | 246.32 | 147.29 | 133.92 | 156.77 | 128.84 | 195.86 | 434.89 | 358.25 | 264.81 | 563.65 | 525.67 |
| 其中：应收利息 | — | — | — | — | — | — | — | — | — | — | — |
| 其他应收款 | — | — | 133.92 | 156.77 | 128.84 | 195.86 | 434.89 | 358.25 | 264.81 | 563.65 | 525.67 |
| 存货 | 13000.00 | 12300.00 | 14400.00 | 13800.00 | 14600.00 | 15600.00 | 14200.00 | 13100.00 | 13200.00 | 12200.00 | 11400.00 |
| 其他流动资产 | — | — | 0.35 | — | 23.37 | 5.50 | 106.08 | 374.09 | — | — | — |
| 总现金 | — | — | — | — | — | — | — | — | — | — | — |
| 流动资产合计 | 87800.00 | 87800.00 | 104800.00 | 92900.00 | 88000.00 | 104500.00 | 105600.00 | 80200.01 | 84200.00 | 80900.00 | 82000.00 |
| 非流动资产 | — | — | — | — | — | — | — | — | — | — | — |
| 可供出售金融资产 | — | — | — | — | 2890.00 | 2890.00 | 2890.00 | 2890.00 | 2890.00 | — | — |
| 长期股权投资 | — | — | — | — | — | — | — | — | — | — | — |
| 其他权益工具投资 | — | — | — | 6526.54 | — | — | — | — | — | — | — |
| 投资性房地产 | — | — | — | — | — | — | — | — | — | — | — |
| 固定资产合计 | 14900.00 | 15500.00 | 16800.00 | 18100.00 | 20100.00 | 21200.00 | 22800.00 | 18900.00 | 18600.00 | 19400.00 | 18200.00 |
| 其中：固定资产 | — | — | 16800.00 | 18100.00 | 20100.00 | 21200.00 | 22800.00 | 18900.00 | 18600.00 | 19400.00 | 18200.00 |
| 固定资产清理 | — | — | — | — | — | — | — | — | — | — | — |
| 在建工程合计 | 488.80 | 420.83 | 475.17 | 928.10 | 208.30 | 324.77 | 702.71 | 581.64 | 366.49 | 32.99 | 4.20 |

图 10–2

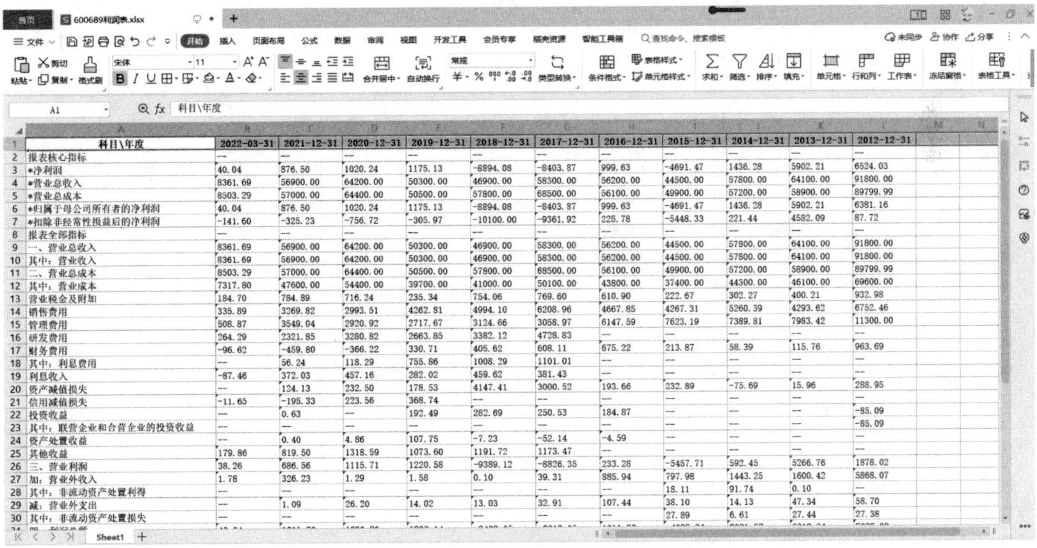

| 科目\年度 | 2022-03-31 | 2021-12-31 | 2020-12-31 | 2019-12-31 | 2018-12-31 | 2017-12-31 | 2016-12-31 | 2015-12-31 | 2014-12-31 | 2013-12-31 | 2012-12-31 |
|---|---|---|---|---|---|---|---|---|---|---|---|
| 报表核心指标 | — | — | — | — | — | — | — | — | — | — | — |
| *净利润 | 40.04 | 876.50 | 1020.24 | 1175.13 | -8894.08 | -8403.87 | 999.63 | -4691.47 | 1436.28 | 5902.21 | 6524.03 |
| *营业总收入 | 8361.69 | 56900.00 | 64200.00 | 50300.00 | 46900.00 | 58300.00 | 56200.00 | 44500.00 | 57800.00 | 64100.00 | 91800.00 |
| *营业总成本 | 8503.29 | 57000.00 | 64400.00 | 50500.00 | 57800.00 | 68500.00 | 56100.00 | 49900.00 | 57200.00 | 58900.00 | 89799.99 |
| *归属于母公司所有者的净利润 | 40.04 | 876.50 | 1020.24 | 1175.13 | -8894.08 | -8403.87 | 999.63 | -4691.47 | 1436.28 | 5902.21 | 6381.16 |
| *扣除非经常性损益后的净利润 | -141.60 | -325.23 | -756.72 | -305.97 | -10100.00 | -9361.92 | 225.78 | -5448.33 | 221.44 | 4582.09 | 87.72 |
| 报表全部指标 | — | — | — | — | — | — | — | — | — | — | — |
| 一、营业总收入 | 8361.69 | 56900.00 | 64200.00 | 50300.00 | 46900.00 | 58300.00 | 56200.00 | 44500.00 | 57800.00 | 64100.00 | 91800.00 |
| 其中：营业收入 | 8361.69 | 56900.00 | 64200.00 | 50300.00 | 46900.00 | 58300.00 | 56200.00 | 44500.00 | 57800.00 | 64100.00 | 91800.00 |
| 二、营业总成本 | 8503.29 | 57000.00 | 64400.00 | 50500.00 | 57800.00 | 68500.00 | 56100.00 | 49900.00 | 57200.00 | 58900.00 | 89799.99 |
| 其中：营业成本 | 7317.80 | 47600.00 | 54400.00 | 39700.00 | 41000.00 | 50100.00 | 43800.00 | 37400.00 | 44300.00 | 46100.00 | 69600.00 |
| 营业税金及附加 | 184.70 | 784.89 | 716.24 | 235.34 | 754.06 | 769.60 | 610.90 | 222.67 | 302.27 | 400.21 | 932.98 |
| 销售费用 | 335.89 | 3269.82 | 2993.51 | 4262.81 | 4994.10 | 6208.96 | 4667.85 | 4267.31 | 5260.39 | 4293.62 | 6752.46 |
| 管理费用 | 508.87 | 3549.04 | 2920.92 | 2717.67 | 3124.66 | 3058.97 | 6147.59 | 7623.19 | 7389.81 | 7983.42 | 11300.00 |
| 研发费用 | 264.29 | 2321.85 | 3280.82 | 2663.85 | 3382.12 | 4728.83 | — | — | — | — | — |
| 财务费用 | -96.62 | -459.80 | -366.22 | 330.71 | 405.62 | 608.11 | 675.22 | 213.87 | 58.39 | 115.76 | 963.69 |
| 其中：利息费用 | — | 56.24 | 118.29 | 755.86 | 1008.29 | 1101.01 | — | — | — | — | — |
| 利息收入 | -87.46 | 372.03 | 457.16 | 282.02 | 459.62 | 381.43 | — | — | — | — | — |
| 资产减值损失 | — | 124.13 | 232.50 | 178.53 | 4147.41 | 3000.52 | 193.66 | 232.89 | -75.69 | 15.96 | 288.95 |
| 信用减值损失 | -11.65 | -195.33 | 223.56 | 368.74 | — | — | — | — | — | — | — |
| 投资收益 | — | 0.63 | — | 192.49 | 282.69 | 250.53 | 184.87 | — | — | — | -85.09 |
| 其中：联营企业和合营企业的投资收益 | — | — | — | — | — | — | — | — | — | — | -85.09 |
| 资产处置收益 | — | 0.40 | 4.86 | 107.75 | -7.23 | -52.14 | -4.59 | — | — | — | — |
| 其他收益 | 179.86 | 819.50 | 1318.59 | 1073.60 | 1191.72 | 1173.47 | — | — | — | — | — |
| 三、营业利润 | 38.26 | 686.56 | 1115.71 | 1220.58 | -9389.12 | -8826.35 | 233.28 | -5457.71 | 592.45 | 5266.76 | 1878.02 |
| 加：营业外收入 | 1.78 | 326.23 | 1.29 | 1.58 | 0.10 | 39.31 | 885.94 | 797.98 | 1443.25 | 1600.42 | 5868.07 |
| 其中：非流动资产处置利得 | — | — | — | — | — | — | — | 18.11 | 91.74 | 0.10 | — |
| 减：营业外支出 | — | 1.09 | 26.20 | 14.02 | 13.03 | 32.91 | 107.44 | 38.10 | 14.13 | 47.34 | 58.70 |
| 其中：非流动资产处置损失 | — | — | — | — | — | — | — | 27.89 | 6.61 | 27.44 | 27.38 |

图 10–3

## 1.3.2 数据清洗

以资产负债表为例进行处理。

读取“600689 资产负债表 .xlsx”数据，检查是否有空值。

```
资产负债数据 =pd.read_excel（r'F:\理实结合实践测试\600689 资产负债表 .xlsx'）
资产负债数据 .head（）
```

运行结果如下：

| | 科目\年度 | 2022-03-31 | 2021-12-31 | 2020-12-31 | 2019-12-31 | 2018-12-31 | 2017-12-31 | 2016-12-31 | 2015-12-31 | 2014-12-31 | 2013-12-31 | 2012-12-31 |
|---|---|---|---|---|---|---|---|---|---|---|---|---|
| 0 | 报表核心指标 | -- | -- | -- | -- | -- | -- | -- | -- | -- | -- | -- |
| 1 | *所有者权益（或股东权益）合计 | 78900.00 | 78900.00 | 77900.00 | 76300.00 | 48800.00 | 57700.00 | 66100.00 | 65100.00 | 69800.00 | 68400.00 | 62500.00 |
| 2 | *资产合计 | 111800.00 | 111000.00 | 127200.00 | 123100.00 | 115900.00 | 133400.00 | 137300.00 | 112900.00 | 111000.00 | 101500.00 | 100300.00 |
| 3 | *负债合计 | 32900.00 | 32200.00 | 49300.00 | 46800.00 | 67100.00 | 75700.00 | 71200.00 | 47800.00 | 41100.00 | 33100.00 | 37800.00 |
| 4 | *归属于母公司所有者权益合计 | 78900.00 | 78900.00 | 77900.00 | 76300.00 | 48800.00 | 57700.00 | 66100.00 | 65100.00 | 69800.00 | 68400.00 | 62500.00 |

图 10-4

运用 isnull（ ）函数检测缺失值：

```
资产负债数据.isnull（ ）
```

运行结果如下：

| | 科目\年度 | 2022-03-31 | 2021-12-31 | 2020-12-31 | 2019-12-31 | 2018-12-31 | 2017-12-31 | 2016-12-31 | 2015-12-31 | 2014-12-31 | 2013-12-31 | 2012-12-31 |
|---|---|---|---|---|---|---|---|---|---|---|---|---|
| 0 | False | False | False | False | False | False | False | False | False | False | False | False |
| 1 | False | False | False | False | False | False | False | False | False | False | False | False |
| 2 | False | False | False | False | False | False | False | False | False | False | False | False |
| 3 | False | False | False | False | False | False | False | False | False | False | False | False |
| 4 | False | False | False | False | False | False | False | False | False | False | False | False |
| 5 | False | False | False | False | False | False | False | False | False | False | False | False |
| 6 | False | False | False | False | False | False | False | False | False | False | False | False |
| 7 | False | False | False | False | False | False | False | False | False | False | False | False |
| 8 | False | False | False | False | False | False | False | False | False | False | False | False |
| 9 | False | False | False | False | False | False | False | False | False | False | False | False |
| 10 | False | False | False | False | False | False | False | False | False | False | False | False |
| 11 | False | False | False | False | False | False | False | False | False | False | False | False |
| 12 | False | False | False | False | False | False | False | False | False | False | False | False |
| 13 | False | False | False | False | False | False | False | False | False | False | False | False |
| 14 | False | False | False | False | False | False | False | False | False | False | False | False |
| 15 | False | False | False | False | False | False | False | False | False | False | False | False |
| 16 | False | False | False | False | False | False | False | False | False | False | False | False |
| 17 | False | False | False | False | False | False | False | False | False | False | False | False |
| 18 | False | False | False | False | False | False | False | False | False | False | False | False |
| 19 | False | False | False | False | False | False | False | False | False | False | False | False |
| 20 | False | False | False | False | False | False | False | False | False | False | False | False |
| 21 | False | False | False | False | False | False | False | False | False | False | False | False |
| 22 | False | False | False | False | False | False | False | False | False | False | False | False |
| 23 | False | False | False | False | False | False | False | False | False | False | False | False |
| 24 | False | False | False | False | False | False | False | False | False | False | False | False |
| 25 | False | False | False | False | False | False | False | False | False | False | False | False |
| 26 | False | False | False | False | False | False | False | False | False | False | False | False |
| 27 | False | False | False | False | False | False | False | False | False | False | False | False |
| 28 | False | False | False | False | False | False | False | False | False | False | False | False |
| 29 | False | False | False | False | False | False | False | False | False | False | False | False |
| ... | ... | ... | ... | ... | ... | ... | ... | ... | ... | ... | ... | ... |

图 10-5

数据无空值，如果有空值，可以使用 fillna（ ）函数，用指定的方法填充 NA/NaN 值。

### 1.3.3 数据加工

（1）筛选数据

第一列数据为季度数据，需要筛选近 10 年的年度数据，第一列删除；对近 10 年的资产结构、负债与权益结构进行计算分析（仅考虑流动资产、非流动资产、流动负债、非流动负债、所有者权益）。

```
#资产负债表分析
#数据筛选：选择近 10 年所需数据项

资产负债数据 = 资产负债数据 .set_index('科目 \ 年度').loc[['流动资产合计','非流动资产合计','资产合计','流动负债合计','非流动负债合计','负债合计','所有者权益（或股东权益）合计','负债和所有者权益（或股东权益）合计']].iloc[ :, 1: 11]
资产负债数据
```

运行结果如下：

| | 2021-12-31 | 2020-12-31 | 2019-12-31 | 2018-12-31 | 2017-12-31 | 2016-12-31 | 2015-12-31 | 2014-12-31 | 2013-12-31 | 2012-12-31 |
|---|---|---|---|---|---|---|---|---|---|---|
| 科目\年度 | | | | | | | | | | |
| 流动资产合计 | 87800.00 | 104800.00 | 92900.00 | 88000.00 | 104500.00 | 105600.00 | 80200.01 | 84200.00 | 80900.00 | 82000.00 |
| 非流动资产合计 | 23300.00 | 22400.00 | 30200.00 | 27900.00 | 28900.00 | 31700.00 | 32600.00 | 26700.00 | 20600.00 | 18300.00 |
| 资产合计 | 111000.00 | 127200.00 | 123100.00 | 115900.00 | 133400.00 | 137300.00 | 112900.00 | 111000.00 | 101500.00 | 100300.00 |
| 流动负债合计 | 31500.00 | 48300.00 | 41000.00 | 58800.00 | 69700.00 | 65000.00 | 43300.00 | 36900.00 | 32400.00 | 37000.00 |
| 非流动负债合计 | 717.96 | 999.66 | 5879.65 | 8240.07 | 5995.46 | 6121.38 | 4440.08 | 4266.64 | 662.50 | 805.00 |
| 负债合计 | 32200.00 | 49300.00 | 46800.00 | 67100.00 | 75700.00 | 71200.00 | 47800.00 | 41100.00 | 33100.00 | 37800.00 |
| 所有者权益（或股东权益）合计 | 78900.00 | 77900.00 | 76300.00 | 48800.00 | 57700.00 | 66100.00 | 65100.00 | 69800.00 | 68400.00 | 62500.00 |
| 负债和所有者权益（或股东权益）合计 | 111000.00 | 127200.00 | 123100.00 | 115900.00 | 133400.00 | 137300.00 | 112900.00 | 111000.00 | 101500.00 | 100300.00 |

图 10–6

（2）格式转换

图 10–6 中的数据使用 applymap（type）函数，可以发现数据都是字符串 str 类型，在字符串 str 和字符串 str 之间，无法使用 /（除法），我们需要转换，转换为数值格式数据。

```
资产负债数据 .applymap（type）
```

运行结果如下：

| 科目\年度 | 2021-12-31 | 2020-12-31 | 2019-12-31 | 2018-12-31 | 2017-12-31 | 2016-12-31 | 2015-12-31 | 2014-12-31 | 2013-12-31 | 2012-12-31 |
|---|---|---|---|---|---|---|---|---|---|---|
| 流动资产合计 | <class 'str'> | <class 'str'> | <class 'str'> | <class 'str'> | <class 'str'> | <class 'str'> | <class 'str'> | <class 'str'> | <class 'str'> | <class 'str'> |
| 非流动资产合计 | <class 'str'> | <class 'str'> | <class 'str'> | <class 'str'> | <class 'str'> | <class 'str'> | <class 'str'> | <class 'str'> | <class 'str'> | <class 'str'> |
| 资产合计 | <class 'str'> | <class 'str'> | <class 'str'> | <class 'str'> | <class 'str'> | <class 'str'> | <class 'str'> | <class 'str'> | <class 'str'> | <class 'str'> |
| 流动负债合计 | <class 'str'> | <class 'str'> | <class 'str'> | <class 'str'> | <class 'str'> | <class 'str'> | <class 'str'> | <class 'str'> | <class 'str'> | <class 'str'> |
| 非流动负债合计 | <class 'str'> | <class 'str'> | <class 'str'> | <class 'str'> | <class 'str'> | <class 'str'> | <class 'str'> | <class 'str'> | <class 'str'> | <class 'str'> |
| 负债合计 | <class 'str'> | <class 'str'> | <class 'str'> | <class 'str'> | <class 'str'> | <class 'str'> | <class 'str'> | <class 'str'> | <class 'str'> | <class 'str'> |
| 所有者权益（或股东权益）合计 | <class 'str'> | <class 'str'> | <class 'str'> | <class 'str'> | <class 'str'> | <class 'str'> | <class 'str'> | <class 'str'> | <class 'str'> | <class 'str'> |
| 负债和所有者权益（或股东权益）合计 | <class 'str'> | <class 'str'> | <class 'str'> | <class 'str'> | <class 'str'> | <class 'str'> | <class 'str'> | <class 'str'> | <class 'str'> | <class 'str'> |

图 10-7

转换数据格式，使用 astype（）函数将“str”类型转换为“float”类型，使用 round（）函数保留 2 位小数。

```
资产负债数据[['2021-12-31','2020-12-31','2019-12-31','2018-12-31','2017-12-31','2016-12-31','2015-12-31','2014-12-31','2013-12-31','2012-12-31']]=round(资产负债数据[['2021-12-31','2020-12-31','2019-12-31','2018-12-31','2017-12-31','2016-12-31','2015-12-31','2014-12-31','2013-12-31','2012-12-31']].astype('float'),2)
资产负债数据.applymap(type)
```

运行结果如下：

| 科目\年度 | 2021-12-31 | 2020-12-31 | 2019-12-31 | 2018-12-31 | 2017-12-31 | 2016-12-31 | 2015-12-31 | 2014-12-31 | 2013-12-31 | 2012-12-31 |
|---|---|---|---|---|---|---|---|---|---|---|
| 流动资产合计 | <class 'float'> | <class 'float'> | <class 'float'> | <class 'float'> | <class 'float'> | <class 'float'> | <class 'float'> | <class 'float'> | <class 'float'> | <class 'float'> |
| 非流动资产合计 | <class 'float'> | <class 'float'> | <class 'float'> | <class 'float'> | <class 'float'> | <class 'float'> | <class 'float'> | <class 'float'> | <class 'float'> | <class 'float'> |
| 资产合计 | <class 'float'> | <class 'float'> | <class 'float'> | <class 'float'> | <class 'float'> | <class 'float'> | <class 'float'> | <class 'float'> | <class 'float'> | <class 'float'> |
| 流动负债合计 | <class 'float'> | <class 'float'> | <class 'float'> | <class 'float'> | <class 'float'> | <class 'float'> | <class 'float'> | <class 'float'> | <class 'float'> | <class 'float'> |
| 非流动负债合计 | <class 'float'> | <class 'float'> | <class 'float'> | <class 'float'> | <class 'float'> | <class 'float'> | <class 'float'> | <class 'float'> | <class 'float'> | <class 'float'> |
| 负债合计 | <class 'float'> | <class 'float'> | <class 'float'> | <class 'float'> | <class 'float'> | <class 'float'> | <class 'float'> | <class 'float'> | <class 'float'> | <class 'float'> |
| 所有者权益（或股东权益）合计 | <class 'float'> | <class 'float'> | <class 'float'> | <class 'float'> | <class 'float'> | <class 'float'> | <class 'float'> | <class 'float'> | <class 'float'> | <class 'float'> |
| 负债和所有者权益（或股东权益）合计 | <class 'float'> | <class 'float'> | <class 'float'> | <class 'float'> | <class 'float'> | <class 'float'> | <class 'float'> | <class 'float'> | <class 'float'> | <class 'float'> |

图 10-8

（3）数据分析

分别对近 10 年资产结构、负债与权益结构进行计算分析（仅考虑流动资产、非流动资产、流动负债、非流动负债、所有者权益）。

```
import pandas as pd
#资产结构分析
资产负债数据.loc['流动资产占比']=round(资产负债数据.loc['流动资产合计']/资产负债数据.loc['资产合计'],2)
资产负债数据.loc['非流动资产占比']=round(资产负债数据.loc['非流动资产合计']/资产负债数据.loc['资产合计'],2)

#负债和所有者权益结构分析
资产负债数据.loc['流动负债占比']=round(资产负债数据.loc['流动负债合计']/资产负债数据.loc['负债和所有者权益(或股东权益)合计'],2)
资产负债数据.loc['非流动负债占比']=round(资产负债数据.loc['非流动负债合计']/资产负债数据.loc['负债和所有者权益(或股东权益)合计'],2)
资产负债数据.loc['所有者权益占比']=round(资产负债数据.loc['所有者权益(或股东权益)合计']/资产负债数据.loc['负债和所有者权益(或股东权益)合计'],2)

#查看结果
资产负债数据
```

运行结果如下：

| 科目\年度 | 2021-12-31 | 2020-12-31 | 2019-12-31 | 2018-12-31 | 2017-12-31 | 2016-12-31 | 2015-12-31 | 2014-12-31 | 2013-12-31 | 2012-12-31 |
|---|---|---|---|---|---|---|---|---|---|---|
| 流动资产合计 | 87800.00 | 104800.00 | 92900.00 | 88000.00 | 104500.00 | 105600.00 | 80200.01 | 84200.00 | 80900.00 | 82000.00 |
| 非流动资产合计 | 23300.00 | 22400.00 | 30200.00 | 27900.00 | 28900.00 | 31700.00 | 32600.00 | 26700.00 | 20600.00 | 18300.00 |
| 资产合计 | 111000.00 | 127200.00 | 123100.00 | 115900.00 | 133400.00 | 137300.00 | 112900.00 | 111000.00 | 101500.00 | 100300.00 |
| 流动负债合计 | 31500.00 | 48300.00 | 41000.00 | 58800.00 | 69700.00 | 65000.00 | 43300.00 | 36900.00 | 32400.00 | 37000.00 |
| 非流动负债合计 | 717.96 | 999.66 | 5879.65 | 8240.07 | 5995.46 | 6121.38 | 4440.08 | 4266.64 | 662.50 | 805.00 |
| 负债合计 | 32200.00 | 49300.00 | 46800.00 | 67100.00 | 75700.00 | 71200.00 | 47800.00 | 41100.00 | 33100.00 | 37800.00 |
| 所有者权益（或股东权益）合计 | 78900.00 | 77900.00 | 76300.00 | 48800.00 | 57700.00 | 66100.00 | 65100.00 | 69800.00 | 68400.00 | 62500.00 |
| 负债和所有者权益（或股东权益）合计 | 111000.00 | 127200.00 | 123100.00 | 115900.00 | 133400.00 | 137300.00 | 112900.00 | 111000.00 | 101500.00 | 100300.00 |
| 流动资产占比 | 0.79 | 0.82 | 0.75 | 0.76 | 0.78 | 0.77 | 0.71 | 0.76 | 0.80 | 0.82 |
| 非流动资产占比 | 0.21 | 0.18 | 0.25 | 0.24 | 0.22 | 0.23 | 0.29 | 0.24 | 0.20 | 0.18 |
| 流动负债占比 | 0.28 | 0.38 | 0.33 | 0.51 | 0.52 | 0.47 | 0.38 | 0.33 | 0.32 | 0.37 |
| 非流动负债占比 | 0.01 | 0.01 | 0.05 | 0.07 | 0.04 | 0.04 | 0.04 | 0.04 | 0.01 | 0.01 |
| 所有者权益占比 | 0.71 | 0.61 | 0.62 | 0.42 | 0.43 | 0.48 | 0.58 | 0.63 | 0.67 | 0.62 |

图 10–9

### 1.3.4 数据可视化

（1）筛选数据

```
# 资产结构
资产数据 = 资产负债数据.loc [['流动资产占比', '非流动资产占比']]
资产数据
```

运行结果如下：

| 科目\年度 | 2021-12-31 | 2020-12-31 | 2019-12-31 | 2018-12-31 | 2017-12-31 | 2016-12-31 | 2015-12-31 | 2014-12-31 | 2013-12-31 | 2012-12-31 |
|---|---|---|---|---|---|---|---|---|---|---|
| 流动资产占比 | 0.79 | 0.82 | 0.75 | 0.76 | 0.78 | 0.77 | 0.71 | 0.76 | 0.8 | 0.82 |
| 非流动资产占比 | 0.21 | 0.18 | 0.25 | 0.24 | 0.22 | 0.23 | 0.29 | 0.24 | 0.2 | 0.18 |

图 10–10

```
# 负债和所有者权益结构
负债和所有者权益数据 = 资产负债数据.loc [['流动负债占比', '非流动负债占比', '所有者权益占比']]
负债和所有者权益数据
```

运行结果如下：

| 科目\年度 | 2021-12-31 | 2020-12-31 | 2019-12-31 | 2018-12-31 | 2017-12-31 | 2016-12-31 | 2015-12-31 | 2014-12-31 | 2013-12-31 | 2012-12-31 |
|---|---|---|---|---|---|---|---|---|---|---|
| 流动负债占比 | 0.28 | 0.38 | 0.33 | 0.51 | 0.52 | 0.47 | 0.38 | 0.33 | 0.32 | 0.37 |
| 非流动负债占比 | 0.01 | 0.01 | 0.05 | 0.07 | 0.04 | 0.04 | 0.04 | 0.04 | 0.01 | 0.01 |
| 所有者权益占比 | 0.71 | 0.61 | 0.62 | 0.42 | 0.43 | 0.48 | 0.58 | 0.63 | 0.67 | 0.62 |

图 10–11

（2）视图化

使用 pyecharts 对统计数据进行可视化呈现，根据资产负债表结构数据，使用 Timeline（ ）、Pie（ ）绘制多时间线双饼图，图形标题为“资产负债表结构”。

```
from pyecharts.charts import Timeline
from pyecharts.charts import Pie
from pyecharts import options as opts
# 资产负债表结构分析
timeline = Timeline ( )
```

```
for i in 资产数据.columns:
    key1 = 资产数据.index
    value1 = 资产数据[i].tolist()
    key2 = 负债和所有者权益数据.index
    value2 = 负债和所有者权益数据[i].tolist()
    pie = Pie()
    pie.add('资产结构', [z for z in zip(key1, value1)], center=['27%', '50%'],
radius=[80, 120])
    pie.add('负债和所有者权益结构', [z for z in zip(key2, value2)], center=
['72%', '50%'], radius=[80, 120])
    pie.set_global_opts(title_opts=opts.TitleOpts(title='资产负债表结构', pos_
left='center'),
                    legend_opts=opts.LegendOpts(pos_top='5%'))
    timeline.add(pie, i)

# 展示图形
timeline.render_notebook()
```

运行结果如下：

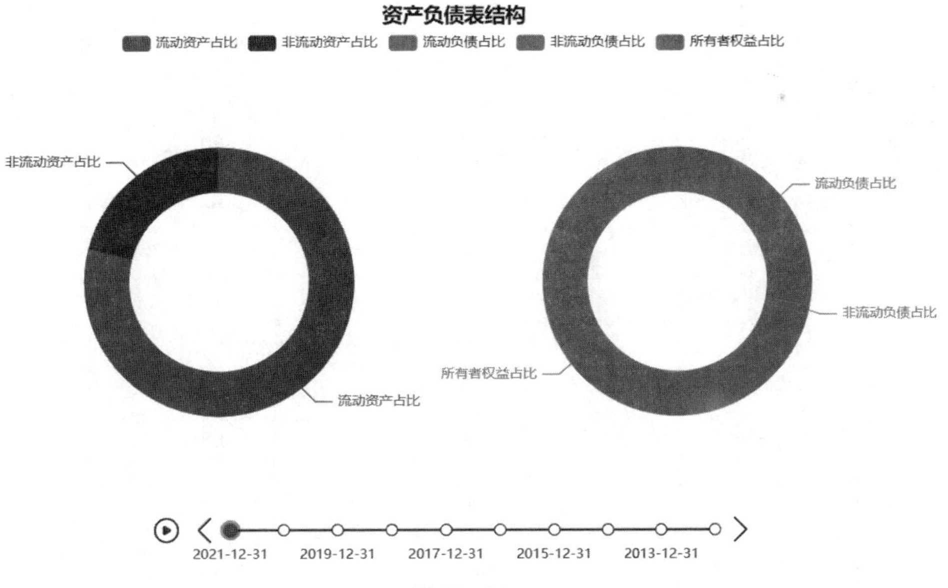


图 10-12

【操作任务】

对利润表进行数据处理、分析并视图化：

计算利润表近 10 年“营业收入”“营业利润”环比增长率。

（1）数据清洗

读取“600689 利润表 .xlsx”数据，检查是否有空值。

```
利润数据 =pd.read_excel（r'F：\ 理实结合实践测试 \600689 利润表 .xlsx'）
利润数据 .head（ ）
```

运行结果如下：

| | 科目\年度 | 2022-03-31 | 2021-12-31 | 2020-12-31 | 2019-12-31 | 2018-12-31 | 2017-12-31 | 2016-12-31 | 2015-12-31 | 2014-12-31 | 2013-12-31 | 2012-12-31 |
|---|---|---|---|---|---|---|---|---|---|---|---|---|
| 0 | 报表核心指标 | -- | -- | -- | -- | -- | -- | -- | -- | -- | -- | -- |
| 1 | *净利润 | 40.04 | 876.50 | 1020.24 | 1175.13 | -8894.08 | -8403.87 | 999.63 | -4691.47 | 1436.28 | 5902.21 | 6524.03 |
| 2 | *营业总收入 | 8361.69 | 56900.00 | 64200.00 | 50300.00 | 46900.00 | 58300.00 | 56200.00 | 44500.00 | 57800.00 | 64100.00 | 91800.00 |
| 3 | *营业总成本 | 8503.29 | 57000.00 | 64400.00 | 50500.00 | 57800.00 | 68500.00 | 56100.00 | 49900.00 | 57200.00 | 58900.00 | 89799.99 |
| 4 | *归属于母公司所有者的净利润 | 40.04 | 876.50 | 1020.24 | 1175.13 | -8894.08 | -8403.87 | 999.63 | -4691.47 | 1436.28 | 5902.21 | 6381.16 |

图 10–13

运用 isnull（ ）函数检测缺失值：

```
利润数据 .isnull（ ）
```

运行结果如下：

| | 科目\年度 | 2022-03-31 | 2021-12-31 | 2020-12-31 | 2019-12-31 | 2018-12-31 | 2017-12-31 | 2016-12-31 | 2015-12-31 | 2014-12-31 | 2013-12-31 | 2012-12-31 |
|---|---|---|---|---|---|---|---|---|---|---|---|---|
| 0 | False | False | False | False | False | False | False | False | False | False | False | False |
| 1 | False | False | False | False | False | False | False | False | False | False | False | False |
| 2 | False | False | False | False | False | False | False | False | False | False | False | False |
| 3 | False | False | False | False | False | False | False | False | False | False | False | False |
| 4 | False | False | False | False | False | False | False | False | False | False | False | False |
| 5 | False | False | False | False | False | False | False | False | False | False | False | False |
| 6 | False | False | False | False | False | False | False | False | False | False | False | False |
| 7 | False | False | False | False | False | False | False | False | False | False | False | False |
| 8 | False | False | False | False | False | False | False | False | False | False | False | False |
| 9 | False | False | False | False | False | False | False | False | False | False | False | False |
| 10 | False | False | False | False | False | False | False | False | False | False | False | False |
| 11 | False | False | False | False | False | False | False | False | False | False | False | False |
| 12 | False | False | False | False | False | False | False | False | False | False | False | False |
| 13 | False | False | False | False | False | False | False | False | False | False | False | False |
| 14 | False | False | False | False | False | False | False | False | False | False | False | False |
| 15 | False | False | False | False | False | False | False | False | False | False | False | False |
| 16 | False | False | False | False | False | False | False | False | False | False | False | False |
| 17 | False | False | False | False | False | False | False | False | False | False | False | False |
| 18 | False | False | False | False | False | False | False | False | False | False | False | False |
| 19 | False | False | False | False | False | False | False | False | False | False | False | False |
| 20 | False | False | False | False | False | False | False | False | False | False | False | False |
| 21 | False | False | False | False | False | False | False | False | False | False | False | False |
| 22 | False | False | False | False | False | False | False | False | False | False | False | False |
| 23 | False | False | False | False | False | False | False | False | False | False | False | False |

图 10–14

数据无空值，如果有空值，可以使用 fillna（ ）函数，用指定的方法填充 NA/NaN 值。

（2）数据加工

1. 筛选数据。

选择近 10 年所需数据项，第一列数据为季度数据，需要筛选近 10 年的年度数据，第一列删除。

```
# 利润表分析
# 数据筛选：选择近 10 年所需数据项
利润数据 = 利润数据 .set_index（'科目\年度'）.loc [['一、营业总收入','三、营业利润']] .iloc [ :, 1: 11]
利润数据
```

运行结果如下：

| | 2021-12-31 | 2020-12-31 | 2019-12-31 | 2018-12-31 | 2017-12-31 | 2016-12-31 | 2015-12-31 | 2014-12-31 | 2013-12-31 | 2012-12-31 |
|---|---|---|---|---|---|---|---|---|---|---|
| 科目\年度 | | | | | | | | | | |
| 一、营业总收入 | 56900.00 | 64200.00 | 50300.00 | 46900.00 | 58300.00 | 56200.00 | 44500.00 | 57800.00 | 64100.00 | 91800.00 |
| 三、营业利润 | 686.56 | 1115.71 | 1220.58 | -9389.12 | -8826.35 | 233.28 | -5457.71 | 592.45 | 5266.76 | 1878.02 |

图 10-15

2. 格式转换。

图 10-1-15 中的数据使用 applymap（type）函数，可以发现数据都是字符串 str 类型，在字符串 str 和字符串 str 之间，无法使用 /（除法），我们需要转换，转换为数值格式数据。

```
利润数据 .applymap（type）
```

运行结果如下：

| | 2021-12-31 | 2020-12-31 | 2019-12-31 | 2018-12-31 | 2017-12-31 | 2016-12-31 | 2015-12-31 | 2014-12-31 | 2013-12-31 | 2012-12-31 |
|---|---|---|---|---|---|---|---|---|---|---|
| 科目\年度 | | | | | | | | | | |
| 一、营业总收入 | <class 'str'> | <class 'str'> | <class 'str'> | <class 'str'> | <class 'str'> | <class 'str'> | <class 'str'> | <class 'str'> | <class 'str'> | <class 'str'> |
| 三、营业利润 | <class 'str'> | <class 'str'> | <class 'str'> | <class 'str'> | <class 'str'> | <class 'str'> | <class 'str'> | <class 'str'> | <class 'str'> | <class 'str'> |

图 10-16

转换数据格式，使用 astype（ ）函数将“str”类型转换为“float”类型，使用 round（ ）函数保留 2 位小数。

```
利润数据[['2021-12-31','2020-12-31','2019-12-31','2018-12-31','2017-12-31','2016-12-31','2015-12-31','2014-12-31','2013-12-31','2012-12-31']]=round(利润数据[['2021-12-31', '2020-12-31', '2019-12-31', '2018-12-31', '2017-12-31','2016-12-31','2015-12-31','2014-12-31','2013-12-31','2012-12-31']].astype('float'), 2)
利润数据.applymap(type)
```

运行结果如下：

| | 2021-12-31 | 2020-12-31 | 2019-12-31 | 2018-12-31 | 2017-12-31 | 2016-12-31 | 2015-12-31 | 2014-12-31 | 2013-12-31 | 2012-12-31 |
|---|---|---|---|---|---|---|---|---|---|---|
| 科目\年度 | | | | | | | | | | |
| 一、营业总收入 | <class 'float'> | <class 'float'> | <class 'float'> | <class 'float'> | <class 'float'> | <class 'float'> | <class 'float'> | <class 'float'> | <class 'float'> | <class 'float'> |
| 三、营业利润 | <class 'float'> | <class 'float'> | <class 'float'> | <class 'float'> | <class 'float'> | <class 'float'> | <class 'float'> | <class 'float'> | <class 'float'> | <class 'float'> |

图 10–17

3. 数据分析。

计算近 10 年“营业收入”“营业利润”环比增长率。

```
# 计算环比增长率
利润数据 = 利润数据.pct_change(-1, axis=1)

# 删除全部为空的数据列
利润数据 = 利润数据.dropna(axis=1, how='all')
利润数据
```

运行结果如下：

| | 2021-12-31 | 2020-12-31 | 2019-12-31 | 2018-12-31 | 2017-12-31 | 2016-12-31 | 2015-12-31 | 2014-12-31 | 2013-12-31 |
|---|---|---|---|---|---|---|---|---|---|
| 科目\年度 | | | | | | | | | |
| 一、营业总收入 | -0.113707 | 0.276342 | 0.072495 | -0.19554 | 0.037367 | 0.262921 | -0.230104 | -0.098284 | -0.301743 |
| 三、营业利润 | -0.384643 | -0.085918 | -1.129999 | 0.06376 | -38.835862 | -1.042743 | -10.212102 | -0.887511 | 1.804422 |

图 10–18

4. 数据可视化。

根据“营业总收入”“营业利润”环比增长率，使用 Line ( )、Bar ( )、overlap ( ) 绘制层叠图形，图形标题为“营业收入 & 营业利润环比增长率”。

```
#营业收入&营业利润环比增长率
#数据转换
x = ['{}'.format(2021-i) for i in range(0, 10)]
y1 = 利润数据.loc['一、营业总收入'].tolist()
y2 = 利润数据.loc['三、营业利润'].tolist()

#绘制柱状图
from pyecharts.charts import Bar
from pyecharts.charts import Line
bar = Bar()
bar.add_xaxis(x)
bar.add_yaxis('营业收入', y1)
bar.set_global_opts(title_opts=opts.TitleOpts('营业收入&营业利润环比增长率',
pos_left='center'),
                    legend_opts=opts.LegendOpts(pos_top='5%'),
                    xaxis_opts=opts.AxisOpts(name='年'),
                    toolbox_opts=opts.ToolboxOpts(is_show=True))
bar.set_series_opts(label_opts=opts.LabelOpts(is_show=False))

#绘制折线图
line = Line()
line.add_xaxis(x)
line.add_yaxis('营业利润', y2, z=2) #控制图形的前后顺序，z值小的图形
会被z值大的图形覆盖，柱状图默认为2
line.set_series_opts(label_opts=opts.LabelOpts(is_show=False),
                     linestyle_opts=opts.LineStyleOpts(width=3))
#层叠多图
bar.overlap(line)

#展示图形
bar.render_notebook()
```

运行结果如下：

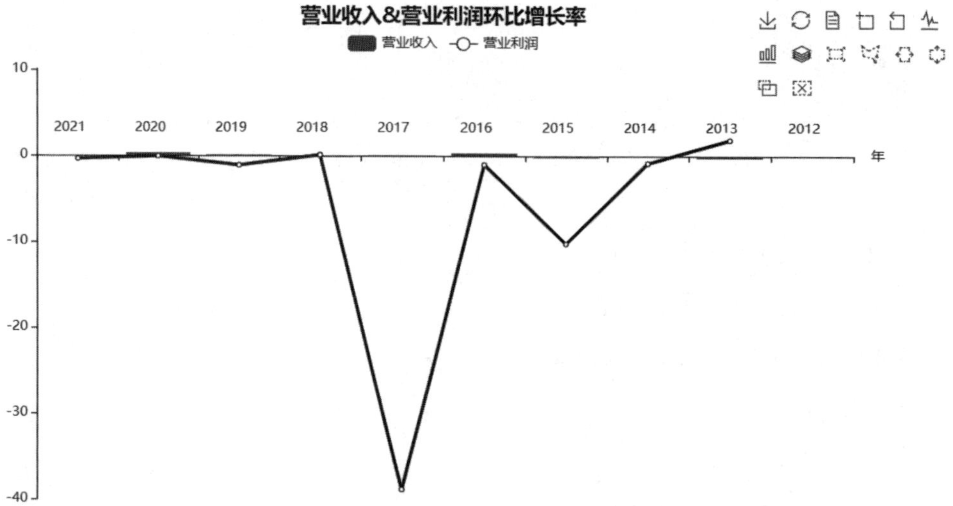


图 10–19

# 任务二　财务指标分析

## 2.1　任务描述

以 HY 公司（股票代码：60089）为例，通过完整的数据分析流程，对 HY 公司近 10 年来的财务指标进行分析和可视化呈现。公司数据从网站 https：//s.askci.com 爬取。

**【知识准备】**

在传统的财务分析方法中，我们通过对企业盈利能力、营运能力、成长能力、偿债能力、现金流量等不同维度指标的计算，可以综合评价一个企业的财务状况。而在数字经济时代，随着大数据体系的逐步建立，这些数据都很容易从开放的数据源中获取，从而减少了大量简单重复的计算，更多的是将关注点放在数据的分析和数据价值的挖掘上。

## 2.2　任务需求

1. 数据采集：通过 baostock 数据接口采集数据。
2. 数据加工：对采集数据进行整理、清洗和加工。
3. 数据分析：通过计算、模型构建、可视化等方式进行数据分析。
4. 数据应用：利用数据分析结果提供决策支持。

## 2.3　任务实践

### 2.3.1　采集数据

利用 API 接口在 http：//baostock.com 平台获取季频偿债能力信息、季频盈利能力信息、季频营运能力信息、季频成长能力信息等，并可以通过参数设置获取对应年份、季度数据，提供 2007 年至今数据，并以 Excel 形式保存。

无法清偿到期债务是许多企业破产的直接原因。HY 公司管理人员要求财务部对企业的偿债能力进行分析，用于给债权人和投资者说明财务状况，并为编制来年的扩张计划提供参考。下面以获取季频偿债能力信息为例进行偿债能力的财务指标分析。query_balance_data() 数据接口获取数据的返回数据说明如下：

表 10-1　返回数据说明

| 参数名称 | 参数描述 | 算法说明 |
| --- | --- | --- |
| code | 证券代码 | |
| pubDate | 公司发布财报的日期 | |
| statDate | 财报统计的季度的最后一天，比如 2017-03-31，2017-06-30 | |
| currentRatio | 流动比率 | 流动资产 / 流动负债 |
| quickRatio | 速动比率 | ( 流动资产 – 存货净额 )/ 流动负债 |
| cashRatio | 现金比率 | ( 货币资金 + 交易性金融资产 )/ 流动负债 |
| YoYLiability | 总负债同比增长率 | ( 本期总负债 – 上年同期总负债 )/ 上年同期中负债的绝对值 × 100% |
| liabilityToAsset | 资产负债率 | 负债总额 / 资产总额 |
| assetToEquity | 权益乘数 | 资产总额 / 股东权益总额 =1/(1 资产负债率 ) |

导入 baostock 数据接口，pandas 模块，利用 query_balance_data ( ) 数据接口获取数据。

```
import baostock as bs
import pandas as pd

# 登录系统
lg = bs.login ( )
# 显示登录返回信息
print ( 'login respond error_code:'+lg.error_code )
print ( 'login respond  error_msg:'+lg.error_msg )
```

```
# 偿债能力
balance_list = [ ]
year_list=pd.date_range ( '20131231', periods=10, freq='1Y' ) .strftime ( "%Y" )
for year in year_list:
    rs_balance = bs.query_balance_data ( code="sh.600698", year=year, quarter=4 )
    while ( rs_balance.error_code == '0' ) & rs_balance.next ( ) :
        balance_list.append ( rs_balance.get_row_data ( ))
result_balance = pd.DataFrame ( balance_list, columns=rs_balance.fields )
# 打印输出
print ( result_balance )
# 结果集输出到 csv 文件
result_balance.to_excel ( "D:\\ 偿债能力 _data.xlsx", encoding="gbk", index=False )
# 退出系统
bs.logout ( )
```

运行结果如下：

```
login success!
login respond error_code:0
login respond  error_msg:success
      code    pubDate  ... liabilityToAsset assetToEquity
0  sh.600698  2014-04-25  ...        0.326203       1.484125
1  sh.600698  2015-04-23  ...        0.370702       1.589072
2  sh.600698  2016-04-27  ...        0.423054       1.733263
3  sh.600698  2017-04-26  ...        0.518338       2.076144
4  sh.600698  2018-04-26  ...        0.567401       2.311611
5  sh.600698  2019-03-28  ...        0.578713       2.373676
6  sh.600698  2020-04-23  ...        0.380418       1.613993
7  sh.600698  2021-04-30  ...        0.387459       1.632543
8  sh.600698  2022-04-23  ...        0.289746       1.407947
9  sh.600698  2023-04-22  ...        0.283073       1.394842

[10 rows x 9 columns]
```

图 10-20

保存的“偿债能力 _data.xlsx”如下：

| code | pubDate | statDate | rrentRat | uickRati | ashRati | YLiabili | ilityToA | setToEquity |
|---|---|---|---|---|---|---|---|---|
| sh. 60069 | 2014-04- | 2013-12- | 2.491984 | 2.116390 | 0.830599 | -0.12511 | 0.326203 | 1.484125 |
| sh. 60069 | 2015-04- | 2014-12- | 2.284208 | 1.925786 | 0.843054 | 0.242331 | 0.370702 | 1.589072 |
| sh. 60069 | 2016-04- | 2015-12- | 1.852480 | 1.549882 | 0.797430 | 0.161140 | 0.423054 | 1.733263 |
| sh. 60069 | 2017-04- | 2016-12- | 1.623657 | 1.405390 | 0.658695 | 0.490133 | 0.518338 | 2.076144 |
| sh. 60069 | 2018-04- | 2017-12- | 1.499519 | 1.275677 | 0.564260 | 0.063924 | 0.567401 | 2.311611 |
| sh. 60069 | 2019-03- | 2018-12- | 1.495211 | 1.247137 | 0.608709 | -0.11403 | 0.578713 | 2.373676 |
| sh. 60069 | 2020-04- | 2019-12- | 2.268236 | 1.932063 | 0.940607 | -0.30169 | 0.380418 | 1.613993 |
| sh. 60069 | 2021-04- | 2020-12- | 2.170270 | 1.872318 | 0.752111 | 0.052481 | 0.387459 | 1.632543 |
| sh. 60069 | 2022-04- | 2021-12- | 2.790162 | 2.397702 | 1.179425 | -0.34749 | 0.289746 | 1.407947 |
| sh. 60069 | 2023-04- | 2022-12- | 2.681262 | 2.312313 | 1.194855 | -0.06659 | 0.283073 | 1.394842 |

图 10-21

## 2.3.2 数据加工

### 2.3.2.1 更改列名

将 result_balance 中的返回数据的列名改为中文，便于大家熟悉数据。

```
result_balance.rename ( columns={ 'code': ' 证券代码 ','pubDate':' 发布日期 ','statDate':' 财报日期 ','currentRatio':' 流动比率 ','quickRatio':' 速动比率 ', 'cashRatio':' 现金比率 ','YOYLiability': ' 总负债同比增长率 ','liabilityToAsset' : ' 资产负债率 ','assetToEquity':' 权益乘数 ' }, inplace = True )
print ( result_balance )
result_balance.to_excel ( "D:\\ 偿债能力 _data1.xlsx", encoding="gbk", index=False )
```

运行结果如下：

```
logout success!
       证券代码        发布日期        财报日期  ...  总负债同比增长率     资产负债率      权益乘数
0  sh.600698  2014-04-25  2013-12-31  ... -0.125114  0.326203  1.484125
1  sh.600698  2015-04-23  2014-12-31  ...  0.242331  0.370702  1.589072
2  sh.600698  2016-04-27  2015-12-31  ...  0.161140  0.423054  1.733263
3  sh.600698  2017-04-26  2016-12-31  ...  0.490133  0.518338  2.076144
4  sh.600698  2018-04-26  2017-12-31  ...  0.063924  0.567401  2.311611
5  sh.600698  2019-03-28  2018-12-31  ... -0.114039  0.578713  2.373676
6  sh.600698  2020-04-23  2019-12-31  ... -0.301695  0.380418  1.613993
7  sh.600698  2021-04-30  2020-12-31  ...  0.052481  0.387459  1.632543
8  sh.600698  2022-04-23  2021-12-31  ... -0.347495  0.289746  1.407947
9  sh.600698  2023-04-22  2022-12-31  ... -0.066598  0.283073  1.394842

[10 rows x 9 columns]
```

图 10-22

保存的“偿债能力 _data1.xlsx”如下：

| | A | B | C | D | E | F | G | H | I |
|---|---|---|---|---|---|---|---|---|---|
| 1 | 证券代码 | 发布日期 | 财报日期 | 流动比率 | 速动比率 | 现金比率 | 债同比增 | 资产负债率 | 权益乘数 |
| 2 | sh. 60069 | 2014-04- | 2013-12- | 2. 491984 | 2. 116390 | 0. 830599 | -0. 12511 | 0. 326203 | 1. 484125 |
| 3 | sh. 60069 | 2015-04- | 2014-12- | 2. 284208 | 1. 925786 | 0. 843054 | 0. 242331 | 0. 370702 | 1. 589072 |
| 4 | sh. 60069 | 2016-04- | 2015-12- | 1. 852480 | 1. 549882 | 0. 797430 | 0. 161140 | 0. 423054 | 1. 733263 |
| 5 | sh. 60069 | 2017-04- | 2016-12- | 1. 623657 | 1. 405390 | 0. 658695 | 0. 490133 | 0. 518338 | 2. 076144 |
| 6 | sh. 60069 | 2018-04- | 2017-12- | 1. 499519 | 1. 275677 | 0. 564260 | 0. 063924 | 0. 567401 | 2. 311611 |
| 7 | sh. 60069 | 2019-03- | 2018-12- | 1. 495211 | 1. 247137 | 0. 608709 | -0. 11403 | 0. 578713 | 2. 373676 |
| 8 | sh. 60069 | 2020-04- | 2019-12- | 2. 268236 | 1. 932063 | 0. 940607 | -0. 30169 | 0. 380418 | 1. 613993 |
| 9 | sh. 60069 | 2021-04- | 2020-12- | 2. 170270 | 1. 872318 | 0. 752111 | 0. 052481 | 0. 387459 | 1. 632543 |
| 10 | sh. 60069 | 2022-04- | 2021-12- | 2. 790162 | 2. 397702 | 1. 179425 | -0. 34749 | 0. 289746 | 1. 407947 |
| 11 | sh. 60069 | 2023-04- | 2022-12- | 2. 681262 | 2. 312313 | 1. 194855 | -0. 06659 | 0. 283073 | 1. 394842 |

图 10-23

2.3.2.2 格式转换

由于接口提供的数据为文本格式，为了便于计算及处理，将其转换为数值格式。

```
result_balance =result_balance.iloc[:, 0:9]
# 提取财务数据，用于分析
result_balance =result_balance.astype({'流动比率':'float','速动比率':'float','现金比率':'float','总负债同比增长率':'float','资产负债率':'float','权益乘数':'float'})
# 将文本格式转化为数值格式
pd.options.display.float_format= '{:.4f}'.format
# 保留 4 位小数
print(result_balance)
result_balance.to_excel("D:\\ 偿债能力 _data2.xlsx", encoding="gbk", index=False)
```

运行结果如下：

```
[10 rows x 9 columns]
      证券代码     发布日期      财报日期  流动比率 ...  现金比率 总负债同比增长率 资产负债率 权益乘数
0 sh.600698 2014-04-25 2013-12-31 2.4920 ... 0.8306 -0.1251 0.3262 1.4841
1 sh.600698 2015-04-23 2014-12-31 2.2842 ... 0.8431  0.2423 0.3707 1.5891
2 sh.600698 2016-04-27 2015-12-31 1.8525 ... 0.7974  0.1611 0.4231 1.7333
3 sh.600698 2017-04-26 2016-12-31 1.6237 ... 0.6587  0.4901 0.5183 2.0761
4 sh.600698 2018-04-26 2017-12-31 1.4995 ... 0.5643  0.0639 0.5674 2.3116
5 sh.600698 2019-03-28 2018-12-31 1.4952 ... 0.6087 -0.1140 0.5787 2.3737
6 sh.600698 2020-04-23 2019-12-31 2.2682 ... 0.9406 -0.3017 0.3804 1.6140
7 sh.600698 2021-04-30 2020-12-31 2.1703 ... 0.7521  0.0525 0.3875 1.6325
8 sh.600698 2022-04-23 2021-12-31 2.7902 ... 1.1794 -0.3475 0.2897 1.4079
9 sh.600698 2023-04-22 2022-12-31 2.6813 ... 1.1949 -0.0666 0.2831 1.3948
```

图 10-24

### 2.3.3 数据分析

2.3.3.1 绘制偿债能力财务指标比较折线图

为了更直观地看到财务指标的变化情况，将 2013—2022 年这 10 年的流动比率、速动比率、现金比率、总负债同比增长率、资产负债率、权益乘数绘制成折线图。

读取 "D:\\ 偿债能力 _data2.xlsx"，如下：

```
# 引入 pandas
import pandas as pd
# 读取偿债能力数据
df=pd.read_excel(r'D:\\ 偿债能力 _data2.xlsx')
df
```

运行结果如下：

| | 证券代码 | 发布日期 | 财报日期 | 流动比率 | 速动比率 | 现金比率 | 总负债同比增长率 | 资产负债率 | 权益乘数 |
|---|---|---|---|---|---|---|---|---|---|
| 0 | sh.600698 | 2014-04-25 | 2013-12-31 | 2.491984 | 2.116390 | 0.830599 | -0.125114 | 0.326203 | 1.484125 |
| 1 | sh.600698 | 2015-04-23 | 2014-12-31 | 2.284208 | 1.925786 | 0.843054 | 0.242331 | 0.370702 | 1.589072 |
| 2 | sh.600698 | 2016-04-27 | 2015-12-31 | 1.852480 | 1.549882 | 0.797430 | 0.161140 | 0.423054 | 1.733263 |
| 3 | sh.600698 | 2017-04-26 | 2016-12-31 | 1.623657 | 1.405390 | 0.658695 | 0.490133 | 0.518338 | 2.076144 |
| 4 | sh.600698 | 2018-04-26 | 2017-12-31 | 1.499519 | 1.275677 | 0.564260 | 0.063924 | 0.567401 | 2.311611 |
| 5 | sh.600698 | 2019-03-28 | 2018-12-31 | 1.495211 | 1.247137 | 0.608709 | -0.114039 | 0.578713 | 2.373676 |
| 6 | sh.600698 | 2020-04-23 | 2019-12-31 | 2.268236 | 1.932063 | 0.940607 | -0.301695 | 0.380418 | 1.613993 |
| 7 | sh.600698 | 2021-04-30 | 2020-12-31 | 2.170270 | 1.872318 | 0.752111 | 0.052481 | 0.387459 | 1.632543 |
| 8 | sh.600698 | 2022-04-23 | 2021-12-31 | 2.790162 | 2.397702 | 1.179425 | -0.347495 | 0.289746 | 1.407947 |
| 9 | sh.600698 | 2023-04-22 | 2022-12-31 | 2.681262 | 2.312313 | 1.194855 | -0.066598 | 0.283073 | 1.394842 |

图 10–25

绘制公司 2013—2022 年这 10 年的偿债能力财务指标比较折线图，如下：

```
from matplotlib import pyplot as plt
plt.rcParams['font.sans-serif']=['SimHei']
plt.rcParams['axes.unicode_minus']=False
# 中文状态下负号正常显示
df.plot(' 财报日期 ',[' 流动比率 ',' 速动比率 ',' 现金比率 ',' 总负债同比增长率 ',
' 资产负债率 ',' 权益乘数 '],linewidth=2,marker='s',title='2013—2023 年偿债能力指标
比较 ',figsize=(12,5))
```

```
plt.legend ( )
plt.show ( )
```

运行结果如下：

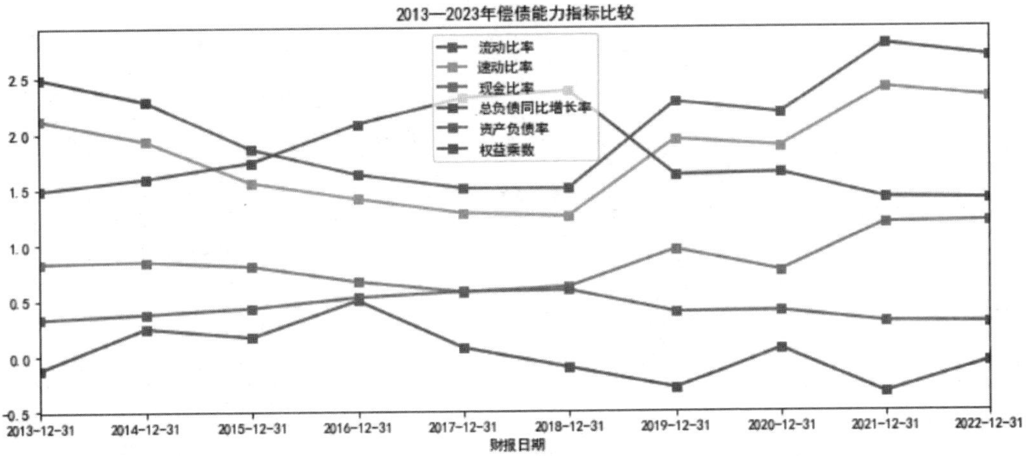


图 10–26

2.3.3.2　绘制多张不同类型的子图

同样地，为了更好地进行多维度数据分析，我们也可以同时绘制多张不同类型的子图，如下：

```
figure,axes = plt.subplots(2,1,figsize=(12,8),sharex=True)
ax0 = df.plot('财报日期',['流动比率','速动比率','现金比率'],title='2013—2023年偿债能力指标比较',ax=axes[0])
ax1 = df.plot('财报日期','总负债同比增长率',kind='bar',title='2013—2023年总负债同比增长率与资产负债率比较',color='gold',ax=axes[1])
ax2 = df.plot('财报日期','资产负债率',secondary_y=True,color='orangered',ax=axes[1],style="--",marker='o',linewidth=2)
ax[0].legend ( )
ax[1].legend ( )
plt.show ( )
```

运行结果如下：

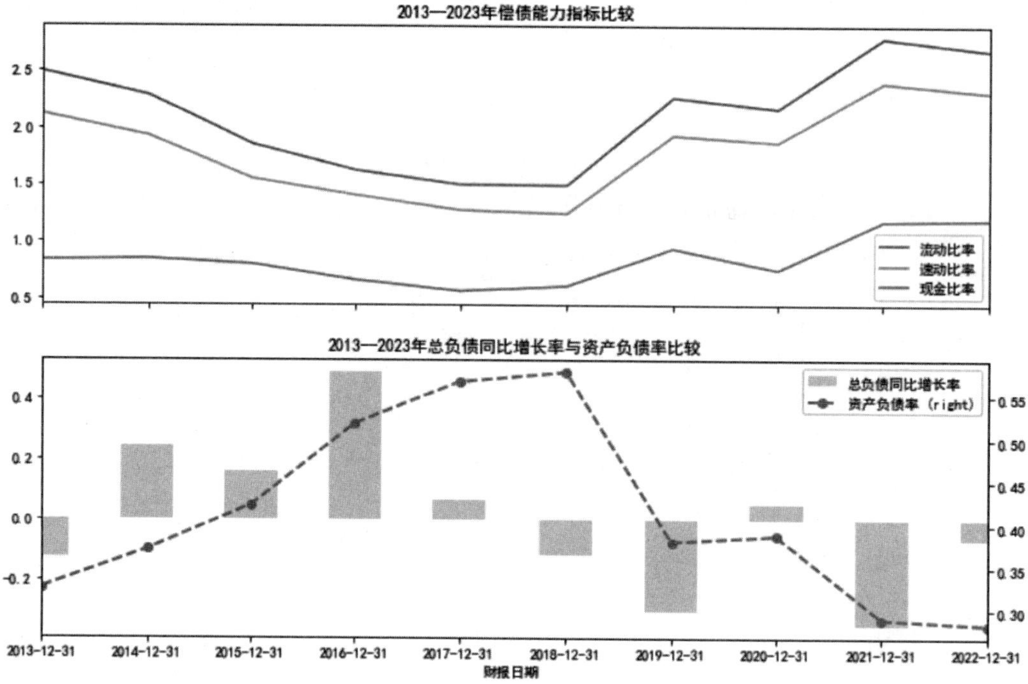


图 10–27

### 2.3.4 数据应用

从上述图表中可以看出 HY 公司自 2018 年开始，流动比率、速动比率、现金比率三项指标在不断提高，总负债同比增长率、资产负债率、权益乘数三项指标在向下控制，整体财务能力在持续提高，反映了公司的财务状况和经营能力在不断优化。

用同样的方法我们可以对 HY 公司的盈利能力、营运能力、成长能力进行分析。

## 拓展阅读

### 运用大数据要重视商业伦理

在实际中，大数据的使用本身仍有很多令人担忧之处。虽然科技发展飞速，但是人们使用科技是带有价值取向的。

比如“大数据杀熟”。在传统的营销、管理中，我们都希望了解客户的行为，更好地为他们服务。在市场的环境下我们也说，既然有人愿意用高价买，那就可能要给他提供更好的服务。但是在大数据环境下，这种处理就有一个度的问题。第一，客户是否知道他的信息被收集，第二，他是否愿意真的出高价买。作为企业来讲，又需要有经营哲学上的思考：企业是以盈利为中心，还是以客户为中心？当以客户为中心时，客户满意与否就变成了主要的KPI，就是主要的决策考量，如果光考虑企业的盈利，而不考虑客户，可能就不太会考虑用户的感受。实际上，“大数据杀熟”涉及的是商业伦理层面的问题。

在大数据时代我们跟数据打交道会碰到一系列社会问题、法律问题、道德问题，需要在企业层面、商业层面以及社会和政府层面立法立规，在个人层面和道德层面大家共同来努力解决这些问题。

资料来源：学习强国